HEINZ PÜTZ

Messung von Wirtschaftskraft und Wirtschaftsstruktur

SCHRIFTENREIHE ZUR
INDUSTRIE- UND ENTWICKLUNGSPOLITIK

Herausgegeben von Prof. Dr. Dr. Dr. h. c. Fritz Voigt

Band 17

Messung von Wirtschaftskraft und Wirtschaftsstruktur

Versuch einer Quantifizierung und Rangfolgeerstellung am Beispiel der Stadt- und Landkreise in Nordrhein-Westfalen mit Hilfe der Faktorenanalyse

Von

Dr. Heinz Pütz

DUNCKER & HUMBLOT / BERLIN

Gedruckt 1975 bei Berliner Buchdruckerei Union GmbH., Berlin 61
Printed in Germany

ISBN 3 428 03424 4

Vorwort

An die Entscheidungsträger in Politik und Wirtschaft wird in verstärktem Maße die Forderung gestellt, Entscheidungen auf Problemgebieten zu treffen, die einmal durch eine Fülle von komplexen Informationen gekennzeichnet sind, zum zweiten für Problemkreise, die nicht direkt meßbare Tatbestände oder Oberbegriffe beinhalten, die dann hilfsweise mit einer Vielzahl von Kennziffern umschrieben werden.

Mit Recht stellen deshalb die Entscheidungträger an die Wissenschaft die Forderung, Instrumente und Methoden zu entwickeln, die die Möglichkeit bieten, bei komplexen Entscheidungssituationen quantitative Anhaltspunkte auch bei schwierig zu erfassenden Tatbeständen zu liefern, und aus der Informationsvielfalt die Kernpunkte der Fragestellung in überschaubarer Form bei minimalem Informationsverlust herauszufiltern, so daß Entscheidungen auf objektivierter und verbesserter Informationsbasis getroffen werden können.

In der folgenden Untersuchung wird anhand der konkreten Fragestellung, wirtschaftliche Leistungsfähigkeit und wirtschaftsstrukturelle Unterschiede an Stadt- und Landkreisen in Nordrhein-Westfalen zu messen und in eine quantifizierte Rangordnung untereinander zu bringen, die Methode der Faktorenanalyse in ihrer umfassenden Form zur Anwendung gebracht, die nach Meinung des Verfassers wichtige Ansatzpunkte zur Lösung der oben angeschnittenen Probleme liefern kann und gegenüber den bisher verwandten Lösungsmethoden einen echten Fortschritt darstellen soll. Der wesentliche Inhalt eines aus 41 Kennziffern bestehenden Beschreibungssystems „Wirtschaftskraft und Wirtschaftsstruktur“ wird durch die Lösungsmethode in vereinfachter Form auf sechs Faktoren komprimiert. Die 94 Stadt- und Landkreise Nordrhein-Westfalens werden dann in bezug auf die vernünftig zu interpretierenden Faktoren in eine meßbare Rangordnung untereinander gebracht. Diese Darstellung erfolgt zu jeweils zwei Zeitpunkten.

Der Verfasser hofft, daß die Arbeit insbesondere wegen des doch erheblichen Realisierungsaufwandes des empirischen Teils einen weiteren Schritt zu einer besseren Lösung der gerade wegen des zunehmenden Zeitdrucks der Entscheidungsinstanzen immer bedeutungsvoller werdenden Gewichtungsproblematik angesichts einer anwachsenden Informationsvielfalt darstellt.

An dieser Stelle möchte ich meinen akademischen Lehrern Prof. Dr. Dr. Dr. h. c. F. Voigt und Prof. Dr. P. Schönfeld für ihre kritischen und konstruktiven Anregungen danken, die wesentlich zum Gelingen dieser Arbeit beigetragen haben.

Meerbusch, im Februar 1975

Heinz Pütz

Inhaltsverzeichnis

TEIL II

Tabellenverzeichnis

A. Texttabellen

B. Anhangtabellen

Verzeichnis der Übersichten

Verzeichnis der Abbildungen

A. Textabbildungen

B. Anhangabbildungen

ERSTER TEIL

Einführung in die Gesamtproblematik der Untersuchung Auswahl der Kennziffern und Untersuchungsobjekte

1. Einbettung der Gesamtproblematik Ziel und Zweck der Untersuchung

Es zeigt sich in letzter Zeit[1] in verstärktem Maße, daß eine globale Wirtschaftspolitik wenig effektiv ist[2], wenn sie nicht auf regionale und strukturelle Differenzierungen eingehen kann. Vielmehr kann sie die Strukturschwächen verstärken und führt damit immer weiter vom erstrebten Ziel einer günstigen Gesamtstruktur der Einzelteile des Gesamtwirtschaftsraumes weg. Dieser Vorwurf trifft insbesondere eine globale Wachstums- und Konjunkturpolitik, die im Aufschwung in der Tendenz die Wirkung hat, die Strukturschwächen kleinerer Wirtschaftsregionen zu kaschieren, um sie aber im Abschwung klar aufzudecken und sie um so stärker und zuerst zu treffen. Die strukturellen und regionalen Unterschiede, die doch sehr erheblich sind[3], und auch in der zeitlichen Dimension deutlich werden, werden durch globale Entscheidungsparameter, die auf Durchschnittsgrößen beruhen, verdeckt und können durch globale Maßnahmen in der falschen Richtung getroffen werden.

---

1 Im Jahre 1967 und 1974 deckte der viel stärkere konjunkturelle Abschwung die Strukturschwächen deutlicher auf als beim Konjunkturabschwung 1970/71, bei dem sich der Umschwung auf relativ hohem Niveau vollzog.

2 Es wird die Frage nach der Konzeption der Regionalpolitik gestellt, um zu einer ökonomisch optimalen Allokation, die ein maximales Sozialprodukt und/oder ein möglichst kräftiges Wachstum der Gesamtwirtschaft ermöglicht, der Produktivität im Raum zu kommen. So Giersch, H.: Das ökonomische Grundproblem der Regionalpolitik, in Jahrbuch für Sozialwissenschaft, Band 14, 1963, Heft 3, S. 387 ff. Vergleiche zu den Grundproblemen der Regionalpolitik auch: Giel, W.: Regionale Wirtschaftspolitik in der BRD, in Handwörterbuch der Raumforschung und Raumordnung, Hannover 1966, Spalte 1671 ff. Jürgensen, H.: Antinomien in der Regionalpolitik, in Jahrbuch für Sozialwissenschaft, Band 14, 1963, Heft 3, S. 401 ff. Schneider, H. K.: Über die Notwendigkeit regionaler Wirtschaftspolitik, in Schriften des Vereins für Socialpolitik, N.F., Band 41, 1968, S. 3 ff.

3 Siehe dazu als ersten Überblick den Industrieatlas NRW, Stand 1970, Statistisches Landesamt NRW, Düsseldorf 1972.

Diese Schwäche einer globalen Wirtschaftspolitik ist erkannt worden, wie die umfangreiche Gesetzgebung[4] erkennen läßt. Diese verfolgt das Ziel, Regionen, die bezüglich ihrer wirtschaftlichen Leistungskraft und ihrer Wirtschaftsstruktur als unterentwickelt anzusehen sind, an den Standard des Landes oder des Bundesdurchschnitts heranzuführen. Diese Maßnahmen sind mehr unter dem mittel- bis langfristigen Aspekt zu sehen und dürften, falls sie erfolgreich sind, auch für eine kurzfristige Globalpolitik positive Wirkungen hinsichtlich ihrer gewünschten Effektivität zeigen. Jedenfalls ist es unabdingbar, daß eine kurzfristige Globalpolitik von einer längerfristigen Strukturpolitik begleitet werden muß, um zumindest deren Effektivität zu verbessern. Ein anzustrebendes Fernziel wäre, auch die kurzfristige, globale Wirtschaftspolitik so umzugestalten, daß sie mit ihren Maßnahmen und deren Wirkungen auf die regionalen und strukturellen Differenzierungen eingehen könnte, so daß die angestrebten Ziele der längerfristigen Politik auch von der kurzfristigen Politik her unterstützt würden[5].

Am Anfang der Lösungsproblematik steht in beiden Fällen die Aufgabe, hinreichende Informationen über den Istzustand zu liefern, die die regionale und strukturelle Differenzierung des Wirtschaftspotentials erfaßt.

Dies soll in zwei Richtungen erfolgen:

1. Die regionale Differenzierung soll möglichst tief durch die Wahl und Abgrenzung der Untersuchungsobjekte erfaßt werden und

---

[4] Vergleiche dazu: Das Raumordnungsgesetz des Bundes vom 8. 4. 1965, Bundesgesetzblatt I, S. 306, den Raumordnungsbericht 1970, Drucksache VI/1340, Bonn, den 4. 11. 1970, den Raumordnungsbericht 1972, Drucksache VI/3793, Bonn, den 19. 9. 1972, das Gesetz über die Gemeinschaftsaufgabe „Verbesserung der regionalen Wirtschaftsstruktur" Bundesgesetzblatt Teil I, Nr. 108 vom 10. 10. 1969, S. 1861 ff., das Landesplanungsgesetz des Landes Nordrhein-Westfalen, vom 7. 5. 1962, G.u.VBl., S. 229 ff., das Landesentwicklungsprogramm, Bekanntmachung des Ministers für Landesplanung vom 7. 8. 1964, im Ministerialblatt für das Land NRW, 17. Jg., Ausgabe A, vom 31. 8. 1964, den Landesentwicklungsplan I, Erläuterungsbericht, Bekanntmachung des Ministers für Landesplanung vom 28. 11. 1966, in Min.Bl. für das Land NRW, 19. Jg., Ausgabe A, vom 27. 12. 1966 und die Änderung vom 17. 12. 1970 sowie den Landesentwicklungsplan II vom 3. 3. 1970 und die Pläne III bis V sowie das NRW-Programm 1975 vom 3. 3. 1970, in Golz-Lange: Strukturverbesserung in NRW, Essen 1969.

[5] Vergleiche Giersch, H.: Das ökonomische Grundproblem der Regionalpolitik, S. 388, der meint, daß man das häufig gepriesene Ideal einer krisenfesten Wirtschaftsstruktur der Teilräume nur in engen Grenzen anstreben könne und als Ersatz die Möglichkeit einer regionalpolitisch orientierten Konjunkturpolitik in Betracht ziehen müsse.
Erste Ansätze bietet ein vom Bundesrat jetzt vorgelegter Entwurf einer zweiten Novelle zum Stabilitätsgesetz, durch den in der antizyklischen Investitionspolitik der öffentlichen Haushalte das Prinzip der regionalen Differenzierung künftig angewandt werden soll, in FAZ vom 9. 5. 1973.

2. Die Untersuchungsobjekte sollen untereinander in eine kardinale Rangordnung gebracht werden, um die erheblichen Unterschiede zutage treten zu lassen.

Als Hauptziel der Untersuchung wird verfolgt werden, das Wirtschaftspotential und die Wirtschaftsstruktur an den Untersuchungsobjekten zu erfassen und in einer Rangfolge zu messen. Die Messung soll Aufschluß über die wichtigsten Bestimmungsfaktoren dieser Begriffe liefern, um damit Anhaltspunkte für eine rationale und möglicherweise auch effektivere Wirtschaftspolitik zu geben. Die Entscheidungshilfen in Form von gedrängten Informationen sollen über die Analyse des Istzustandes hinaus auch prognostische Elemente enthalten, die für weitere Untersuchungen Hinweise geben sollen und für eine Planung unentbehrlich sind.

Die wichtige und in der Fragestellung angesprochene Wirkungsproblematik von Maßnahmen kann hier nicht weiter verfolgt werden; sie ist nicht Hauptgegenstand der Untersuchung[6], wird aber bei der Kritik der Aussagen und der Grundannahmen des Lösungsmodells noch einmal aufgegriffen und angesprochen werden. Natürlich stellt sich unter dieser Fragestellung ein entscheidendes Informationsproblem. Wie kann man sich hinreichend Informationen aus der großen Anzahl vorhandener Indikatoren beschaffen, wenn man auf die regionale Differenzierung Rücksicht nimmt, ohne den Überblick über die Vielfalt der Informationen zu verlieren?

Bisher stützte man sich auf einen Katalog für die Globalanalyse der Gesamtregion für wichtig gehaltener Größen oder man mußte bei regionaler Differenzierung sich auf nur einen Indikator oder auf einige wenige beschränken, von denen man meinte, daß sie die höchste Aussagekraft hätten und vernachlässigte dabei die anderen Indikatoren. Nun hat es sich aber gezeigt, daß die subjektive Vernachlässigung vieler beschreibender Variablen und die Favorisierung eines Indikators in

---

[6] Siehe dazu die Untersuchungen und Vorschläge von: Thoss, R.: Ein Vorschlag zur Koordinierung der Regionalpolitik in einer wachsenden Wirtschaft, in Jahrbücher für Nationalökonomie und Statistik, Band 182, 1969, S. 490 ff., Siebert, H.: Zur Theorie des regionalen Wirtschaftswachstums, Tübingen 1967, Isenberg, G., Krafft, D.: Tragfähigkeit, in Handwörterbuch der Raumforschung und Raumordnung, Hannover 1966, Spalte 2102 ff., Esenwein-Rothe, I.: Über die Möglichkeiten einer Quantifizierung von Standortqualitäten, in Jahrbuch für Sozialwissenschaft, Band 14, Heft 3, 1963, S. 492 ff. Töpfer, K.: Regionalpolitik und Standortentscheidung, Bielefeld 1969, Marx, D.: Regionale Produktivitätsmessung als Ansatzpunkt überregionaler Raumordnung, in Jahrbuch für Sozialwissenschaft, Band 14, 1963, Heft 3, S. 414 ff., derselbe: Wachstumsorientierte Regionalpolitik, Göttingen 1966, Jürgensen, H., Voigt, H. G.: Produktivitätsorientierte Regionalpolitik als Wachstumsstrategie Hamburgs, Göttingen 1965, die teils theoretisch fundierte Hypothesen, teils aufgrund theoretischer Überlegungen empirisch gewonnene Ansatzpunkte für eine Regionalpolitik liefern.

bezug auf eine konkrete Fragestellung zu Fehleinschätzungen führen kann, da man eventuell wichtige Informationen vernachlässigt hat oder einen zur Beschreibung des Tatbestandes nicht so wichtigen Indikator überbetont hat.

Es geht also um die Lösung eines Problems, das heute in der Praxis auf vielen Gebieten eine immer größere Bedeutung gewinnt, nämlich eine Vielfalt von zusammenhängenden, wichtigen Informationen auf ihre wesentliche Struktur hin zu untersuchen und so zu komprimieren, daß man ein möglichst objektiv für den jeweiligen Tatbestand gewichtetes Informationsmaterial gewinnt, das zu dem noch überschaubar ist.

Hier will die Arbeit insbesondere einen Lösungsvorschlag unterbreiten, der die oben angeführten Kernprobleme am besten in den Griff bekommen dürfte.

2. Die Auswahl der Untersuchungsobjekte

Testobjekte der Arbeit sollen die Stadt- und Landkreise Nordrhein-Westfalens sein, da die Aufteilung des Landesgebietes in Kreise sowohl unter dem Aspekt der Differenzierung wie auch unter dem der Verfügbarkeit des relevanten, statistischen Materials entsprechen dürfte. Natürlich unterliegt der Ansatzpunkt, von den Verwaltungseinheiten auszugehen, einer starken Kritik[7], jedoch von Wirtschaftsräumen auszugehen, was ökonomisch wohl sinnvoller wäre, scheitert an der fehlenden, statistischen Basis[8], die aufzustellen, den Rahmen dieser Untersuchung sprengen dürfte.

Basis der Untersuchung ist also das in den Veröffentlichungen des Statistischen Landesamtes von Nordrhein-Westfalen vorhandene Material auf Kreisebene, das größtenteils in den Kreisstandardzahlen jährlich veröffentlicht wird. Daneben werden auch Indikatoren aus den Kreismappen des Instituts für Raumforschung verwendet.

3. Die Auswahl der beschreibenden Indikatoren

3.1. Aufzählung der einzelnen Kennziffern

Es wurden 41 im Hinblick auf die Zielsetzung der Arbeit für wichtig angesehene, beschreibende Indikatoren für jedes Untersuchungsobjekt

---

7 Vergleiche dazu: Brede, H., Osorio, C.: Begriff und Abgrenzung der Region unter besonderer Berücksichtigung der Agglomerationsräume, Ifo-Institut, München 1967, S. 11, die vier wichtige Kritikpunkte nennen, die Verzerrungen verursachen können.

8 Siehe dazu: Seidenfus, H. St.: Koordinationsprobleme und aktuelle Hemmnisse der Regionalpolitik, in Schriften des Vereins für Socialpolitik, N.F., Band 41, 1968, S. 140, Anmerkung 16.

ausgewählt. Die Variablen wurden für folgende vier beschreibende Tatbestände zusammengestellt, wobei dem Strukturgedanken besondere Betonung verliehen wurde[9]:

a) Gesamtwirtschaftliche Leistungsfähigkeit und Struktur mit einer Anzahl von 10 Beschreibungsvariablen

b) Industrielle Leistungsfähigkeit und Struktur mit einer Anzahl von 8 Beschreibungsvariablen

c) Infrastrukturmerkmale der Beobachtungseinheiten mit einer Anzahl von 9 Beschreibungsvariablen

d) Bevölkerungs- und erwerbsspezifische Merkmale der Beobachtungseinheiten mit einer Anzahl von 14 Beschreibungsvariablen

a) Gesamtwirtschaftliche Leistungsfähigkeit und Struktur

Nr. 19 Realsteuerkraft je Einwohner

Nr. 20 Anteil der Land- und Forstwirtschaft am Bruttoinlandsprodukt in v. H.

Nr. 21 Anteil des Warenproduzierenden Gewerbes am Bruttoinlandsprodukt in v.H.

Nr. 22 Anteil des Bereichs „Handel und Verkehr" am Bruttoinlandsprodukt in v.H.

Nr. 23 Anteil des Bereichs „Sonstige Dienstleistungen" am Bruttoinlandsprodukt in v.H.

Nr. 24 Bruttoinlandsprodukt je Einwohner in DM

Nr. 31 Spareinlagen je Einwohner in DM

Nr. 37 Das lohnsteuerpflichtige Einkommen je Einwohner in DM

Nr. 38 Das nach dem Körperschaftssteuergesetz veranlagte Einkommen je Einwohner in DM

Nr. 39 Das nach dem Einkommensteuergesetz veranlagte Einkommen in DM

b) Industrielle Leistungsfähigkeit und Struktur

Nr. 10 Beschäftigte in der Industrie in v.H. der Bevölkerung (Industriebesatz)

Nr. 11 Industrieumsatz je Einwohner in DM

Nr. 12 Anteil der Grundstoff- und Produktionsgüterindustrien am Industrieumsatz in v.H.

Nr. 13 Anteil der Investitionsgüterindustrien am Industrieumsatz in v.H.

Nr. 14 Anteil der Verbrauchsgüterindustrien am Industrieumsatz in v.H.

Nr. 15 Anteil der Nahrungs- und Genußmittelindustrien am Industrieumsatz in v.H.

Nr. 16 Exportanteil am Industrieumsatz in v.H.

---

[9] Vergleiche zu der Wichtigkeit des Strukturgedankens: Schröder, D.: Strukturwandel, Standortwahl und regionales Wachstum, PROGNOS-Studie Nr. 3, Stuttgart, Berlin, Köln, Mainz 1968, S. 15 ff.

Nr. 41 Investitionen der Unternehmen in der Industrie je Beschäftigten in DM

c) Infrastrukturmerkmale

Nr. 17 Gesamtlänge der Straßen je qkm Fläche (Straßendichte) in km
Nr. 18 Anzahl der Kraftfahrzeuge je km Straßenlänge (Kraftfahrzeugsdichte)
Nr. 25 Ausgaben für Schulen je Einwohner in DM
Nr. 26 Ausgaben für Kultur je Einwohner in DM
Nr. 27 Ausgaben für soziale Angelegenheiten je Einwohner in DM
Nr. 28 Ausgaben für Bau- und Wohnungswesen je Einwohner in DM
Nr. 29 Ausgaben für Öffentliche Einrichtungen je Einwohner in DM
Nr. 30 Ausgaben für Wirtschaftliche Unternehmen je Einwohner in DM
Nr. 40 Inlandsschulden je Einwohner in DM

d) Bevölkerungs- und erwerbsspezifische Merkmale

Nr. 1 Einwohner je qkm Fläche
Nr. 2 Volksschüler auf 1000 der Bevölkerung
Nr. 3 Real- und Mittelschüler auf 1000 der Bevölkerung
Nr. 4 Höhere Schüler auf 1000 der Bevölkerung
Nr. 5 Erwerbspersonen auf 1000 der Bevölkerung in der Land- und Forstwirtschaft
Nr. 6 Erwerbspersonen auf 1000 der Bevölkerung in der Industrie und im Handwerk
Nr. 7 Erwerbspersonen auf 1000 der Bevölkerung in Handel und Verkehr
Nr. 8 Erwerbspersonen auf 1000 der Bevölkerung im Öffentlichen Dienst und in Dienstleistungsbetrieben aller Art
Nr. 9 Erwerbspersonen auf 1000 der Bevölkerung (Erwerbsquote)
Nr. 32 Anteil der Wohnbevölkerung unter 15 Jahre in v.H.
Nr. 33 Anteil der Wohnbevölkerung von 15 bis 65 Jahre in v.H.
Nr. 34 Anteil der Wohnbevölkerung über 65 Jahre in v.H.
Nr. 35 Anteil der Auspendler an der Wohnbevölkerung in v.H.
Nr. 36 Anteil der Einpendler an der Wohnbevölkerung in v.H.

Wie der Kennziffernkatalog zeigt, liegen die Variablen in der zeitlichen Dimension teilweise weit gestreut um die Zeitpunkte 1950 und 1970. Leider lag das statistische Material bei manchen Kennziffern nicht zum gewünschten Zeitpunkt vor, deshalb wurden die zeitlich am nächsten verfügbaren Werte genommen. Diese Verfahrensweise trifft auch für die Kennziffernwerte einzelner Kreise zu, die statistisch nicht ausgewiesen wurden.

Die Anzahl der Untersuchungsobjekte wurde auch für den Zeitpunkt 1970 künstlich bei 94 gehalten, um für beide Datensätze die gleiche Zahl von Kreisen zu haben, obwohl die Gebietsreform die Zahl der Kreise mit dem Stand des Jahres 1970 auf 90 verringerte[10].

Waren einmal überhaupt keine Werte, auch die zeitlich nächsten, nicht verfügbar, so ging der Wert der betreffenden Kennziffer mit Null in die Untersuchung ein. Diese Hilfsmaßnahme sollte sich besonders in methodischer Hinsicht als nachteilig herausstellen[11]. Trotz der theoretischen Bedenken gegen Anteilskennziffern, die sich zu 100 v.H. ergänzen, wurden sie in zwei Fällen beibehalten, da die jeweilige Wirtschaftsstruktur, die durch sie gekennzeichnet wird, einmal positiv und einmal negativ mit der Wirtschaftskraft verbunden sein kann und damit das Testen wichtiger Strukturhypothesen ermöglicht. Der ökonomische Zusammenhang setzte sich auch im empirischen Test durch und führte nicht zu sogenannten Scheinkorrelationen[12].

Die Nachteile der zeitlichen Uneinheitlichkeit mußten und konnten in Kauf genommen werden, zumal teilweise Daten betroffen waren, die sich über einen mittelfristigen Zeitraum kaum verändern. Der Aussagewert des Gesamtbeschreibungstatbestandes dürfte trotz dieser Verzerrungen im Kern erhalten geblieben sein.

3.2. Kritik der Kennziffern der einzelnen Bereiche

3.2.1. Bereich: Gesamtwirtschaftliche Leistungsfähigkeit und Struktur

Die wichtigste Kennziffer dieses Problemkomplexes ist das Bruttoinlandsprodukt je Einwohner. Auch hier steht wie bei anderen Untersuchungen bei der Auswahl dieses Indikators die Absicht im Vordergrund, möglichst unmittelbar ein Maß für die Wertschöpfung der Beobachtungseinheiten zu finden und den Beitrag zur Gesamtwertschöpfung der beobachteten Gesamteinheit, hier des Landes Nordrhein-Westfalen zu messen[13].

---

[10] Ab 1. 1. 1970 kreisfreie Stadt Viersen zum LK Kempen-Krefeld
ab 1. 1. 1969 kreisfreie Stadt Herford zum LK Herford
ab 1. 1. 1969 kreisfreie Stadt Lüdenscheid zusammen mit dem LK Altena zum Landkreis Lüdenscheid
ab 1. 8. 1969 Landkreis Bonn aufgelöst, zum Teil an Bonn-Stadt, der Rest zum Rhein-Sieg-Kreis.

[11] Siehe dazu weiter unten die Kommentierung der Faktorenwerte.

[12] Unter Scheinkorrelationen versteht man Korrelationen, die nur aufgrund einer rechnerischen Verknüpfung oder formalen Beziehung zustande gekommen sind und keinen materiellen Zusammenhang aufweisen.

[13] Vergleiche dazu: Marx, D.: Regionale Produktivitätsmessung als Ansatzpunkt überregionaler Raumordnung, S. 414 ff.; ebenso Bergschmidt, H. H.: Zur Messung und Erklärung von regionalen Wachstumsunterschieden in der BRD, in Jahrbücher für Nationalökonomie und Statistik, Band 174, 1962, S. 513 ff., der aber nur eine eindimensionale Betrachtung mit Hilfe der Shift-Analyse durchführt.

Daß die Kennziffer dies nur annäherungsweise und unvollkommen tut, ist aufgrund ihrer Berechnungsmethode verständlich. Hier sollen nur kurz die wichtigsten Kritikpunkte aufgeführt werden[14].

Die Berechnungen werden nicht nach dem Betriebskonzept, sondern nach dem Unternehmenskonzept ausgeführt; die Kostensteuern, hier können Tabak- und Mineralölsteuer besonderes Gewicht haben, sowie die Abschreibungen bei anlageintensiven Industrien, können die Ergebnisse verzerren. Die Kostenstrukturen werden nicht auf Kreisebene erfaßt, sondern auf Landesebene und werden dann auf Kreisebene projeziert, so daß diese Berechnungsweise ebenfalls Verzerrungen verursachen kann. Auf den Indikator Bruttoinlandsprodukt je Kopf der Wirtschaftsbevölkerung wurde verzichtet, da der Schwerpunkt der Fragestellung hier mehr auf die Wohnbevölkerung bezogen werden soll. Die Pendlermerkmale, über die die Korrektur vom BIP je Kopf der Wohnbevölkerung zum BIP je Kopf der Wirtschaftsbevölkerung vorgenommen wird[15], werden dann im Bereich der bevölkerungs- und erwerbsspezifischen Merkmale gesondert aufgeführt.

Die um die Pendlerbewegungen überzeichnenden Bruttoinlandsproduktwerte, nach oben in den Beobachtungseinheiten mit Pendlerüberschuß und nach unten in den Gebieten mit Pendlerdefizit wurden bewußt in Kauf genommen, um die Unterschiede im Wirtschaftspotential deutlich zum Ausdruck kommen zu lassen.

Diese Absicht wird durch die Beobachtung bestätigt, daß die Kaufkraft der einpendelnden Personen zum größten Teil wieder in die Ballungszentren zurückfließt und damit einen zusätzlich begünstigenden Einfluß auf die Gebiete mit Pendlerüberschuß ausübt, der im Zuge der Folgeeffekte den Abstand zwischen begünstigten und benachteiligten Regionen weiter vergrößern dürfte[16].

Es ist also zu vermuten, daß sich die Stellung der begünstigten Gebiete durch eine latente Attraktivität auch weiterhin verstärken und die der benachteiligten weiterhin verschlechtern wird. Um diese Kennziffer wesentlich differenzierter in die Untersuchung mit einzubeziehen, werden die vier Anteilskennziffern des Bruttoinlandsproduktes mit in die Untersuchung einbezogen. Sie sollen bei den einzelnen Untersuchungsobjekten Aufschluß darüber geben, welcher Wirtschaftssektor zum

---

[14] Siehe dazu die ausführliche Kritik der Statistischen Landesämter: Sozialproduktsberechnungen der Länder, Heft 2, Das BIP der kreisfreien Städte und Landkreise 1957, 1961, 1964, Gemeinschaftsveröffentlichung der Statistischen Landesämter, Wiesbaden 1966.

[15] Die Wohnbevölkerung wird um den doppelten Pendlersaldo revidiert (+ oder — doppelter Pendlersaldo).

[16] Vergleiche dazu: Voigt, F.: Die volkswirtschaftliche Bedeutung des Verkehrssystems, Berlin 1960, S. 108 ff.

Beispiel den größten Produktivitätsbeitrag leistet, oder welcher Wirtschaftssektor für eine geringe Gesamtleistungsfähigkeit im Vergleich zu den anderen Untersuchungsobjekten kennzeichnend ist, oder welcher Wirtschaftssektor welche Kreise prägt und typisiert. Die Kennziffern sollen erste und globale Hinweise auf die Wirtschaftsstruktur der Untersuchungsobjekte geben.

Als zweite wichtige Kennziffer aus dem Bereich der gesamtwirtschaftlichen Leistungsfähigkeit und Struktur wurde die Realsteuerkraft je Kopf der Bevölkerung ausgewählt. Auch hier ist es wichtig, auf die Kritikpunkte dieser Kennziffer hinzuweisen, die auch wieder in der Berechnungsmethode liegen[17]. Sie soll im wesentlichen den zweiten Teil der Wertschöpfung, die Zinsen und Gewinne repräsentieren, da ihre Berechnung die Summe der Besteuerung der Einheitswerte, des Gewerbekapitals und des Gewerbeertrags, bei Bereinigung des Einflusses der Gestaltung verschiedener Hebesätze, zugrunde liegt. Damit kann die Kennziffer auch als Ersatzgröße oder als Anhaltspunkt für die Finanzierungsmöglichkeiten der kommunalen Infrastruktur angesehen werden[18]. Sie wird in ihrer Aussagefähigkeit jedoch durch die Finanzzuweisungen der Länder, durch den Gewerbesteuerausgleich und die Verschuldungsmöglichkeiten gerade in bezug auf ihre letzte Bedeutung hin abgeschwächt. Doch wird durch eine starke Finanzkraft die Verschuldungsmöglichkeit zum Teil erst eröffnet. Diese wird wegen der Konjunkturanfälligkeit der Gewinne aber auch benötigt, um die Schwankungen dieser Einnahmen auszugleichen, so daß doch eine insgesamt starke kausale Beziehung zwischen Wertschöpfung und Finanzierungskraft vermutet werden kann[19].

Die weiteren Kennziffern aus diesem Bereich sind im Sinne der Volkswirtschaftlichen Gesamtrechnung aus dem Bereich der Verteilung entnommen, während die erstgenannten Variablen für den Bereich der

---

[17] Vergleiche dazu die Kritik von Thelen, P., Lührs, G.: Abgrenzung von Fördergebieten, Hannover 1971, S. 53 ff., Geisenberger, S. und andere: Zur Bestimmung wirtschaftlichen Notstands und wirtschaftlicher Entwicklungsfähigkeit von Regionen, Hannover 1970, S. 33 ff., insbesondere aber Rath, K. W.: Steuerkraftzahlen, in Handwörterbuch der Raumforschung und Raumordnung, Hannover 1966, Spalte 2015 ff.

[18] Vergleiche dazu Hollmann, H.: Statistische Grundlagen der Regionalplanung, Hannover 1969, S. 100.

[19] Das auf der Gewerbesteuer basierende, gemeindliche Steuersystem und das Vorgehen beim Finanzausgleich in der BRD ruft eine Verstärkung der vorhandenen Differenzierungen in Richtung der wirtschaftlich starken Regionen hervor. Vergleiche dazu auch Albers, W.: Der Einfluß des Finanzausgleichs auf regionale Wettbewerbsbedingungen und Produktionsstandorte, in Jahrbuch für Sozialwissenschaft, Band 14, 1963, Heft 3, Seite 462 ff., Voigt, F. u. a.: Wirtschaftliche Entleerungsgebiete in Industrieländern, Köln-Opladen 1969, S. 65, Funck, R.: Instrumente der Regionalpolitik, in Schriften des Vereins für Sozialpolitik, N.F., Band 41, 1968, S. 119.

Entstehung kennzeichnend sind. Sie sollen auch ein Maß, wenn auch nur ein abgeleitetes und damit noch indirekteres, für die gesamtwirtschaftliche Produktivität sein.

Selbst bei diesen vier Kennziffern muß nochmals eine Differenzierung vorgenommen werden. Während von den Kennziffern aus der Steuerstatistik besonders die des Bruttolohns und des Einkommens einen Überblick über das Lohn- und Einkommensniveau der Untersuchungseinheiten geben dürfte und damit gleichzeitig auch über die zur Verfügung stehende Kaufkraft[20], beleuchtet die Kennziffer „Spareinlagen je Kopf der Bevölkerung" nur einen Teilaspekt der gesamtwirtschaftlichen Leistungsfähigkeit aus einem schon abgeleiteten Zusammenhang, der aber wieder wichtige Rückkoppelungseffekte auf die Leistungskraft und deren räumliche Differenzierung haben kann[21]. Man sieht also hier, insbesondere wegen der fehlenden, statistischen Angaben über das Wertpapier-, Versicherungs- und Bausparen, schon deutlich, wie man bei dem Versuch, eine nicht meßbare Größe mit Hilfe von Kennziffern zu beschreiben, sich immer mehr vom Kernpunkt, den man erfassen will, entfernen muß und auf abgeleitete Größen angewiesen ist, die zwar noch eine starke Beziehung zu dem Oberbegriff haben, aber mehr und mehr, wenn auch wichtige Teilaspekte beschreiben.

3.2.2. Bereich: Industrielle Leistungsfähigkeit und Struktur

Da das gesamtwirtschaftliche Leistungspotential entscheidend vom Beitrag des sekundären Sektors[22] und hier wieder des Industriesektors geprägt wird, andererseits im Gefolge produktiver, industrieller Aktivitäten auch hoch produktive Dienstleistungsbetriebe entstehen, scheint es gerechtfertigt zu sein, wenn man den industriellen Bereich gesondert durch einige wichtige Kennziffern beschreibt, die Aufschluß über das Vorhandensein von Industrie, deren Produktivität und deren Struktur in den einzelnen Stadt- und Landkreisen geben sollen. An erster Stelle steht der Industrieumsatz je Kopf der Bevölkerung, der ein unmittelbares Maß für die Wertschöpfung der gesamten Industrie der Unter-

---

[20] Vergleiche dazu Fickel, F. W.: Kaufkraft, in Handwörterbuch der Raumforschung und Raumordnung, Spalte 849 ff.

[21] Vergleiche dazu die Untersuchung von Frerich, J.: Ursachen und Wirkungen der regionalen Differenzierung der privaten Spartätigkeit in Industrieländern, Berlin 1969, insbesondere die Seiten 114 ff., ebenso Voigt, F. u. a.: Wirtschaftliche Entleerungsgebiete in Industrieländern, S. 72 ff.

[22] Vergleiche hierzu Klatt, S.: Zur Theorie der Industrialisierung, Köln-Opladen 1959, S. 169 und 423 und Jürgensen, H., Voigt, H. G.: Produktivitätsorientierte Regionalpolitik als Wachstumsstrategie Hamburgs, S. 89 ff., die die besondere Bedeutung des sekundären Sektors für den Industrialisierungsprozeß herausstellen.

suchungseinheit darstellen dürfte[23]. Die Kennziffern der prozentualen Anteile am Industrieumsatz sollen Aufschluß über die Struktur der wichtigsten Industriebereiche und damit auch ein Maß für die veränderte Gesamtproduktivität, je nach Gewichtsanteil der Industriesektoren geben.

Kritisch ist zu der Kennziffer Industrieumsatz je Kopf der Bevölkerung zu sagen, daß der Grad der Konzentration in vertikaler Richtung zu Verzerrungen führen kann, denn unter diesen Bedingungen wird der Umsatz größtenteils in Wirtschaftszentren getätigt, während die Produktion größtenteils in peripheren Gebieten erzeugt werden kann.

Die Kennziffer „Beschäftigte in der Industrie je 1000 Einwohner" oder auch „Industriebesatz" genannt, mißt auf mehr indirektem Wege den Industrialisierungsgrad, die Zahl der vorhandenen, industriellen Arbeitsplätze und erlaubt in Verbindung mit der Kennziffer „Industrieumsatz" Aussagen über Produktivitätsunterschiede in bezug auf den Produktionsfaktor Arbeit. Um auch den Produktionsfaktor Kapital, der bei einer Aussage über die Gesamtproduktivität mitberücksichtigt werden muß, in die Betrachtung mit einzubeziehen, wurde die Kennziffer „Investitionen je Beschäftigten" zusätzlich ausgewählt, denn für sehr kapitalintensive Industrien, wie sie zum Beispiel die Eisen- und Stahlindustrie und die Chemieindustrie darstellen, wird die hohe Produktivität je Beschäftigten nur über einen hohen Kapitaleinsatz erreicht. Andererseits läßt eine geringe Investitionstätigkeit je Beschäftigten auf ein arbeitsintensives Fertigungsverfahren schließen.

Die Kennziffer „Auslandsumsatz in v.H. des Industrieumsatzes" stellt eine spezielle Strukturkennziffer dar, deren jetzt schon wichtiger aber noch wachsender Aussagewert[24] im Zuge der fortschreitenden, internationalen Arbeitsteilung nicht vernachlässigt werden sollte. Interessant wären in diesem Zusammenhang Kennziffern, die ein Maß für den Verflechtungsgrad zu anderen Kreisen innerhalb und auch außerhalb des Untersuchungsraums im Sinne von fernorientierten Betrieben als Träger der wirtschaftlichen Entwicklung[25] gewesen. Brauchbare Berechnungsergebnisse standen aber nicht zur Verfügung.

---

23 Vergleiche Müller, G.: Industriebesatz, ein Maßstab der regionalen Wirtschaftskraft, Mainz und Köln 1965, S. 14 ff.

24 Siehe dazu die direkte und für manche Industrien besonders wichtige indirekte Abhängigkeit von der Auslandsnachfrage (z. B. Grundstoff- und Produktionsgüterindustrien direkt 19,6 %, indirekt 19,9 %, Industrie insgesamt, direkt 20,7 %, indirekt 13,1 %), in DIW-Wochenbericht, Input-Output Rechnungen, Heft 14, 5. April 1973, S. 114 ff.

25 Vergleiche dazu die Vorschläge von Jürgensen, H., Voigt, H. G.: Produktivitätsorientierte Regionalpolitik als Wachsstumsstrategie Hamburgs, S. 89 und Isenberg, G., Krafft, D.: Tragfähigkeit, in Handwörterbuch der Raumforschung und Raumordnung, Spalte 2112 ff., die im wesentlichen dem „basic non basic Konzept" und der „export base Theorie" entsprechen.

3.2.3. Bereich: Infrastrukturmerkmale der Beobachtungseinheiten[26]

In diese Kategorie fallen einmal Kennziffern, die einen Hinweis auf das regionale Versorgungsniveau mit bestimmten, kommunalen Leistungen geben sollen, wie sie die Kennziffern der verschiedenen Ausgabearten darstellen; zum anderen sind es Kennziffern, die eine relativ starke Verbindung zur gesamtwirtschaftlichen Leistungsfähigkeit aufweisen und als Folgeerscheinungen wirtschaftlicher Aktivitäten in Agglomerationszentren auftreten.

Unter den letzten Punkt fallen die Variablen „Inlandsschulden je Kopf der Bevölkerung", „Straßendichte" gemessen an der Straßenlänge je qkm Fläche und „Kraftfahrzeugdichte" gemessen an der Zahl der Kraftfahrzeuge je km Straße. Die Kennziffer „Inlandsschulden" dürfte wie schon oben angedeutet in Zusammenhang mit der Realsteuerkraft stehen[27] und einen wichtigen Hinweis auf die Finanzierung längerfristiger und wichtiger Infrastrukturobjekte geben, wie sie zum Teil in den Ausgabekennziffern beschrieben werden. Die Variable „Kraftfahrzeugdichte" könnte neben der Nachfrage nach Verkehrsleistungen einen indirekten Hinweis auf das Lohnniveau und damit auf die Kaufkraft geben, da die Ausgaben für das Kraftfahrzeug sowohl in der Anschaffung wie im Unterhalt einen wichtigen Ausgabeposten im jeweiligen Haushaltsbudget darstellen[28].

Die Kennziffer „Straßendichte" stellt grobe regionale Differenzierungen bezüglich der Leistungsfähigkeit und des Angebots an Straßen-

[26] Vergleiche zum Begriff und zur Wichtigkeit der Infrastruktur in bezug auf die wirtschaftliche Entwicklung: Jochimsen, R.: Theorie der Infrastruktur, Tübingen 1966, S. 100 ff., Jürgensen, H., Voigt, H. G.: Produktivitätsorientierte Regionalpolitik ..., S. 83, Bösler, F.: Infrastruktur, in Handwörterbuch der Raumforschung und Raumordnung, Spalte 767 ff., Funck, R.: Instrumente der Regionalpolitik, in Schriften des Vereins für Socialpolitik, N.F., Band 41, 1968, S. 117, Jansen, P. G.: Infrastrukturinvestitionen als Mittel der Regionalpolitik, Gütersloh 1968, Klaassen, L. H.: Social amenities in area economic growth, Paris 1968, besonders die Seiten 15 und 139, Gerfin, H.: Gesamtwirtschaftliches Wachstum und regionale Entwicklung, in Kyklos, Vol. XVII, 1964, S. 567 ff., Weinstock, U.: Regionale Wirtschaftspolitik in Frankreich, Hamburg 1968, S. 166 ff., Tholl, G.: Strukturpolitik und Wirtschaftsordnung, Köln 1972, S. 52 ff. und Lewis, W. A.: Die Theorie des wirtschaftlichen Wachstums, Tübingen — Zürich 1956, S. 233, nach dessen Angaben in Industrieländern ca. 35 v. H. der Bruttoinvestitionen auf öffentliche Anlagen und Betriebe entfallen.

[27] Vergleiche dazu: Eichhorn, P., Friedrich, P.: Untersuchung über den Nutzen kommunaler Wirtschaftsförderungsmaßnahmen, Berlin 1970, S. 24, wo diese Beziehung bestätigt wird.

[28] Vergleiche dazu: Nerb, G.: Deutsche und französische Verbraucher beurteilten Wirtschaftslage günstiger, in IFO-Schnelldienst, Nr. 20, vom 16. 5. 1973, S. 8, der den PKW für die meisten Haushalte als das mit Abstand aufwendigste, langlebige Gebrauchsgut bezeichnet.

verkehr fest[29], wobei anzunehmen ist, daß in Ballungszentren die Nachfrage das Angebot zumeist übersteigt und die Qualität durch zusätzliche Ausgaben, die allerdings überproportional steigen dürften, erheblich verbessert werden könnten[30]. Dies hätte weitere Produktionsfortschritte zur Folge, auch wenn die Ausgaben nicht unbedingt dem Straßenverkehr, sondern leistungsfähigen Nahverkehrsmitteln zugute kommen würden. Hierbei ist die Nachfrage nach Kraftfahrzeugverkehr, deren Indikator stellvertretend für jegliche Verkehrsnachfrage steht, als Indiz für eine wirtschaftliche Aktivität anzusehen, als deren unmittelbare Folge sie entsteht.

Die Höhe der Werte der Ausgabearten je Kopf der Bevölkerung nach den Einzelplänen der Gemeindefinanzstatistik[31] könnten Hinweise in zwei Richtungen geben. Liegen sie höher als der Durchschnitt, so könnte dies einmal bedeuten, daß ein Nachholbedarf besteht, der durch vermehrte Ausgaben jetzt wettgemacht werden soll. Liegen sie tiefer als der Durchschnitt der Untersuchungsobjekte, so könnte angenommen werden, daß ein befriedigendes Niveau schon erreicht worden ist, das es nun zu halten gilt. Ohne die genaue Niveaukenntnis und -betrachtung bleibt die Aussagekraft etwas unbestimmt. Die generelle Überlegung dürfte jedoch zutreffen, daß ein hohes Niveau an kommunalen Versorgungseinrichtungen auch nur über entsprechend hohe Ausgaben je Kopf der Bevölkerung gehalten werden kann und in den Ausgaben für die einzelnen Aufgabenbereiche ein hoher Sockel von Niveauausgaben enthalten sind[32]. Die Beziehung bestimmter Ausgaben (z. B. für Kultur und Öffentliche Einrichtungen) in Ballungsgebieten zu einer hohen wirtschaftlichen Leistungskraft wird deutlich, wenn man von der Überlegung ausgeht, daß kulturelle Einrichtungen (z. B. Theater) einen erheblichen finanziellen Aufwand benötigen und deshalb einen bestimmten Auslastungsgrad erreichen sollten, wenn man sie errichtet[33]. Daß diese Einrichtungen auch von Einwohnern benachbarter Kreise zur

---

[29] Grob, weil Qualitätsgesichtspunkte wie Straßenbreite, Straßendecke und Linienführung außer Betracht bleiben.

[30] Hier sind aber in konkreten Einzelfällen Kosten-Nutzen-Analysen angebracht, die die externen Effekte bewerten und darüber hinaus auf eine Optimierung der Gesamtproduktiviät dieser Investitionen im Raum ausgerichtet sein müssen.

[31] Vergleiche dazu: Marx, D.: Wachstumsorientierte Regionalpolitik, Göttingen 1966, der für seinen regionalen Produktivitätsindex das BIP auf diese Ausgaben (bei ihm Grundleistungen genannt) bezieht, S. 59 ff.

[32] Siehe dazu: Kraft, J.: Der Agglomerationsprozeß als Problem der Wirtschafts- und Raumordnungspolitik, IFO-Institut, München 1967, S. 272, der auch die laufenden Ausgaben als Infrastrukturkosten betrachtet.

[33] Vergleiche dazu: Esenwein-Rothe, I.: Über die Möglichkeit einer Quantifizierung von Standortqualitäten, S. 494 f. und Buttler, G.: Regionale Arbeitsmarktforschung zur Erfassung arbeitsmarktpolitischer Aktionsräume, Köln 1971, S. 9, die auf die Wichtigkeit dieses Gesichtspunkts hinweisen.

besseren Auslastung mitbenutzt werden sollten, ist erwünscht und wird bei der Planung berücksichtigt[34].

Trotz der angedeuteten Verzerrungen[35], die auftreten können und die vielleicht durch eine Primärerhebung verbessert werden könnten, wurde an dem Grundgedanken des Aussagewertes der Ausgabenkennziffern[36] festgehalten, der im wesentlichen zutreffen dürfte. Hohe Ausgaben in der beschriebenen Differenzierung dürften Hinweise auf ein hohes infrastrukturelles Versorgungsniveau geben oder lassen zumindest in der Zukunft eine Verbesserung erwarten. Da hohe Werte dieser Kennziffern einen Hinweis auf die qualitative Seite wirtschaftlicher Aktivitäten sein dürften, die sowohl auf den Produktionsfaktor Arbeit wie auch auf Investitionsentscheidungen Attraktivitätswirkungen haben dürften, können auch von dieser Seite her Anhaltspunkte für das Vorliegen einer höheren, gesamtwirtschaftlichen Leistungsfähigkeit angenommen werden.

3.2.4. Bereich: Bevölkerungs- und erwerbsspezifische Merkmale der Beobachtungseinheiten[37]

Während die erwerbsspezifischen Kennziffern, wie die Aufteilung der Erwerbstätigen auf die Hauptwirtschaftsbereiche, die Erwerbsquote und die Ein- und Auspendlerquoten einen relativ engen Zusammenhang mit der wirtschaftlichen Leistungsfähigkeit und der Wirtschaftsstruktur haben dürften, weisen die bevölkerungsspezifischen Kennziffern mehr auf die Qualität des Produktionsfaktors Arbeit und dessen Verteilung hin. Dabei tragen besonders die Kennziffern über die Struktur der Schulausbildung[38] einen gewissen prognostischen Charakter eines Teilaspekts und deuten damit schwächer auf das jetzige Arbeits-

---

[34] Siehe dazu den Katalog der Versorgungseinrichtungen der Bundesvereinigung der Kommunalen Spitzenverbände für den öffentlichen Bereich, der die überörtliche Funktion um so stärker betont, je mehr man sich in der hierarchischen Rangordnung dem Oberzentrum nähert, bei Partzsch, D.: Wohlstandsmerkmale, in Handwörterbuch der Raumordnung und Raumforschung, Spalte 2113 ff.

[35] Dazu gehört auch das Problem der sprungfixen Kosten, auf das Marx, D.: Wachstumsorientierte Regionalpolitik, S. 78, als Kritikpunkt seines eigenen Vorschlags hinweist.

[36] Sie enthalten also sowohl Investitions- wie auch laufende Ausgaben für die Infrastruktur.

[37] Gerfin, H.: Gesamtwirtschaftliches Wachstum und regionale Entwicklung, S. 571, hält die Bevölkerung und das Arbeitspotential für eine der Hauptkomponenten der regionalen Entwicklung.

[38] Als Beispiel für die Wichtigkeit dieser Kennziffern soll die Schätzung von Denison, E. F.: The Sources of Economic Growth in USA and the Alternatives before us, CED, New York 1963, S. 73 angeführt werden, der 23 % des Wirtschaftswachstums in den USA zwischen 1942 und 1957 mit der Verbesserung der schulischen Ausbildung erklärt.

potential hin, sondern vielmehr auf die zukünftige Qualität des Arbeitspotentials und damit auf eine Grundvoraussetzung der gesamtwirtschaftlichen Leistungsfähigkeit hin. Auch die Altersstruktur spiegelt deutliche, qualitative Momente wieder, die durch den Industrialisierungsprozeß entstanden sind und die für die weitere Entwicklung eine erhebliche Bedeutung haben[39].

Dagegen trägt die Kennziffer der Bevölkerungsdichte mehr zur Kennzeichnung der momentanen Verteilung der Bevölkerung über die Gesamtregion der Untersuchungseinheiten und damit im indirekten Maße zur Messung der jetzigen oder der früheren Wirtschaftskraft bei. Sie kann als mittelbarer Indikator der Leistungsfähigkeit der Wirtschaft aus verschiedenen Gründen angesehen werden. Einmal deuten in einer Zeit der permanenten Übernachfrage auf dem Arbeitsmarkt, die auch durch eine Konjunkturabschwächung kaum unterbrochen wird, eine hohe Bevölkerungsdichte auf hohe wirtschaftliche Leistungskraft hin, weil die Arbeitskraft im Produktionsprozeß jedenfalls langfristig dorthin wandert, wo sie benötigt wird. Eine Korrektur bzw. Ergänzung zu diesem etwas pauschalen Indikator liefern insbesondere die Kennziffern der Erwerbsquote und die der Ein- und Auspendlerquoten, die die Aussagefähigkeit der Werte der Bevölkerungsdichte erheblich modifizieren können.

Eine hohe Bevölkerungsdichte deutet aber auch darauf hin, daß Agglomerationsvorteile günstige, externe Effekte hervorrufen, eine weitgehende Arbeitsteilung mit hohen Produktivitätseffekten möglich ist, aufnahmefähige Absatzmärkte in unmittelbarer Nähe liegen und leistungsfähige Dienstleistungsbetriebe und Infrastruktureinrichtungen entstanden sind, die alle Voraussetzungen für einen sich selbstnährenden Entwicklungsprozeß bieten[40].

---

[39] Nach Buttler, G.: Regionale Arbeitsmarktforschung zur Erfassung arbeitsmarktpolitischer Aktionsräume, S. 18, stellen im Rahmen der Gesamtbevölkerung die 15 - 65jährigen den Block der potentiellen Arbeitskräfte dar.
Voigt, F. u. a.: Wirtschaftliche Entleerungsgebiete, S. 77 ff., Frerich, J.: Ursachen und Wirkungen der regionalen Differenzierung der privaten Spartätigkeit in Industrieländern, S. 43 f. und Wulf, J.: Über einige Probleme arbeitsmarktbezogener Regionalprognosen, in Beiträge zur Arbeitsmarktforschung, Diskussionsunterlagen aus dem Arbeitskreis „Arbeitswirtschaftliche Strukturprobleme“ des RKW und der Bundesanstalt für Arbeit, S. 15 f., weisen auf die starke regionale Differenzierung der Alterspyramide im Verlaufe des Industrialisierungsprozesses hin, mit der gleichzeitig auch qualitative Differenzierungen verbunden sind; denn innerhalb jeder Altersgruppe wandern die Arbeitskräfte mit der besten Ausbildung in die begünstigten Gebiete ab, die aber durch die hier verwandten Kennziffern nur unvollständig erfaßt werden.

[40] Jedoch muß die Regionalpolitik gerade in den sehr dicht besiedelten Gebieten sicherstellen, daß der Agglomerationsvorteil „Dominanz der externen Ersparnisse über die ballungsbedingten Mehrkosten“ erhalten bleibt.

Die Aussagefähigkeit dieser Kennziffer ist besonders auf die Zukunft hin etwas zu relativieren, wenn man die Kennziffer „Wanderungssaldo" mit in die Betrachtung einbezieht und sie zuverlässig als die wirtschaftliche Leistungsfähigkeit anzeigende — bei positivem Saldo — und die wirtschaftliche Leistungsfähigkeit abschwächende — bei negativem Saldo — identifizieren könnte. Da diese Eindeutigkeit nicht vorhanden ist[41], prosperierende Wirtschaftszentren können durchaus einen negativen Wanderungssaldo haben, wenn Dienstleistungsbetriebe verstärkt die Innenstädte belegen und dadurch das Mietniveau heraufdrücken, zusätzlich sind Verzerrungen durch Bundeswehrstandorte und Wanderungen verursacht durch den Zug nach Süden zu beachten, wurde die Kennziffer nicht berücksichtigt. Außerdem zeigen ähnliche Untersuchungen[42], daß die Bedeutung, die der Kennziffer zugewiesen wird, im praktischen Test nicht zum Ausdruck kommt. Zudem wurde in dieser Untersuchung die Bevölkerungsdichte an zwei Zeitpunkten gemessen, so daß eine unter- oder überdurchschnittliche Entwicklung beim letzten Datensatz mit erfaßt wird.

3.2.5. Charakterisierung des Beschreibungssystems

3.2.5.1. Im Hinblick auf den theoretisch methodischen Ansatzpunkt des Lösungsmodells

Die ausgewählten Kennziffern sollen ein interdependentes Beschreibungssystem in Form einer Querschnittsanalyse darstellen, das die nicht direkt meßbaren Oberbegriffe Wirtschaftspotential und Wirtschaftsstruktur über die Untersuchungseinheiten in der räumlichen Differenzierung repräsentiert. Dies ist der theoretische Hintergrund, der auch die subjektive Auswahl der Variablenanzahl bestimmt hat.

Wie schon bei der Beschreibung der einzelnen Kennziffern deutlich geworden ist, stehen die ausgewählten Kennziffern in gegenseitigen Beziehungen zueinander und in Beziehung zu den Oberbegriffen, sogar die Oberbegriffe stehen untereinander in Beziehung, da anzunehmen ist, daß sich das Wirtschaftspotential in einer bestimmten Wirtschaftsstruktur ausprägt, oder anders gesagt, daß eine bestimmte Wirtschafts-

---

Vergleiche dazu: Jürgensen, H., Voigt, H. G.: Produktivitätsorientierte Regionalpolitik als Wachstumsstrategie Hamburgs, S. 186.

[41] Vergleiche dazu Thelen, P., Lührs, G.: Abgrenzung von Fördergebieten, Hannover, 1971, S. 56 ff., Geisenberger, S. u. a.: Zur Bestimmung wirtschaftlichen Notstands und wirtschaftlicher Entwicklungsfähigkeit von Regionen, die Seiten 39 f. und 89 und Hellberg, H.: Zentrale Orte als Entwicklungsschwerpunkte in ländlichen Gebieten, S. 86 u. S. 89.

[42] Vergleiche dazu die empirischen Ergebnisse der unter Anmerkung 41 genannten Autoren.

struktur ein bestimmtes Wirtschaftspotential bestimmt. Dieser Gesamtzusammenhang soll nun aufbauend auf der Korrelationsanalyse mit Hilfe der Faktorenanalyse simultan ausgewertet werden und eine vereinfachte Beschreibung des so formulierten mittelbaren und gegenseitigen Abhängigkeitssystems versucht werden. Dabei soll hier nicht der Versuch unternommen werden, ein schon von vorne herein fixiertes Ergebnis zu erhalten, sondern die Lösungsmethode soll die Struktur, die in dem Datensatz vermutet wird, auf Zufälligkeit testen, sie herausarbeiten und zu einer vereinfachten Beschreibung führen.

Diese am Anfang zugegebene vage Formulierung wird erst im Verlaufe der Beschreibung des Lösungsmodells gerechtfertigt und genauer beleuchtet werden, bezeichnet aber genau die Ausgangssituation, an der das Lösungsmodell ansetzt.

Die Analyse wird in dieser breiten und aufwendigen Art nötig, weil die komplexen Begriffe Wirtschaftspotential und Wirtschaftsstruktur nicht hinreichend durch eine einzige, beschreibende Variable repräsentiert werden können, sondern mehrdimensionalen Charakter haben. Deshalb wird die Anzahl der diese Begriffe beschreibenden Variablen relativ groß gehalten. Die objektive Komprimierung und Gewichtung wird durch die gewählte Methode vorgenommen, so daß das Ergebnis die objektiv wichtigsten Bestimmungsfaktoren und Kennziffern ausweisen soll, die repräsentativ für die beiden o. a. Begriffe stehen dürften.

3.2.5.2. Im Hinblick auf die getroffene zahlenmäßige Beschränkung der Anzahl der

3.2.5.2.1. Kennziffern

Zugegeben stellt die Begrenzung der Auswahl der Variablen auf 41 aus der noch größeren in der amtlichen Statistik vorhandenen Anzahl ein subjektives Moment und damit auch eine Schwäche der Untersuchung dar, doch wurde die Auswahl erstens im Hinblick auf das Untersuchungsziel eingegrenzt, zweitens liegt der Schwerpunkt der Arbeit stärker auf der Aufdeckung der theoretischen Implikationen und praktischen Durchführung des Lösungsmodells, und drittens sind bei dieser Untersuchung auch Rechenkapazitätsgründe für diese Festlegung mit verantwortlich gewesen.

Theoretisch ließe sich eine Erweiterung der Zahl der beschreibenden Variablen ohne weiteres vornehmen[43]. Eine Beschränkung der be-

[43] Es muß jedoch in Betracht gezogen werden, daß damit der Arbeits- und Rechenaufwand überproportional ansteigt und eine leistungsfähige EDV-Anlage ständig zur Verfügung stehen muß. Außerdem muß in Betracht

schreibenden Variablen auf das Material der amtlichen Statistik ist nicht notwendig, vielmehr würde es wahrscheinlich auch bei dieser Fragestellung von Nutzen sein, Umfrageergebnisse in der Art, wie sie zum Beispiel Esenwein-Rothe, I.[44] erhoben hat, oder Verflechtungskoeffizienten, die regionalen Input-Output-Analysen entnommen worden sind[45], mit zu berücksichtigen und auszuwerten. Dabei stellt sich jedoch im ersten Fall das Problem der Umsetzung qualitativer in quantitative Daten, auf die die Auswertungsmethode angewiesen ist[46]. Insbesondere könnten bei spezieller Fragestellung die Lücken des statistischen Materials gefüllt werden und über solche, zusätzliche Informationen die Fragestellung besser ausgeleuchtet werden; denn je besser das beschreibende Ausgangsmaterial ist, desto besser dürften auch bei komplexen Zielsetzungen die Ergebnisse sein.

3.2.5.2.2. Untersuchungsobjekte

Eine Beschränkung der Zahl der Untersuchungsobjekte wurde vornehmlich aus Kapazitätsgründen vorgenommen, ohne daß das Untersuchungsgebiet zu klein ausfiel. Eine Ausdehnung auf die Zahl aller Kreise der Bundesrepublik ist ohne weiteres möglich und erlaubt eine Vergleichbarkeit der Testobjekte in ihrer Rangfolge bezüglich einer bestimmten Fragestellung für die Gesamtregion. Die Rangfolgebetrachtung läßt sich bei Bedarf also wesentlich ausweiten[47].

---

gezogen werden, daß bei einer Untersuchung mit einer hohen Variablenanzahl relativ viele Faktoren signifikant sind, aber ihr Anteil an der Gesamtvarianz nicht zu groß ist. Vergleiche dazu: Blesl, W., Krupp, H. J.: Sozioökonomische Struktur, Einkommenshöhe und Vermögensbildung der privaten Haushalte in der BRD 1962, in Jahrbücher für Nationalökonomie und Statistik, Band 185, 1971, Heft 3, S. 242 ff., die eine Untersuchung mit 93 Kennziffern an 34 095 Beobachtungsobjekten durchgeführt haben.

[44] Vergleiche dazu: Esenwein-Rothe, I.: Über die Möglichkeiten einer Quantifizierung von Standortqualitäten, S. 492 ff.

[45] Vergleiche zur Methode und zur Bedeutung ihrer Ergebnisse: Schneider, H. K.: Modelle für die Regionalpolitik, in Schriften des Vereins für Socialpolitik, N.F., Band 41, 1968, S. 36 ff. und Müller, J. H.: Neuere Methoden der Regionalanalyse und ihre Anwendbarkeit auf kleinere Räume, ebenda, S. 86 ff.

[46] Zu dem Umsetzungsproblem siehe: Kistner, K.: Faktorenanalyse zur Bestimmung einer Wohnwertfunktion, Diss. Bonn 1969.

[47] Sie wäre unbedingt nötig im Sinne einer Koordination der Ziele durch den Bund und um Schwerpunkte unter vergleichbaren Bedingungen für den Gesamtraum der BRD setzen zu können.

4. Zur Auswahl des Lösungsmodells

4.1. Bisherige Lösungsversuche der Problematik

4.1.1. Häufig angewandte Übersichtsmethoden

Bei Fragestellungen wie sie im vorigen Abschnitt angeschnitten wurden, ergibt sich in den meisten Fällen gleich zu Anfang ein Dilemma: Man will möglichst viele, relevante Beschreibungstatbestände berücksichtigen, um sich nicht dem Vorwurf auszusetzen, man hätte eine wichtige Information nicht beachtet. Andererseits führt die Vielfalt der Informationen schnell zu einer Unübersichtlichkeit des Tatbestandes[48]. Man ist geneigt, Variable zu vernachlässigen und andere zu begünstigen, man nimmt also eine subjektive Gewichtung oder Ausscheidung von Informationen vor, ohne eigentlich genau zu wissen, welche Informationen das stärkste Gewicht in bezug auf das Untersuchungsziel haben und welche das geringste.

Im Extremfall begnügt man sich aus Gründen der Einfachheit und Übersichtlichkeit mit einer Größe (z. B. dem Bruttoinlandsprodukt oder der Realsteuerkraft je Einwohner) und betrachtet den Informationsverlust stillschweigend als nicht so schwerwiegend[49]. Daß der Informationsverlust um so bedeutender ist, je komplexer das Untersuchungsziel ist und je mehr Variable, die das Untersuchungsziel beschreiben, unberücksichtigt bleiben, liegt auf der Hand.

So läßt sich der Untersuchungsgegenstand Wirtschaftspotential und Wirtschaftsstruktur bestimmt nicht durch ausschließlich eine statistische Größe repräsentativ beschreiben. Versucht man dem Prinzip der Übersichtlichkeit gerecht zu werden, taucht nun ein Kernproblem auf. Wie gelingt es, aus einer Fülle von den den Untersuchungsgegenstand beschreibenden Informationen, die wichtigsten in übersichtlicher Form bei gleichzeitig minimalem Informationsverlust zusammenzustellen. Dies läuft auf ein Kombinationsproblem bei gleichzeitiger Gewichtung der Bewertung der einzelnen ausgewählten Kennziffern hinaus[50].

48 Vergleiche dazu Müller, J. H.: Neuere Methoden der Regionalanalyse und ihre Anwendbarkeit auf kleinere Räume, S. 88, der diese Folge hauptsächlich einer fehlenden Gewichtung der einzelnen Kennziffern zuschreibt.

49 Vergleiche dazu die ersten Abgrenzungs- und Typisierungsversuche, um Kriterien für Maßnahmen der Regionalpolitik zu finden. In Ludewig, F. R., Müller, J. H.: Kritische Bestandsaufnahme der in der BRD betriebenen regionalen Strukturpolitik, Freiburg 1971, S. 47 ff. und in Thelen, P., Lührs, G.: Abgrenzung von Fördergebieten, S. 10 ff.

50 Zur Notwendigkeit einer Gewichtung siehe auch: Behring, K., Lutz, B.: Betriebsstruktur als Bestimmungsgröße der Nachfrage auf regionalen Arbeitsmärkten, in Diskussionsunterlagen aus dem Arbeitskreis „Arbeitswirtschaftliche Strukturprobleme“ des RKW und der Bundesanstalt für Arbeit, o. J., S. 31.

Hierbei hat man sich in der Praxis schon immer relativ schwer getan, da komplexe Beschreibungstatbestände noch komplexere Bewertungsschemata erforderten, die erstens eine Vielzahl von Informationen über die einzelnen Zusammenhänge der Kennziffern erfordern und zweitens die Bewertungsgrenzen nicht fix sind, sondern je nach Lage im Gesamtbereich schwanken können.

4.1.2. Die Tabellentechnik und die Skalogrammanalyse

Im folgenden soll eine Beschreibung der in der Praxis zur Bearbeitung von Kennzifferkatalogen benutzten Skalogrammanalyse gegeben werden, die einer hoch entwickelten Tabellentechnik entspricht[51].

Regionen	Kennziffern				Anzahl der Treffer	Rangordnung
	a	b	c	d		
A	×	—	×	×	3	2.
B	×	—	—	×	2	3.
C	×	×	×	×	4	1.
D	×	—	×	—	2	3.
E	—	—	—	—	0	5.

Bei diesem Beispiel werden die Untersuchungsobjekte durch ausgewählte Kennziffern beschrieben. Die Kennziffern wurden jedoch vorher schon bewertet, indem bestimmte Schwellenwerte nach Gutdünken des Bearbeiters festgelegt wurden, mit deren Erreichen das Vorliegen eines Treffers angenommen wird. Die endgültige Bewertung wird durch eine Auszählung der Treffer vorgenommen, die jede Region in bezug auf die subjektiv festgelegten Schwellenwerte erreicht hat. Die Anzahl der Treffer bestimmt die Rangordnung der Regionen untereinander.

Eine Verfeinerung der Methode kann noch vorgenommen werden, in dem versucht wird, eine kumulative Ordnung der einzelnen Kennziffern vorzunehmen. Danach soll ein Treffer bei einer übergeordneten Kennziffer gleichzeitig ein Treffer bei den untergeordneten Kennziffern

---

51 Vergleiche zur Darstellung der Methode Isard, W.: Methods of regional science, an introduction to regional science, Cambridge (Mass.), 1960, S. 281 ff., Müller, J. H., Rittenbruch, K.: Die Methoden der Regionalanalyse unter besonderer Berücksichtigung ihrer Verwendbarkeit für die Beurteilung verschiedener Projekte, Freiburg 1968, S. 5 ff. und Scheuch, E. K.: Skalierungsverfahren in der Sozialforschung, in Handbuch der Empirischen Sozialforschung, 1. Band, Stuttgart 1967, S. 360 ff.

haben. Tritt dieser Idealfall ein, so läßt sich eine klarere Struktur und damit eine ordinale Rangordnung der einzelnen Regionen erreichen.

Das Schema der Bewertung wird also in Richtung einer kumulativen Ordnung formuliert, um so zu einer möglichst klaren Aussage zu kommen. Hierbei und ebenso bei der Festlegung der Schwellenwerte, bei deren Erreichen ein Treffer angenommen wird, spielen in großem Maße subjektive Momente eine Rolle.

Außerdem kommt hinzu, daß bereits bei einer relativ kleinen Anzahl von beschreibenden Variablen das Bewertungsschema sehr kompliziert wird und wohl kaum immer im Sinne einer kumulativen Ordnung zu gestalten ist. Das Bewertungsschema führt also auch im günstigsten Falle kaum zu einem objektiv übersichtlichen Ergebnis[52]. Hauptsächlich wegen der o. a. Kritik und aus damit zusammenhängenden Gründen, die nun bei der Beschreibung des faktoranalytischen Modells als das hier vorgeschlagene Lösungsmodell, erläutert werden, wird die Skalogrammanalyse als zu problematisch angesehen.

---

[52] Eine ähnliche subjektive Bewertungsproblematik stellt sich auch bei der Konstruktion von Gesamtindikatoren zur Beurteilung der gesamtwirtschaftlichen konjunkturellen Lage. Vergleiche dazu: Das Jahresgutachten 1970 des Sachverständigenrates zur Begutachtung der gesamtwirtschaftlichen Entwicklung, Drucksache VI/1470, Bonn, den 30. 11. 1970, S. 51 ff., ebenso Pütz, H., Simmert, D. B.: Ein Gesamtindikator zur Konjunkturdiagnose, in WSI-Mitteilungen, Heft 1, 1972, S. 17 ff.

ZWEITER TEIL

Darstellung des Modells der Faktorenanalyse

Empirische Ergebnisse: Datensatz 1950...
Empirische Ergebnisse: Datensatz 1970...

1. Die Auswahl des auf das Ziel der Untersuchung und die Untersuchungsproblematik optimal abgestimmten Lösungsmodells: Die Faktorenanalyse als multivariate statistische Methode

Die Kernproblematik stellt die Forderung, daß die Lösung des durch die 41 Kennziffern gemessenen, interdependenten Zusammenhangs simultan durchgeführt werden muß.

Die Formulierung eines Regressionszusammenhangs, einfache oder multiple Regression, die von Anfang an voraussetzt, daß man Vorstellungen über die Größe hat, die von einer oder mehreren anderen Variablen beeinflußt wird, scheidet hier aus, da die beeinflußte Größe nicht meßbar ist. Vielmehr deutet die bisher angeschnittene Problematik auf einen typischen Korrelationszusammenhang hin, bei dem die Beziehungen zwischen einzelnen Kennziffern untersucht werden sollen[1], ohne sagen zu wollen und auch zu können, welche Größe die beeinflussende und welche die beeinflußte ist.

An diesem Punkt, wenn die Untersuchungen der Zusammenhänge der einzelnen, gleichzeitig beobachteten Kennziffern in Form einer Korrelationsmatrix schon vorliegen, setzt das faktoranalytische Modell an. Ausgangspunkt für weitere Schritte ist also die simultane Auswertung des gesamten Beschreibungsmaterials in der ersten Stufe mit Hilfe der Korrelationsrechnung. Dies ist der erste entscheidende Vorteil gegenüber der Tabellentechnik und damit auch ihrer entwickelten Form der Skalogrammanalyse.

---

[1] Diese Vorgehensweise entspricht der *R*-Technik, während eine Untersuchung der Korrelationen zwischen den einzelnen Untersuchungsobjekten als Q-Technik bezeichnet wird. Vergleiche dazu: Überla, K.: Faktorenanalyse, Berlin-Heidelberg-New York 1968, S. 296 ff., Richter, P.: Ökonometrische Untersuchung zum Inflationsproblem, Stuttgart 1967, S. 16 ff. wendet die P-Technik an, die Korrelationen zwischen *m* Merkmalen für ein Untersuchungsobjekt über einen Zeitraum untersucht.

Das Hauptziel der weiteren Untersuchungen ist es nun, zu einer vereinfachten Beschreibung des Beobachtungsmaterials mit minimalem Informationsverlust zu kommen. Man versucht hypothetische, nicht meßbare Größen, die sogenannten Faktoren aus der Korrelationsmatrix herauszufiltern, die denselben Tatbestand, wie er durch eine Vielzahl von Variablen beschrieben wird, in einfacherer Form darstellen. Dabei wird bei diesem Modell eine additive Verknüpfung angenommen, die beobachteten Werte sind als lineare Kombinationen der Faktoren aufzufassen[2].

1.1. Die Darstellung des Modells der Faktorenanalyse

Das entsprechende Modell lautet in ausführlicher Schreibweise:

$$(1) \qquad \begin{bmatrix} z_1 = a_{11} f_1 + a_{12} f_2 + \dots + a_{1r} f_r + e_{11} u_1 \\ z_2 = a_{21} f_1 + a_{22} f_2 + \dots + a_{2r} f_r + e_{22} u_2 \\ \cdot \qquad\qquad\qquad\qquad\qquad \cdot \\ \cdot \qquad\qquad\qquad\qquad\qquad \cdot \\ \cdot \qquad\qquad\qquad\qquad\qquad \cdot \\ z_m = a_{m1} f_1 + a_{m2} f_2 + \dots + a_{mr} f_r + e_{mm} u_m \end{bmatrix}$$

Dabei sind:

z_i Variable oder Kennziffern, die beobachtet oder gemessen werden können

$$z = \begin{bmatrix} z_1 \\ z_2 \\ \cdot \\ \cdot \\ \cdot \\ z_m \end{bmatrix} \quad \text{Der Vektor der Kennziffern}$$

f_k Gemeinsame Faktoren, durch die die beobachteten Variablen in einfacherer Form mit minimalem Informationsverlust dargestellt werden können

$$f = \begin{bmatrix} f_1 \\ f_2 \\ \cdot \\ \cdot \\ \cdot \\ f_r \end{bmatrix} \quad \text{Der Vektor der gemeinsamen Faktoren}$$

---

[2] Denkbar wäre auch eine multiplikative Verknüpfung wie sie Hofstätter, P. R.: Faktorenanalyse, S. 391 f. nachweist. Der Grenzfall dieses Beispiels dürfte für das vorliegende Problem jedoch keine Rolle spielen.

u_i Einzelrestfaktoren oder merkmalsspezifische Faktoren

$$u = \begin{bmatrix} u_1 \\ u_2 \\ \cdot \\ \cdot \\ \cdot \\ u_m \end{bmatrix}$$ Der Vektor der Einzelrestfaktoren

a_{ik} Faktorladungen der gemeinsamen Faktoren

A Matrix der Faktorladungen der gemeinsamen Faktoren

e_{ii} Faktorladungen der Einzelrestfaktoren

E Matrix der Faktorladungen der Einzelrestfaktoren

$i = 1, \ldots, m$ die Anzahl der Kennziffern oder Variablen, die gemessen werden. m ist für diese Untersuchung = 41.

$j = 1, \ldots, q$ die Anzahl der Untersuchungsobjekte oder Merkmalsträger, die in diese Untersuchung eingehen. q ist für diese Untersuchung = 94 und entspricht der Anzahl der Kreise.

$k = 1, \ldots, r$ die Anzahl der gemeinsamen Faktoren, die im Laufe der Untersuchung bestimmt werden.

Das obige Gleichungssystem (1) läßt sich in verkürzter Schreibweise darstellen:

(2) $$z = A f + E u$$

Da an jedem Untersuchungsobjekt die m Kennziffern gemessen werden, ist

$$z^{(j)} = \begin{bmatrix} z_{1j} \\ z_{2j} \\ \cdot \\ \cdot \\ z_{mj} \end{bmatrix} \qquad f^{(j)} = \begin{bmatrix} f_{1j} \\ f_{2j} \\ \cdot \\ \cdot \\ f_{rj} \end{bmatrix} \qquad u^{(j)} = \begin{bmatrix} u_{1j} \\ u_{2j} \\ \cdot \\ \cdot \\ u_{mj} \end{bmatrix}$$

In Summenschreibweise lautet das obige Gleichungssystem:

(3) $$z_{ij} = \sum_{k=1}^{r} a_{ik} f_{kj} + e_{ii} u_{ij}$$

In Matrizenschreibweise:

(4) $$Z = A F + E U$$

wobei

$$Z = (z^{(1)} \ldots z^{(q)})$$

$$F = (f^{(1)} \ldots f^{(q)})$$

$$U = (u^{(1)} \ldots u^{(q)})$$

ist[3].

Dabei ist:

Z eine m x q Matrix (für diese Untersuchung 41 x 94)

A eine m x r Matrix (für diese Untersuchung 41 x 6)

F eine r x q Matrix (für diese Untersuchung 6 x 94)

E eine m x m Diagonalmatrix (für diese Untersuchung 41 x 41)

U eine m x q Matrix (für diese Untersuchung 41 x 94)

Das oben formulierte Gleichungssystem stellt also die Hypothese auf, daß jeder an einem zufällig ausgewählten Kreis gemessene Kennziffernwert durch eine Linearkombination von r gemeinsamen, nicht direkt beobachtbaren und meßbaren Faktoren und einem ebenfalls nicht meßbaren Einzelrestfaktor zustandekommt.

1.2. Die Formulierung der Fundamentalaussage der Faktorenanalyse

Konkret für das vorliegende Problem heißt das, daß versucht werden soll, eine qualitativ möglichst gleichwertige Information, die die 41 ausgewählten Kennziffern liefern, durch eine erheblich geringere Anzahl von Faktoren (nicht direkt meßbare, im Hintergrund stehende Größen) bei möglichst geringem Informationsverlust widerzugeben[4]. Diese Bedingung fordert $r \leq m$ und führt mit folgenden Annahmen zur Fundamentalgleichung oder Fundamentalaussage der Faktorenanalyse[5]:

a) Sowohl die an den Untersuchungsobjekten gemessenen Kennziffernwerte wie auch die Faktoren f_k und u_i sind standardisiert. Dies bedeutet, daß ihr Mittelwert gleich Null ist und ihre Varianz gleich 1 ist.

b) Die Korrelationsmatrix der Grundgesamtheit läßt sich dann bei hinreichend großem Stichprobenumfang aus den beobachteten Kennziffernwerten errechnen und der Parameterkorrelationsmatrix der Grundgesamtheit gleichsetzen.

(5) $$R = \frac{1}{q-1} ZZ' \text{ als Schätzung für } E(zz') = E(z^{(j)} z^{(j)'})$$

R ist eine $m \times m$ Matrix mit dem Wert 1 in der Hauptdiagonalen.

---

[3] Obwohl zwischen den Bezeichnungen der Größen im theoretischen Modell und den Beobachtungswerten der Stichprobe, an denen das Modell überprüft wird, eigentlich durch eine andere Notation unterschieden werden sollte, werden im folgenden die empirischen Größen mit den gleichen Bezeichnungen versehen, wie sie im theoretischen Modell verwendet werden.

[4] Siehe dazu das Schema des interdependenten Zusammenhanges auf S. 42, der durch die Kennziffern formuliert wird.

[5] Vergleiche zum Ableitungsweg: Überla, K.: Faktorenanlyse, S. 58 bis 60 und Köhle, D.: Die Hauptachsenmethode der Faktorenanalyse, Dissertation Regensburg 1970, S. 11 - 13.

Übersicht 1: **Schema des interdependenten Zusammenhangs zwischen Kennziffern, Faktoren und Untersuchungsziel**

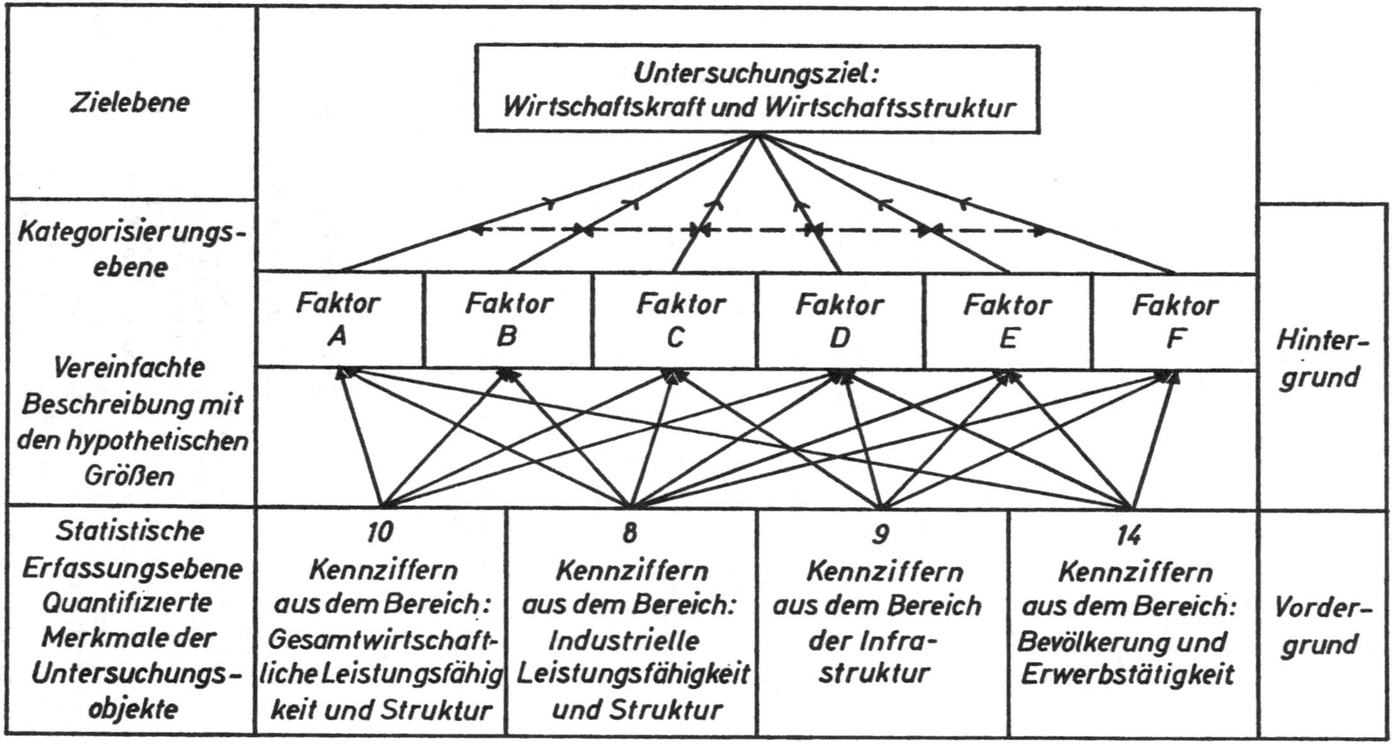

c) Die Faktorladungsmatrix der gemeinsamen Faktoren besitzt den Rang $r(A) = r$

d) Die gemeinsamen Faktoren f_k sind untereinander unkorreliert[6]; $E(ff') = I$.

e) Die Einzelrestfaktoren u_i sind untereinander unkorreliert, $E(uu') = I$, und von den gemeinsamen Faktoren stochastisch unabhängig.

Die f_k und u_i haben alle die gleiche Wahrscheinlichkeitsverteilung, $E(f) = 0$, $E(u) = 0$, sie stammen alle aus derselben Grundgesamtheit und sollen unabhängig voneinander sein.

f) Jede Kennziffer ist mit mindestens einer der übrigen $m - 1$ Kennziffern korreliert.

g) Es bestehen keine Korrelationen zwischen den Untersuchungsobjekten der Stichprobe.

Unter Benutzung von Gleichung (2) und unter Beachtung der Annahmen ergibt sich Gleichung

(6)
$$\begin{aligned} E(zz') &= A\,E(ff')\,A' + E\,E(uu')\,E' \\ R &= A\,A' + E\,E' \end{aligned}$$

Da E eine Diagonalmatrix ist mit den Ladungen der Einzelrestfaktoren in der Hauptdiagonalen, ist $E\,E' = E^2$ und man kann die Gleichung (6) als Gleichung (7) schreiben:

(7)
$$R = R_h + E^2$$

Die Annahme d) bedeutet für Gleichung (6), daß für $R = A\,C\,A' + E^2$ $C = I$ gilt, so daß die Unkorreliertheit der gemeinsamen Faktoren untereinander gewahrt bleibt[7].

Die Fundamentalgleichung der Faktorenanalyse (Gleichung (6) oder Gleichung (7)) sagt also aus, daß die Korrelationsmatrix aus den Ladungen der gemeinsamen und den Ladungen der Einzelrestfaktoren zustande kommt.

$AA' = R_h = R - E^2$ ist die reduzierte Korrelationsmatrix, die in der Hauptdiagonalen die Kommunalitäten h_i^2 enthält. Die Kommunalitäten h_i^2 stellen den Anteil der gemeinsamen Faktoren f_k an der Einheitsvarianz der Kennziffern z_i dar.

(8)
$$\sum_{k=1}^{r} a_{ik}^2 = h_i^2$$

[6] Diese Annahme wird später aufgehoben und $C \neq I$ gesetzt, so daß $R_h = A\,C\,A'$ ist, und geometrisch interpretiert schiefwinklige Faktoren zugelassen werden.

[7] Vergleiche Fußnote 6.

(9) $$1 - h_i^2 = e_i^2$$

Die e_i^2 stellen den Anteil der Einzelrestfaktoren u_i an der Einheitsvarianz dar, so daß $h_i^2 + e_i^2 = 1$ ist[8].

1.3. Der Unterschied zwischen dem Modell der Faktorenanalyse im engeren Sinne und dem Modell der Hauptkomponentenanalyse

An dieser Stelle läßt sich auf den Unterschied zwischen dem Modell der Faktorenanalyse im engeren Sinne (Hauptachsenmodell) und dem Modell der Hauptkomponentenanalyse hinweisen. Beim Hauptkomponentenmodell werden keine Einzelfaktoren u_i zugelassen. Das Grundmodell der Faktorenanalyse Gleichung (4) vereinfacht sich zu

(10) $$Z = A F$$

weil $E\,U = 0$ gesetzt wird. Diese vereinfachende Annahme hat auch auf die Fundamentalgleichung (5) eine Auswirkung und vereinfacht sie zu

(11) $$R = A A'$$

da $E^2 = 0$ gesetzt wird.

Die Annahme, die bei diesem Modell unterstellt wird, beinhaltet, daß die Korrelationsmatrix R nur durch die gemeinsamen Faktoren erklärt wird. Einzelrestfaktoren, die auch einen Einfluß auf das Beobachtungsmaterial haben könnten, gibt es bei diesem Modell nicht. Die gesamte Varianz wird nur durch die gemeinsamen Faktoren erklärt, so daß Gleichung (8) umformuliert wird zu

(12) $$\sum_{k=1}^{r} a_{ik}^2 = h_i^2 = 1$$

und

(13) $$1 - h_i^2 = 0$$

In dieser Untersuchung wird dem Modell der Faktorenanalyse im engeren Sinne, das auch Einzelrestfaktoren berücksichtigt, der Vorzug gegeben, weil es in seinen Annahmen nicht so eng gefaßt und damit realitätsnäher erscheint.

---

[8] Bisweilen wird e_i^2 noch einmal aufgeteilt in die zwei Bestandteile Spezifität b_i^2 und Restvarianz sr_i^2; so daß $e_i^2 = b_i^2 + sr_i^2$ und $1 = h_i^2 + b_i^2 + sr_i^2$ ist.

1.4. Das Kommunalitätenschätzproblem

Die Entscheidung zugunsten des in den Annahmen weitergefaßten Modells führt zu dem Kommunalitätenschätzproblem, da das Modell der Faktorenanalyse im engeren Sinne von der reduzierten Korrelations matrix (R_h mit den Werten für die Kommunalitäten in der Hauptdiagonalen ausgeht.

(14) $$R_h = R - E^2$$

Die Matrix E^2 soll so bestimmt werden, daß R_h positiv semidefinit oder eigentlich positiv definit ist, je nachdem die Anzahl der gemeinsamen Faktoren kleiner ($r < m$) oder gleich ($r = m$) der Anzahl der gemessenen Kennziffern ist[9]. Die Bestimmung der Werte h_i^2 , die in der Hauptdiagonalen von R_h stehen, ist nämlich Voraussetzung, um den darauf folgenden Schritt der Faktorenextraktion aus der reduzierten Korrelationsmatrix vollziehen zu können.

Da bei dem vorliegenden Problembereich außer subjektiven Vermutungen keine exakten Informationen über die Anzahl der gemeinsamen Faktoren vorliegt, stellt sich die Aufgabe, die es zu lösen gilt, die Kommunalitäten so festzulegen, daß die Anzahl der gemeinsamen Faktoren gleich dem minimalen Rang von R_h ist, $r(A) = r$. Allerdings existieren von den theoretischen Überlegungen der Einleitung her gewisse Vorstellungen in Hypothesenform, die durch die Faktorenanalyse überprüft werden sollen. Somit soll eine Hypothesenprüfung durch das Minimum-Rang-Modell der Faktorenanalyse vorgenommen werden, wobei die Faktoren anhand der aufgestellten Hypothesen, wenn möglich sachlich interpretiert werden sollen.

Weil jedoch bei beliebigem r keine notwendige und hinreichende Bedingung für die Identifikation von E^2 vorliegt, kann das Kommunalitätenproblem nicht allgemein gelöst werden[10].

Aus diesem Grund sind verschiedene Schätzverfahren zur Ermittlung der Kommunalitäten entwickelt worden, von denen die „SMC" Schätzung[11] als die zur Zeit empfehlenswerteste Lösung angesehen wird.

---

[9] Vergleiche dazu Köhle, D.: Die Hauptachsenmethode der Faktorenanalyse, S. 16 u. 35, wo diese Forderung aufgestellt wird.

[10] Köhle, D.: ebenda, S. 36.

[11] Dies bedeutet die Wahl des Quadrats des multiplen Korrelationskoeffizienten als Kommunalität für jede Kennziffer. Vergleiche dazu: Überla, K.: Faktorenanalyse, S. 158 ff.

1.5. Die Hauptachsenmethode als Lösungsmethode für die Faktorenextraktion

Sind die Kommunalitäten durch ein geeignetes Schätzverfahren festgelegt worden, so daß in Gleichung (7) die Diagonalmatrix E^2 bekannt ist und damit R_h positiv semidefinit vom Range $r \leq m$ ist, so kann das Faktorenextraktionsproblem gelöst werden. Ein dazu geeignetes Verfahren ist die Hauptachsenmethode[12], die sich der Eigenwertdarstellung einer reellen, symmetrischen Matrix bedient[13].

$$R_h = A_0 A'_0 = \lambda_1 \varepsilon_1 \varepsilon'_1 + \lambda_2 \varepsilon_2 \varepsilon'_2 + \ldots + \lambda_r \varepsilon_r \varepsilon'_r = E_k \Lambda_k E'_k \tag{15}$$

Dabei ist:

$\varepsilon_k = (\varepsilon_1, \varepsilon_2, \ldots, \varepsilon_r)$ der Vektor der Eigenvektoren von R_h.

$$\wedge_k = \begin{bmatrix} \lambda_1 & 0 & 0 & \ldots & 0 \\ 0 & \lambda_2 & 0 & \ldots & 0 \\ 0 & 0 & \lambda_3 & \ldots & 0 \\ \cdot & & & & \cdot \\ \cdot & & & & \cdot \\ \cdot & & & & \cdot \\ \cdot & & & & \cdot \\ \cdot & & & & \cdot \\ 0 & 0 & 0 & \ldots & \lambda_r \end{bmatrix} \quad \text{die Matrix der Eigenwerte von } R_h.$$

A_0 aus Gleichung (15) ist

$$A_0 = E_k \wedge_k^{\frac{1}{2}} = (\sqrt{\lambda_1}\, \varepsilon_1, \sqrt{\lambda_2}\, \varepsilon_2, \ldots, \sqrt{\lambda_r}\, \varepsilon_r) \tag{16}$$

$$R_h \text{ ist also } A_0 A'_0 = E_k \wedge_k^{\frac{1}{2}} \left(E_k \wedge_k^{\frac{1}{2}}\right)' \tag{17}$$

Gleichung (17) entspricht damit Gleichung (15).

---

[12] Siehe aber auch die Kritik an der Hauptachsenmethode bei Köhle, D.: Die Hauptachsenmethode der Faktorenanalyse, S. 4, der die Vorgehensweise bei Vorliegen einer Stichprobe zwar als sinnvoll nicht aber als fundiert bezeichnet, da durch sie die Probleme der induktiven Statistik umgangen werden. Vergleiche dazu die neueren Schätzansätze der Kanonischen Faktorenanalyse und der Maximum-Likelihood-Methode, die dieser Kritik bei der Faktorenschätzung einer Zufallsauswahl der Untersuchungseinheiten aus der Grundgesamtheit Rechnung tragen und sowohl die Kennziffern wie die Faktoren als Zufallsvariable betrachten. Siehe dazu die Hinweise bei Köhle, D.: ebenda und bei Überla, K.: Faktorenanalyse, S. 146 ff.

Zu anderen Extraktionsmethoden vergleiche: Überla, K.: Faktorenanalyse, S. 113 ff., 139 ff. und 146 ff.

[13] Siehe zur Überführung in das Eigenwertproblem: Wulsten, A. R.: Komponentenanalyse, Diss., München 1960, S. 31 ff. und Jahn, W., Vahle, H.: Die Faktorenanalyse und ihre Anwendung, Berlin 1970, S. 92 ff., zur geometrischen Veranschaulichung: Überla, K.: Faktorenanalyse, S. 93 ff. Hier wird im folgenden auf die Ausführungen von Köhle, D.: ebenda, S. 22 ff. zurückgegriffen.

Die orthogonalen Eigenrichtungen ($\varepsilon_1, \varepsilon_2, \ldots, \varepsilon_r$) heißen Hauptachsen, und die Transformation $E' R_h E = \Lambda$ stellt die Hauptachsentransformation dar.

Ist die Korrelationsmatrix mit dem Wert 1 in der Hauptdiagonalen der Ausgangspunkt der Hauptachsenmethode, so führt man eine Hauptkomponentenanalyse durch, da man sich im Modell der Hauptkomponentenanalyse befindet, das keine Einzelrestfaktoren berücksichtigt ($r = m$)[14].

Ein wichtiges Merkmal der Faktorenlösung ist, daß die Lösung mehrdeutig ist[15]. Damit besteht die Möglichkeit und die Notwendigkeit, sich aus der Vielfalt der Lösungen, die zur Interpretation geeignete Faktorenlösung nach einem geeigneten Kriterium auszuwählen. Diese Eigenschaft führt zum Rotationsproblem hin, das in den folgenden Abschnitten behandelt wird.

1.6. Das Rotationsproblem

1.6.1. Die orthogonale Rotation

Die Reduzierung der Variablenzahl auf wenige in der Matrix A enthaltene Faktoren reicht zur inhaltlichen Interpretation in den meisten Fällen nicht aus. Vielmehr hat das oben beschriebene Extraktionsmodell durch seine Nebenbedingungen (Orthogonalität und Maximierung der Restvarianz auf den jeweils nächstfolgenden Faktor hin) mathematische Artefakte produziert, die erstens nicht ohne weiteres interpretierbar sind und zweitens keine eindeutige, sondern eine von unendlich vielen, äquivalenten Lösungen darstellen, die alle im gleichen Maße der Forderung der Reproduzierbarkeit genügen.

Die eben beschriebene Konstellation bietet also die Notwendigkeit und die Möglichkeit, aus den vorhandenen vielen Lösungen diejenige auszusuchen, die ein Maximum an Interpretierbarkeit liefert. Um diese Aussage unmittelbar zu verdeutlichen, werden die Zusammenhänge in graphischer Form dargestellt.

Das Ergebnis einer Faktorenextraktion sei folgende Zwei-Faktorenmatrix A:

---

[14] Pawlik, K.: Dimensionen des Verhaltens, Stuttgart, Bern 1968, S. 57, spricht von einer Austauschbarkeit der Extraktionsmethode.

[15] A_0 kann durch jede beliebige, orthogonale Transformation $A_0 T$ verändert werden und genügt doch der Forderung der Reproduzierbarkeit von R_h. $A_0 T = B_0$; $B_0 B_0' = R_h = A_0 T T' A_0'$, da $TT' = I$ ist.

	Faktor 1	Faktor 2
Variable 1	+ 0,30	— 0,30
Variable 2	+ 0,45	— 0,50
Variable 3	+ 0,65	— 0,60
Variable 4	+ 0,20	+ 0,20
Variable 5	+ 0,35	+ 0,30
Variable 6	+ 0,45	+ 0,50
Variable 7	+ 0,55	— 0,50
Variable 8	+ 0,45	+ 0,40

Diese Matrix läßt sich zeichnerisch in einer Ebene darstellen[16]. In das Koordinatensystem F_1/F_2 lassen sich die Variablen als Variablenvektoren einzeichnen. Die Lage und die Länge der Variablenvektoren wird durch die Faktorenladungen, die als Koordinaten verwendet werden, bestimmt. Aufgrund des Extraktionsverfahrens sind die gewonnenen Faktoren orthogonal, d. h. unabhängig voneinander. Diese Eigenschaft wird in der Zeichnung durch einen Winkel von 90° repräsentiert.

Abbildung 1

Zeichnerische Darstellung einer orthogonalen Rotation in einer Ebene bei zwei Faktoren

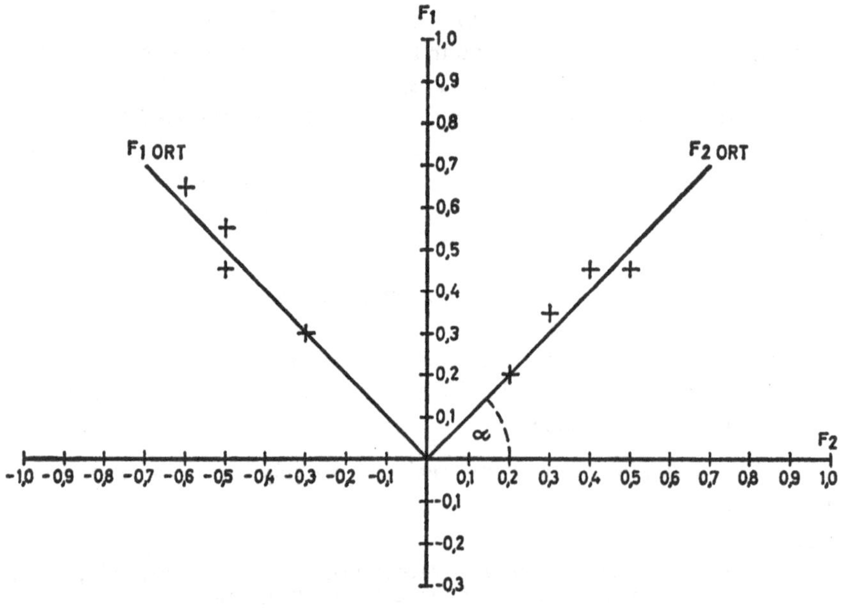

[16] Siehe dazu die Zeichnung auf Seite 48.

Der Cosinus des Winkels zwischen den einzelnen Variablenvektoren stellt ein Maß für die Korrelation der jeweiligen Variablen untereinander dar. Wie nun die Zeichnung zeigt, stellt die durch die Extraktionsmethode gefundene Konstellation keine optimale Lösung im Sinne der Interpretierbarkeit dar, da beide Punktwolken relativ weit von den sie repräsentierenden Faktoren entfernt liegen. Man käme zu einer besseren Interpretierbarkeit, wenn man beide Achsen möglichst nahe an die Variablenpunkte annähern könnte. Diese Möglichkeit ist ausdrücklich gegeben.

Es gibt unendlich viele materiell gleichwertige Koordinatensysteme, die die Bedingung $R = A \cdot A'$ erfüllen. Man kann sich also das Koordinatensystem aussuchen, das optimal im Sinne der Interpretierbarkeit ist.

1.6.1.1. Zeichnerische Darstellung

In diesem Falle bietet sich eine Drehung des Koordinatensystems F_1/F_2 um den Winkel α entgegen dem Uhrzeigersinn an, wobei der Winkel von 90° zwischen den Achsen erhalten bleibt.

Als Ergebnis zeigt sich, daß die Achsen F_{1ort} und F_{2ort} nun durch die Schwerpunkte der Variablenpunktwolken gehen. Damit läßt sich eine inhaltlich klare Zuordnung vornehmen. Variable 1, 2, 3 und 4 werden durch den Faktor F_{1ort} und Variable 5, 6, 7 und 8 durch den Faktor F_{2ort} repräsentiert. Das Koordinatensystem ist subjektiv, visuell zu einer Position rotiert worden, die in diesem Falle offensichtlich zu einer besseren Interpretationsmöglichkeit führt. Dabei ist die Unabhängigkeit der Faktoren bei der Drehung beibehalten worden.

1.6.1.2. Algebraische Darstellung

Algebraisch erfordert das Problem, daß eine orthogonale Transformationsmatrix T gesucht wird, die die Matrix A durch Postmultiplikation in die Matrix A^* überführt, die optimal im Sinne der Interpretierbarkeit ist: $A\,T = A^*$.

Über den Rotationswinkel, der subjektiv bestimmt wurde, läßt sich die gesuchte Transformationsmatrix bestimmen. Sie hat in diesem angeführten, zweidimensionalen Beispielsfall zwei mal zwei Elemente, die sich folgendermaßen bestimmen:

Der Rotationswinkel α beträgt x Grad. Die Transformationsmatrix ist im Falle einer Drehung entgegen dem Uhrzeigersinn:

$$\begin{bmatrix} \cos\alpha & -\sin\alpha \\ \sin\alpha & \cos\alpha \end{bmatrix}$$

bei einer gewünschten Drehung mit dem Uhrzeigersinn:

$$\begin{bmatrix} \cos\alpha & \sin\alpha \\ -\sin\alpha & \cos\alpha \end{bmatrix}$$

Ähnlich lassen sich auch Transformationsmatrizen für mehrdimensionale Fälle aufstellen.

1.6.2. Die schiefwinklige (oder oblique) Rotation

Wie jedoch die Zeichnung auf Seite 51 zeigt, läßt sich die Annäherung der Koordinatenachsen an die beiden Punktwolken nicht immer mit einer orthogonalen Rotation erreichen, da das Koordinatensystem, wenn es durch den Schwerpunkt der Punktwolken verlaufen soll, nicht mehr rechtwinklig ist[17]. Deshalb muß man die Bedingung der Orthogonalität aufgeben und zulassen, daß der Winkel zwischen den beiden Achsen des Koordinatensystems kleiner als 90° wird. Das bedeutet, daß die Faktoren nicht mehr unabhängig voneinander, sondern mehr oder weniger stark korreliert sind. Je enger der Winkel, desto stärker ist der Korrelationszusammenhang bis zum Grenzwert 1, je weiter, desto schwächer ist die Korrelation bis zum Grenzwert 0 bei einem Winkel von 90°.

Für die vorliegende Untersuchung wird die Möglichkeit korrelierter Faktoren aus zwei Gründen in Betracht gezogen und geprüft werden müssen. Erstens, weil es aufgrund des vorliegenden Problems relativ unwahrscheinlich ist, daß die zu erwartenden Faktoren völlig unabhängig voneinander sind. Schon in der Formulierung des Ziels der Untersuchung wird deutlich, daß gegenseitige Beziehungen zwischen den zu erwartenden Faktoren aufgrund des theoretischen Hintergrundes vermutet werden müssen.

Zweitens, um dann über eine schiefwinklige Rotation zu einer besseren Interpretierbarkeit zu kommen, die bei der orthogonalen Rotation nicht erreicht werden kann, wie schon das theoretische Beispiel der Zeichnung auf Seite 51 zeigt[18]. Bei der schiefwinkligen Rotation sind

---

17 Eine rechtwinklige Drehung des Koordinatensystems könnte nur jeweils eine Achse durch einen Schwerpunkt von Variablenpunkten legen, während die andere Achse dann um so weiter davon entfernt wäre.

18 Zu diesem Problem werden in der theoretischen Literatur und in der empirischen Praxis verschiedene Standpunkte vertreten. Während der eine Teil im Sinne einer guten Interpretierbarkeit und aus Gründen der Realitätsnähe eine schiefwinklige Rotation für unabdingbar hält, siehe dazu z. B. Thurstone, L. L.: Multiple factor analysis, a development and expansion of the vectors of mind, 7. Auflage, Chicago 1965, Überla, K.: Faktorenanalyse, Geisenberger, S. u. a.: Zur Bestimmung wirtschaftlichen Notstands und wirtschaftlicher Entwicklungsfähigkeit von Regionen, Blesl, W., Krupp, H. J.: Sozioökonomische Struktur, Einkommenshöhe und Vermögensbildung

jedoch Besonderheiten zu beachten, die im Falle der orthogonalen Rotation nicht auftreten.

Abbildung 2

Zeichnerische Darstellung des Versagens der orthogonalen Rotation und die sich ergebende Notwendigkeit einer schiefwinkligen Rotation

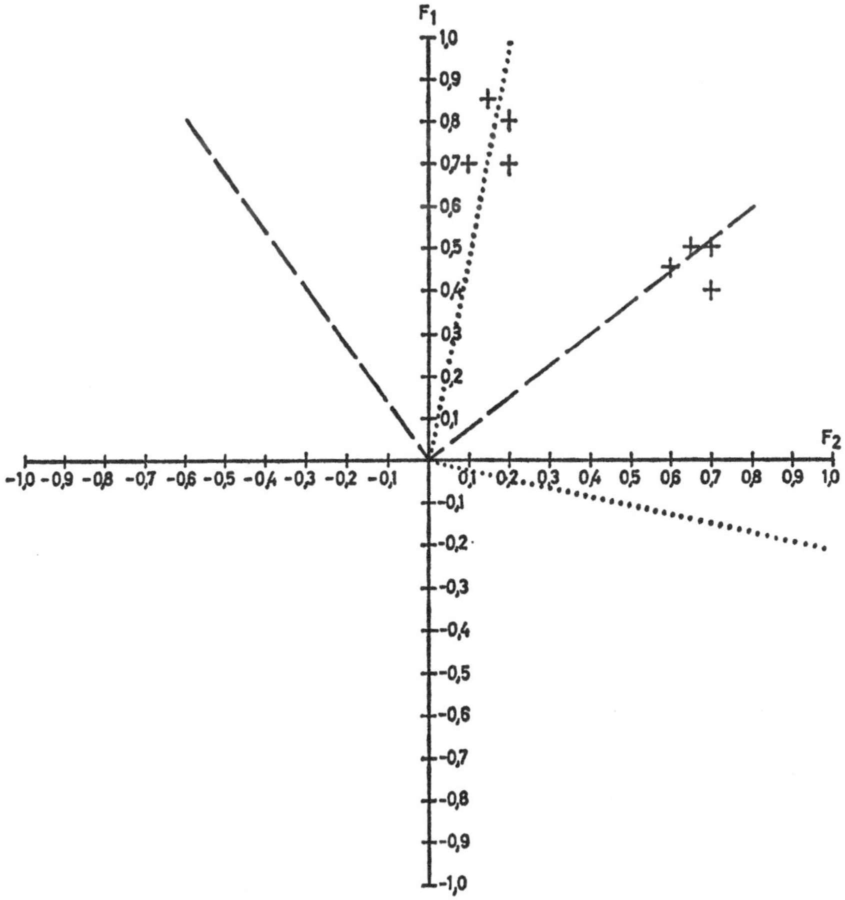

der privaten Haushalte in der BRD 1962/63, in: Jahrbücher für Nationalökonomie und Statistik, Bd. 185, H. 3, S. 235 - 261, gibt sich der andere Teil mit der orthogonalen Rotation zufrieden und verzichtet auf das Prinzip der Einfachstruktur, um die Unabhängigkeit der Faktoren beibehalten zu können. Vergleiche dazu z. B. Hofstätter, P. R.: Faktorenanalyse, S. 407, Kistner, K.: Faktorenanalyse zur Bestimmung einer Wohnwertfunktion, Hellberg, H.: Zentrale Orte als Entwicklungsschwerpunkte in ländlichen Gemeinden, Göttingen 1972, Richter, P.: Ökonometrische Untersuchung zum Inflationsproblem, S. 24.

a) Es unterscheiden sich die Ladungen der Variablen in der Matrix des Faktorenmusters von den Korrelationen mit den Faktoren in der Matrix der Faktorenstruktur. Elemente der Matrix des Faktorenmusters können größer als 1 werden. V ist die Matrix der Faktorenstruktur, $V = A \cdot C$, wobei C eine Korrelationsmatrix zwischen den Faktoren ist, die sich bei der schiefwinkligen Rotation ergibt[19].

b) Man muß unterscheiden zwischen der Primärfaktorenlösung und der Bezugsvektorenlösung, die von Thurstone im Zusammenhang mit dem Prinzip der Einfachstruktur entwickelt worden ist. Die Bezugsvektoren sind ein Koordinatensystem, das eine bessere Zuordnung der Variablen zu den Faktoren im Sinne der Einfachstruktur zuläßt. Die Anzahl der Nulladungen auf den Bezugsvektor definiert den dazugehörigen Primärvektor.

1.6.3. Das Konzept der Einfachstruktur

Wie schon oben angedeutet worden ist, sucht man im Anschluß an die Faktorenextraktion nach einer Regel, die es erlaubt, den Inhalt der Matrix A zu interpretieren. Es wird ein solch geartetes Koordinatensystem gesucht, das die Beziehungen zwischen Variablen und Faktoren möglichst einfach beschreibt. Dies gelingt fast in allen Fällen, bei denen sich die Variablen in Form von Punktgruppen lokalisieren lassen, weil dies ein Anzeichen ist, daß keine Zufallskonfiguration vorliegt, und sich bestimmte Variable bestimmten Faktoren eindeutig zuordnen lassen. Da andererseits aber bei empirischen Daten selten so eine klare Struktur vorliegt, wie sie in der Zeichnung aus Demonstrationsgründen vorgegeben war, und sich die Struktur aus dem Faktorenmuster nicht so leicht erkennen läßt, hat man nach einem allgemeingültigen Prinzip gesucht, das sowohl für die orthogonale wie auch für die schiefwinklige Rotation gilt. Es lautet: Kann man innerhalb einer durch die Korrelationsmatrix festgelegten Datenkonfiguration durch eine Rotation, orthogonal oder schiefwinklig, sehr viele Variablenvektoren in oder nahe an die Koordinatenhyperebenen bringen, so spricht man von „Einfachstruktur“[20].

---

[19] Siehe dazu die Beweisführung bei Harmann, H. H.: Modern factor analysis, 2. Auflage, Chicago-London 1967, S. 275, ebenso Pawlik, K.: Dimensionen des Verhaltens, S. 213 und Überla, K.: Faktorenanalyse, S. 172 ff.

[20] Siehe dazu die Formulierung von Thurstone, L. L.: Multiple factor analysis, S. 181 f. und 335, der folgende fünf Punkte aufzählt:
a) Jede Variable soll bei einem der gemeinsamen Faktoren eine Nulladung aufweisen.
b) Jeder Faktor soll mindestens so viele Nulladungen aufweisen, wie es gemeinsame Faktoren gibt.
c) Für jedes Faktorenpaar soll es eine Anzahl von Variablen geben, die bei einem Faktor eine signifikante Ladung haben, beim anderen dagegen nicht.

1.6.3.1. Der Bargmann-Test als Prüfkriterium

Im Hinblick auf dieses Konzept hat Bargmann einen Test entwickelt, der prüft, ob eine Einfachstruktur des Datenmaterials im reduzierten Raum vorliegt[21]. Dem beobachteten Datenmaterial liegt eine Einfachstruktur zugrunde, die signifikant verschieden von einer Zufallsverteilung ist, wenn die Anzahl der Nulladungen auf die Bezugsvektoren eine bestimmte Anzahl überschreitet. Als Nulladung werden auch Werte angesehen innerhalb einer Bandbreite von $\pm$ 0,10 zur Koordinatenhyperebene. Das Grundkonzept der Einfachstruktur und des Bargmann-Tests sind hier auf die schiefwinklige Rotation hin formuliert, sie gelten aber genauso für den einfacheren Teil der orthogonalen Rotation, der ja ein Spezialfall der schiefwinkligen Rotation ist[22].

1.6.3.2. Graphische Darstellung einer schiefwinkligen Einfachstruktur

Um den Zusammenhang zu verdeutlichen, soll noch einmal auf eine graphische Darstellung zurückgegriffen werden[23]. Ist das Datenmaterial in der aufgezeigten Art strukturiert, so stellt sich heraus, daß eine Einfachstruktur mit optimaler Interpretationsmöglichkeit durch das schiefwinklige Koordinatensystem $F_{1schief}/F_{2schief}$ erreicht werden kann, wobei der Winkel $\beta < 90°$ ist. F_1/F_2 ist das ursprüngliche Koordinatensystem, $F_{1schief}/F_{2schief}$ ist das endgültige, schiefwinklige Koordinatensystem, P_1/P_2 ist das dazugehörige Bezugsvektorenkoordinatensystem, das die Zuordnung der Nulladungen im Sinne der Einfachstruktur erleichtert[24] und das nur zur Beschreibung des materiell gleichen Tatbestandes herangezogen wird. Die Achsen $F_{1schief}$ und $F_{2schief}$ werden auch Hyperebenen genannt, die den Primärfaktoren im orthogonalen Falle entsprechen.

---

d) Für jedes Faktorenpaar soll es eine Anzahl von Variablen geben, die für beide Faktoren Nulladungen aufweisen

e) Für jedes Faktorenpaar soll es sehr wenige Variable geben, die für beide Faktoren signifikante Ladungen aufweisen.

[21] Vergleiche dazu: Bargmann, R.: Signifikanzuntersuchungen der einfachen Struktur in der Faktorenanalyse, in Mitteilungen der Mathematischen Statistik, Nr. 7, 1955, S. 1 bis 24.

[22] Denn hierbei besteht zwischen Primärfaktoren und Bezugsvektoren kein Unterschied.

[23] Vergleiche die Zeichnung auf Seite 54.

[24] Durch senkrechte Projektionen der Variablenpunkte auf die Bezugsvektoren, vergleiche dazu auch Überla, K.: Faktorenanalyse, S. 175 ff.

Abbildung 3

Zeichnerische Darstellung einer schiefwinkligen Rotation zur Einfachstruktur

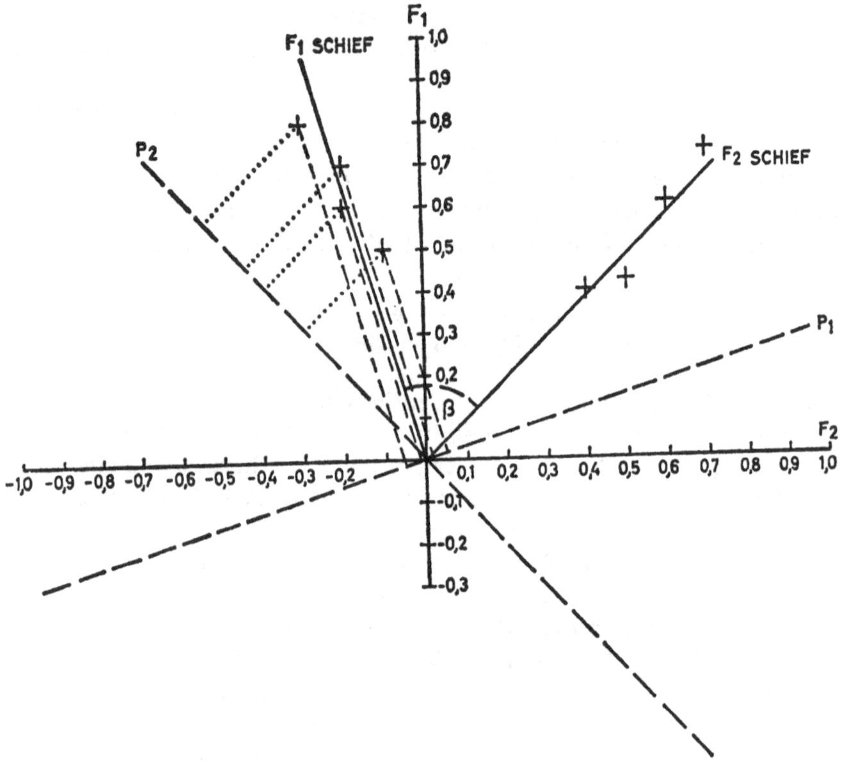

1.6.4. Die Schätzung der Faktorenwerte

Nach Bestimmung der dem Variablensatz von 41 an 94 Kreisen beobachteten Variablen zugrundeliegenden Faktoren soll nun versucht werden, für einen oder mehrere Faktoren Schätzwerte für die einzelnen Kreise zu ermitteln.

Der oder die Faktoren werden als objektiv gewichtete Indizes der Variablen aufgefaßt, mit deren Hilfe versucht werden soll, die einzelnen Beobachtungsobjekte in bezug auf den gerade verwendeten Faktor in eine kardinale Rangordnung untereinander einzuordnen. Mit anderen Worten, es wird versucht werden festzustellen, wie sich die einzelnen

Untersuchungsobjekte in bezug auf eine bestimmte Fragestellung, die hier durch den jeweiligen Faktor repräsentiert wird, verhalten.

Die Gleichung des Faktorenmodells lautete:

$$Z = A\,F + E\,U \tag{4}$$

Um den Einfluß der Rotationen kenntlich zu machen, wird aus Gleichung (4) die Gleichung

$$Z = V\,F + W \tag{18}$$

V ist eine $m \times r$ Matrix der rotierten gemeinsamen Faktoren. Die gesuchte Größe ist bei dieser Fragestellung die Matrix F, die Matrix der gemeinsamen Faktorenwerte.

Die Auflösung der Gleichung (18) nach der gesuchten Größe F ergibt Gleichung (19)

$$\dot{F} = (V'V)^{-1}\,V'\,Z \tag{19}$$

Sie stellt einen empirisch deskriptiven, multiplen Regressionsansatz nach der Methode der kleinsten Quadrate dar, von dem angenommen wird, daß er die wahre Matrix der Faktorenwerte F durch die Matrix $\dot{F}$ optimal annähern kann[25].

Um die Inversion der Matrix (VV') zu umgehen, kann auch die bereits berechnete Matrix R^{-1} verwendet werden[26].

$$\begin{aligned} \dot{F} &= V'R^{-1}\,Z \\ \dot{F} &= B'Z\,, \end{aligned} \tag{20}$$

wobei $V'R^{-1} = B'$ ist.

Die Methode der kleinsten Quadrate minimiert also die Summe der Abweichungsquadrate von wirklich vorhandenen und geschätzten Faktorenwerten und kann damit als beste Approximation an die zu schätzenden Faktorenwerte gelten[27].

---

[25] Der Regressionsansatz kann verwendet werden, da angenommen wird, daß die wesentliche Information der Matrix R in V enthalten ist und die Matrix $W = E\,U$ nahe einer Nullmatrix ist.

Auch beim Hauptkomponentenmodell läßt sich der gleiche Ansatz verwenden, da in den meisten Fällen die Anzahl der extrahierten, gemeinsamen Faktoren wesentlich kleiner als m ist.

[26] Vergleiche dazu die Ableitungen bei Überla, K.: Faktorenanalyse, S. 241 ff.

[27] Dabei werden die Variablen als die unabhängigen und die Faktoren als die abhängigen Größen angesehen. Vergleiche dazu die Ableitungen, Beweise, aber auch die kritischen Bemerkungen zu der o. a. Schätzmethode bei Köhle, D.: Die Hauptachsenmethode der Faktoranalyse, S. 75 ff., S. 89 und den Beweis 4, S. 126 ff.

Über die Matrix B' der Gleichung (20) läßt sich eine interessante Nebeninformation gewinnen. Sie enthält in jeder Zeile die Regressionskoeffizienten aller Variablen auf den jeweiligen Faktor. Multipliziert man die Matrix der Regressionskoeffizienten zeilenweise mit der Matrix der Korrelationen mit den Faktoren und summiert die einzelnen Produkte, so erhält man jeweils das Quadrat des multiplen Korrelationskoeffizienten, das multiple Bestimmtheitsmaß, das ein Maß für die Schätzgenauigkeit des jeweiligen Faktors bezüglich der Variablen ist.

Die einzelnen Summanden geben Aufschluß über den Beitrag jeder Kennziffer zur Gesamtschätzung. Insgesamt gibt das multiple Bestimmtheitsmaß an, wieviel Prozent der Varianz des geschätzten Faktors aus den beobachteten Variablenwerten erklärt werden kann. Der multiple Korrelationskoeffizient ist ein Maß für die Korrelation zwischen den mit Hilfe der multiplen Regressionskoeffizienten geschätzten Werten und den tatsächlichen Werten.

2. Ablaufschema des Rechengangs, praktische Durchführung und Lösung der einzelnen Rechenprobleme der im theoretischen Teil aufgezeigten Hauptprobleme bei der vorliegenden faktoranalytischen Untersuchung

2.1. Schematisierte Darstellung der einzelnen Rechenschritte einer Faktorenanalyse im umfassenden Sinne

Zur Veranschaulichung des Vorgehens und der Deutlichmachung der Hauptprobleme soll hier auf ein Ablaufschema[28] verwiesen werden, das den Gang der empirischen Berechnungen übersichtlich darstellt. Zu jedem Hauptpunkt sollen dann entsprechende Erläuterungen des eingeschlagenen Lösungsweges gegeben werden.

2.1.1. Aufstellung und Standardisierung der Datenmatrix

Die Datenmatrix[29] enthält die Daten von 94 Kreisen des Landes Nordrhein-Westfalen, die mit 41 Kennziffern zu zwei verschiedenen Zeitpunkten (Datensatz 1950 und Datensatz 1970) beschrieben werden.

---

[28] Vergleiche das Schema auf S. 57, das in Anlehnung an Überla, K.: Faktorenanalyse, S. 62 erstellt worden ist.

[29] Vergleiche dazu das Schema der Datenmatrizen im Sinne der R-Technik auf S. 58, das für die Ursprungswerte und die standardisierten Werte gilt. Das Verhältnis der Anzahl der Untersuchungsobjekte zu der Anzahl der Kennziffern beträgt hier 2,3 : 1, während bei psychologischen Untersuchungen ein Verhältnis von 3 : 1 gefordert wird.

Übersicht 2: **Schema der Rechenschritte einer Faktorenanalyse im umfassenden Sinne**

Nummer der Rechenschritte	1 →	2 →	3 a) →	4 →	5 →	6 →	
Bezeichnung und	**Y**	**Z**	**R**	$\mathbf{R_h}$	**A**	**V**	**P**
Erklärung der verwendeten Matrizen	*Datenmatrix*	*Standardisierte Datenmatrix*	*Korrelationsmatrix*	*Reduzierte Korrelationsmatrix, geschätzte Kommunalitäten in der Diagonalen*	*Matrix der Faktorladungen, unrotiert*	*Matrix der Faktorladungen, orthogonal oder schiefwinklig rotiert*	*Matrix der geschätzten Faktorenwerte*

1. Standardisierung der Datenmatrix
2. Errechnung der Korrelationsmatrix

3.a) Schätzung der reduzierten Korrelationsmatrix

4. Extraktion der Faktoren
5. Rotation der Faktoren
6. Schätzung der Faktorenwerte

a) Obwohl dem Modell der Faktorenanalyse im engeren Sinne aus theoretischen Gründen der Vorzug gegeben wurde, wurde der Rechenschritt der Schätzung der Kommunalitäten ausgespart, da die Variablenanzahl in dieser Untersuchung wesentlich über 20 liegt und damit die Kommunalitätenschätzung keinen gravierenden Einfluß auf das Ergebnis haben dürfte.

Übersicht 3

Schema der Datenmatrizen im Sinne der *R*-Technik

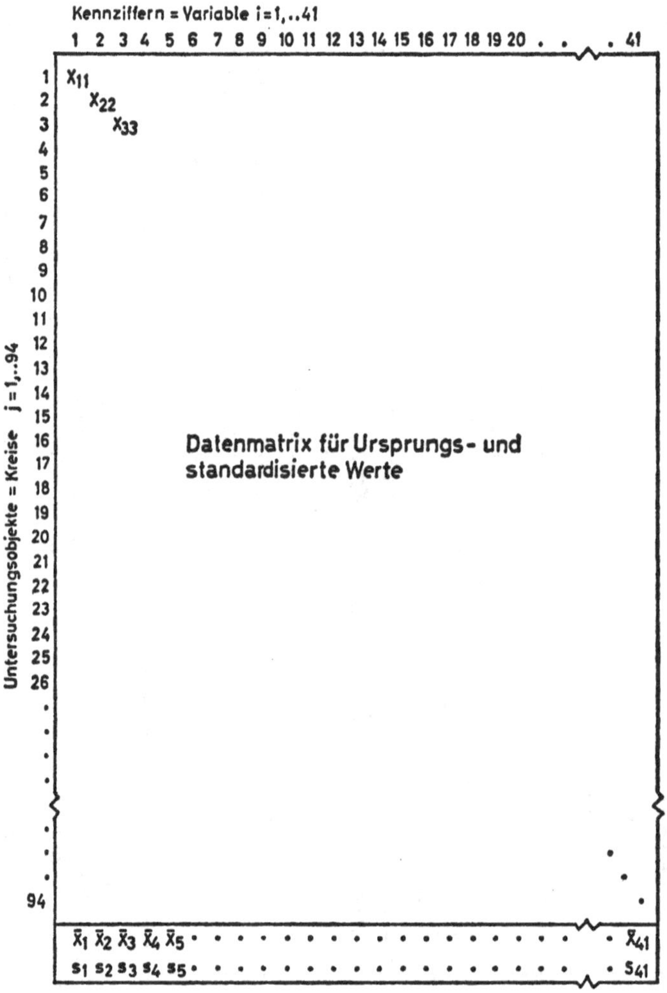

x_{ij} = Jeweiliger Wert der i-ten Kennziffer beim j-ten Kreis

$\bar{x}_i$ = Mittelwert der i-ten Kennziffer (= 0 bei standardisierten Daten)

z_{ij} = Standardabweichung der i-ten Kennziffer (= 1 bei standardisierten Daten)

$s_i = \frac{x_{ij} - \bar{x}_i}{s_i}$ = jeweiliger standardisierter Wert der i-ten Kennziffer beim j-ten Kreis

Die Matrix Y enthält also jeweils 94 mal 41 Daten für zwei verschiedene Beschreibungszeitpunkte. Um die Einflüsse von verschiedenen Maßeinheiten auszuschalten[30], werden die Daten der ursprünglichen Beobachtungen standardisiert, d. h. jeder Wert der Matrix wird um den Mittelwert der jeweiligen Kennziffer vermindert und durch die Standardabweichung der jeweiligen Kennziffernwerte dividiert.

2.1.2. Errechnung der Korrelationsmatrix

Aus der standardisierten Datenmatrix Y wird mit Hilfe des Pearsonschen Produkt-Moment-Korrelationskoeffizienten die Korrelationsmatrix R errechnet. Die für standardisierte Werte vereinfachte Berechnungsformel lautet:

$$r_{ik} = \frac{1}{q-1} \sum_{j=1}^{q} z_{ij} z_{ki}$$

2.1.3. Die Lösung des Kommunalitätenschätzproblems

Obwohl gerade dem Kommunalitätenschätzproblem in der Theorie eine entscheidende Rolle zugemessen wird und wegen seiner fehlenden, objektiv eindeutigen Lösungsmöglichkeit ein Hauptangriffspunkt des Modells der Faktorenanalyse überhaupt darstellt, spielen die unterschiedlichen zur Lösung dieses Problems entwickelten, und teilweise sehr rechenaufwendigen Schätzverfahren, in der empirischen Praxis keine so bedeutsame Rolle.

Es hat sich nämlich durch umfangreiche Simulationsversuche herausgestellt, daß bei einer Anzahl von beobachteten Kennziffern, die größer als 20 ist, die Kommunalitäten mit dem Wert 1 als grobe Schätzung für die wahren Kommunalitätenwerte in die Hauptdiagonale der reduzierten Korrelationsmatrix eingesetzt werden können, da bei einer vorher festgesetzten Anzahl von gemeinsamen Faktoren die aus der reduzierten Korrelationsmatrix R_h mit den wirklichen Kommunalitäten in der Hauptdiagonalen extrahierte und die aus der Matrix R mit den Werten 1 in der Hauptdiagonalen vergleichsweise extrahierte Faktorladungsmatrix relativ gut übereinstimmen.

Dieses Ergebnis hat zwar keine Allgemeingültigkeit, wird aber in der empirischen Praxis immer wieder bestätigt[31] und auch von den meisten Theoretikern anerkannt[32].

---

30 „Nur wenn alle Variablen im selben Maßsystem ausgedrückt und daher Mittelwerts- und Streuungsunterschiede zwischen ihnen interpretierbar sind, ist eine Faktorenanalyse der Rohwerte gestattet.“: Pawlik, K.: Dimensionen des Verhaltens, Bern—Stuttgart 1968, S. 47.

31 Vgl. dazu die Ergebnisse von Geisenberger. S. u. a.: Zur Bestimmung wirtschaftlichen Notstands und wirtschaftlicher Entwicklungsfähigkeit von

Der Schätzfehler wird durch eine nachfolgende Rotation der Faktorladungsmatrix in seinem Einfluß auf die Interpretierbarkeit der Faktoren noch mehr abgeschwächt. Für kleinere Variablensätze und bei relativ geringen Korrelationen der Kennziffern untereinander sind die Unterschiede jedoch in ihrem Einfluß auf das Ergebnis zu beachten.

In dieser Untersuchung wird wegen der hohen Anzahl der beobachteten Kennziffern ($m = 41$) und aus rechentechnischen Kapazitätsgründen das Kommunalitätenschätzproblem durch eine Grobschätzung $h_i^2 = 1$ gelöst und von dem Ergebnis der Faktorenextraktion angenommen, daß sie eine qualitativ gleichwertige Extraktion der gemeinsamen Faktoren liefert, als wenn die Werte der Kommunalitäten mit einem aufwendigeren Verfahren geschätzt worden wären.

Dabei ist nicht zu verkennen, daß man sich durch diese vereinfachende Annahme streng theoretisch wieder in dem Modell der Hauptkomponentenanalyse befindet, das keine Einzelrestfaktoren zuläßt.

2.1.4. Die Lösung des Faktorenextraktionsproblems und die angewandten Kriterien zur Bestimmung der Anzahl der zu extrahierenden Faktoren

Die Lösung des Faktorenextraktionsproblems wurde mit Hilfe der Hauptachsenmethode vorgenommen. Zur Berechnung der Eigenwerte und Eigenvektoren aus einer reellen, symmetrischen Matrix wurde das Jacobi-Verfahren benutzt, für das ein Unterprogramm in der EDV-Programmbibliothek vorhanden war[33, 34].

Die Faktorenextraktion soll unter der Forderung vorgenommen werden, die Anzahl der gemeinsamen Faktoren möglichst klein zu halten und dabei gleichzeitig darauf zu achten, daß in den gemeinsamen Faktoren möglichst viel Information der reduzierten Korrelationsmatrix steckt.

Regionen, S. 71, Richter, P.: Ökonometrische Untersuchung zum Inflationsproblem, S. 18 und ebenso Hellberg, H.: Zentrale Orte als Entwicklungsschwerpunkte in ländlichen Gebieten, S. 35.

[32] Vgl. dazu stellvertretend die Meinung von Köhle, D.: Die Hauptachsenmethode der Faktorenanalyse, S. 51 f.

[33] IBM-Application-Program H 20 — 0252—3, Scientific Subroutine Package (1130—CM—02 X) Programmer's Manual, S. 63. Quelle: Mathematical Methods for Digital Computers, edited by A. Ralston and H. S. Wilf, John Wiley and Sons, New York 1962, Chapter 7.

[34] Vom Ergebnis her ähnliche Ergebnisse bringt das von Misessche Verfahren der Vektoriteration zur Bestimmung der Eigenwerte und Eigenvektoren aus einer Korrelationsmatrix, das bei Überla, K.: Faktorenanalyse, S. 100 ff., und bei Hildebrandt, F.: Studie zur Methodik der Faktorenanalyse, Diss., Aachen 1966, S. 90 ff. angeführt wird, um die Berechnungen auf einer Tischrechenmaschine vorzunehmen.

Dieser Forderung genügt kein objektives Kriterium, sondern ist subjektiven Entscheidungen unterworfen, da in den meisten Fällen keine Klarheit über die Anzahl der zu extrahierenden Faktoren besteht. Man kann der subjektiven Entscheidung einen objektiven Hintergrund verleihen, in dem man sukzessive so lange Faktoren extrahiert, bis die Restmatrix

$$R_{res} = R_{h} - A\,A'$$

annähernd einer Nullmatrix entspricht. Diese Prüfung wird zweckmäßigerweise nach jedem Extraktionsschritt vorgenommen, um jeweils zu entscheiden, ob ein weiterer Faktor extrahiert werden soll.

Diesem Kriterium entsprechen im Prinzip die drei Entscheidungsregeln nach denen bei den empirischen Berechnungen in dieser Untersuchung eine Entscheidung über die Anzahl der zu extrahierenden Faktoren getroffen wird. Dies sind:

a) die Darstellung der Varianzanteile

b) der Scree-Test[35]

c) die Größe der Eigenwerte ≥ 1[36]

2.1.5. Schematisierte Darstellung des Lösungsweges in dieser Untersuchung

Damit ist ein Ziel der Untersuchung erreicht, das Ausgangsdatenmaterial von 41 beschreibenden Kennziffern ist auf wenige, dahinterstehende, hypothetische Größen reduziert worden, mit denen man die Ausgangsmatrix hinreichend reproduzieren kann. Um den Gang der Untersuchung bisher noch einmal zu verdeutlichen, soll das folgende Schema auf Seite 62 dienen.

2.1.6. Verbale Darstellung der Vorgehensweise nach der Faktorenextraktion bis zur Prüfung des Vorliegens einer Einfachstruktur

An dieser Stelle soll der Weg beschrieben werden, der in dieser Untersuchung beschritten wird, um eine Einfachstruktur zu erhalten. Nach der Extraktion und der endgültigen Festlegung der Anzahl der Faktoren wird versucht werden, in zwei Schritten zu einer optimalen Interpretierfähigkeit der Faktoren zu gelangen.

Im ersten Schritt werden die Faktoren orthogonal mit Hilfe eines analytischen Verfahrens der Einfachstruktur approximiert. Und zwar

---

[35] Catell, R. B.: The Scree-Test for the Number of Factors, in Multivar. Behav. Res. Nr. 1, 1966, S. 245 ff.

[36] Vergleiche Kaiser, H. F., Dickmann, K.: Analytic Determination of Common Factors, in Am. Psychol. Nr. 14, 1959, S. 425 ff.

Übersicht 4

Schema des in dieser Untersuchung eingeschlagenen Lösungsweges

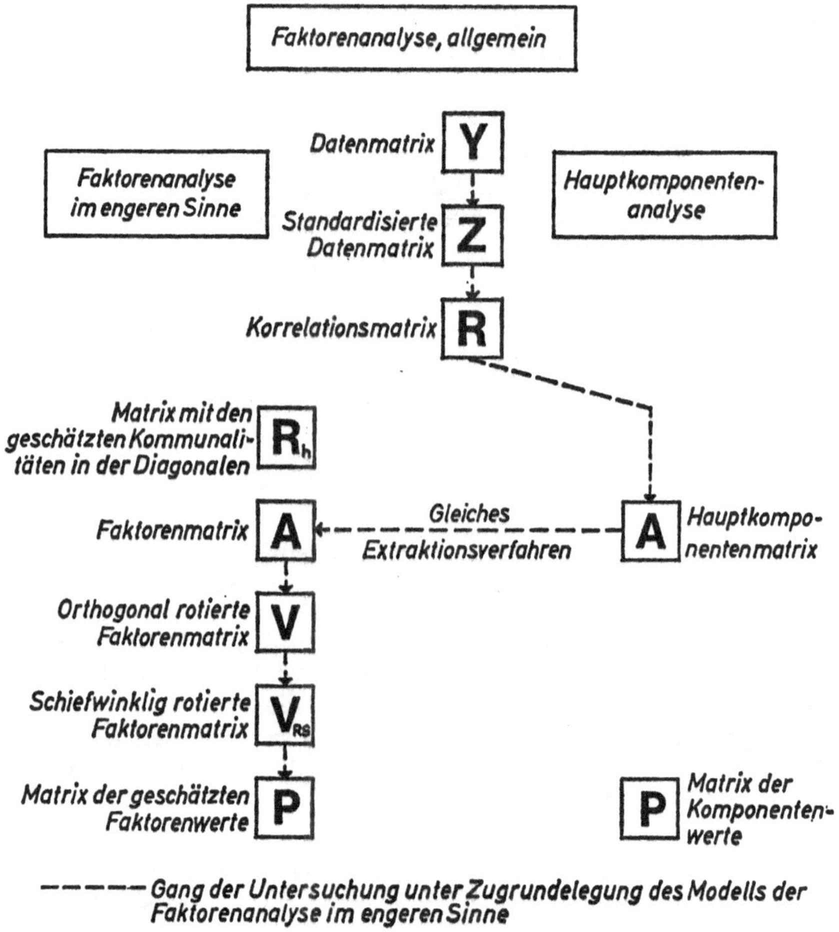

handelt es sich um das VARIMAX-Kriterium von Kaiser, das im Hinblick auf das Konzept der Einfachstruktur fordert, daß die Varianz der quadrierten Faktorladungen eines Faktors ein Maximum wird. Dies bedeutet, daß die Ladungen dann nahe Null oder nahe 1 sind, so daß der Faktor möglichst einfach interpretiert werden kann[37].

Das Ergebnis, die orthogonal rotierte Faktormatrix, wird mit Hilfe des Bargmann-Tests überprüft, ob schon durch eine orthogonale

---

[37] Vergleiche dazu: Kaiser, H. F.: Computer program for VARIMAX rotation in factor analysis, in Educ. psychol. Meas., Nr. 19, 1959, S. 413 - 420.

Rotation eine Einfachstruktur erreicht worden ist. Je nach Struktur des Datenmaterials könnte eine Einfachstruktur erreicht werden. Diese Möglichkeit wird nicht von vornherein ausgeschlossen, sondern nur wegen des vorliegenden Problems für relativ unwahrscheinlich angesehen, aber dennoch geprüft werden.

Im zweiten Schritt wird deshalb versucht werden, über eine schiefwinklige Rotation, ausgehend von den Ergebnissen der orthogonalen Rotation eine Einfachstruktur zu erreichen. Dieser Schritt wird nicht mit Hilfe eines analytischen Verfahrens[38], sondern durch ein halbautomatisches Rechen- und Zeichenprogramm der iterativen, schiefwinkligen Rotation zur Einfachstruktur zwischen jeweils zwei Faktoren in einer Ebene vorgenommen. Dieses Verfahren soll in seinem Ablauf dargestellt werden[39].

2.1.7. Die visuelle, iterativ vorgenommene schiefwinklige Rotation zwischen zwei Faktoren

2.1.7.1. Graphische Darstellung

Ausgangspunkt ist die Matrix V_0, die das Ergebnis der orthogonalen Rotation der Matrix A das Faktorenmuster enthält. Der Inhalt dieser Matrix läßt sich in der schon bekannten Form in $\frac{r(r-1)}{2}$ Zeichnungen darstellen[40].

Die Zeichnungen vermitteln direkt, wie das Datenmaterial strukturiert ist und ob eine orthogonale Einfachstruktur bereits vorliegt[41]. V_1 und V_2 bezeichnen das ursprüngliche orthogonale Koordinatensystem. Wie sich zeigt, kann das Ergebnis der orthogonalen Rotation in diesem Beispiel nicht dem Kriterium der Einfachstruktur genügen, da die Variablen nicht nahe genug bei den Primärfaktoren liegen. Eine bessere Interpretationsmöglichkeit bietet sich jedoch direkt durch eine Verlagerung der ursprünglichen Achsen in Richtung der Schwerpunkte der Variablenpunktwolken an, wie es die Achsen $V_{1schief}$ und $V_{2schief}$

---

[38] Vergleiche dazu Überla, K.: Faktorenanalyse, S. 211 ff., der die analytischen Verfahren darstellt und kritisiert.

[39] Überla, K.: Faktorenanalyse, S. 233 hält die Kombination von VARIMAX und ROTOPLOT-Programm für die zur Zeit empfehlenswerteste Lösung des Rotationsproblems, ebenso Pawlik, K.: Dimensionen des Verhaltens, S. 183, der die visuelle, sukzessive Rotation positiv beurteilt, aber auch auf mögliche Fehlerquellen hinweist, ebenda, S. 230 f.

[40] Wobei r gleich der Anzahl der Faktoren ist und das m-dimensionale Problem in $\frac{r(r-1)}{2}$ Faktorkombinationen in jeweils einer Ebene aufgelöst wird

[41] Vergleiche dazu als Beispiel die Zeichnung auf Seite 65.

ausweisen. Diese Veränderung wird durch eine schiefwinklige Rotation beider Achsen des orthogonalen Ausgangssystems erreicht.

Wegen der Schiefwinkligkeit befindet man sich in der Bezugsvektorenlösung. R_1 und R_2 sind die Bezugsvektoren, die Winkel zwischen den Achsen $V_1/V_{1schief}$ und $V_2/V_{2schief}$ sind Maße für die durchgeführten Rotationen. Senkrecht zu den Bezugsvektoren stehen in deren Nullpunkt die Hyperebenen oder Primärfaktoren $V_{1schief}$ und $V_{2schief}$. Sie müssen möglichst durch den Schwerpunkt der Punktwolken gehen, so daß viele Punkte in dieser Hyperebene oder innerhalb des Korridors liegen, der durch einen Schrankenwert von $\pm$ 0,10 nach beiden Seiten hin in seiner Breite bestimmt wird. Die Lage dieser Hyperebenen zu den Variablenpunkten bestimmt also, ob eine Einfachstruktur vorliegt oder nicht. Beschrieben wird diese Lage jedoch durch die Bezugsvektoren, sie sind die Bezugspunkte der Beschreibung. Da der Inhalt der Datenmatrix materiell nicht verändert wird, ist es gleichgültig wie das Datenmaterial beschrieben wird. Es wird das im Sinne der Einfachstruktur geeigneteste Koordinatensystem ausgewählt, nämlich R_1/R_2.

Hier war es wegen der Einfachheit und Klarheit des Problems bereits beim ersten Rotationsschritt beider Achsen möglich, eine Einfachstruktur zu erreichen. Daß das Ergebnis anhand des Bargmann-Tests noch überprüft werden muß, wird im Verlauf der Beschreibung der analytischen Vorgänge klar, die im Zusammenhang mit einer schiefwinkligen Rotation stehen.

2.1.7.2. Darstellung der Rechenschritte in verbaler Form

Analytisch bedeutet die Festlegung der Rotationswinkel das Aufstellen einer Shiftmatrix. Die Shiftmatrix hat r mal r Elemente. Auf der Grundlage der zweidimensionalen Abbildungen festzulegenden Shiftmatrizen läßt sich eine Gesamtshiftmatrix aufbauen, so daß ein Rotationszyklus geschlossen vorgenommen werden kann.

Die Shiftmatrix enthält in der Diagonalen den Wert + 1, auf allen anderen Positionen Werte für den Tangens des jeweiligen bestimmten Rotationswinkels der infrage kommenden Achse[42]. Die Zeilen dieser Matrix geben an, welche Faktoren festgehalten werden, die Spalten, welche Faktoren rotiert werden.

Sind die gewünschten Rotationen in der Shiftmatrix wertmäßig festgelegt, so wird die Matrix V nicht direkt damit multipliziert. Die

---

[42] Die Werte für den Tangens der Rotationswinkel lassen sich in der jeweiligen Zeichnung direkt durch die Schnittpunkte der Koordinatenhyperebenen mit den Achsen ablesen.

Abbildung 4

Zeichnerische Darstellung einer schiefwinkligen Rotation und der Möglichkeit der direkten Ablesbarkeit der Werte für die Shiftmatrix mit Hilfe des verwendeten EDV-Programms

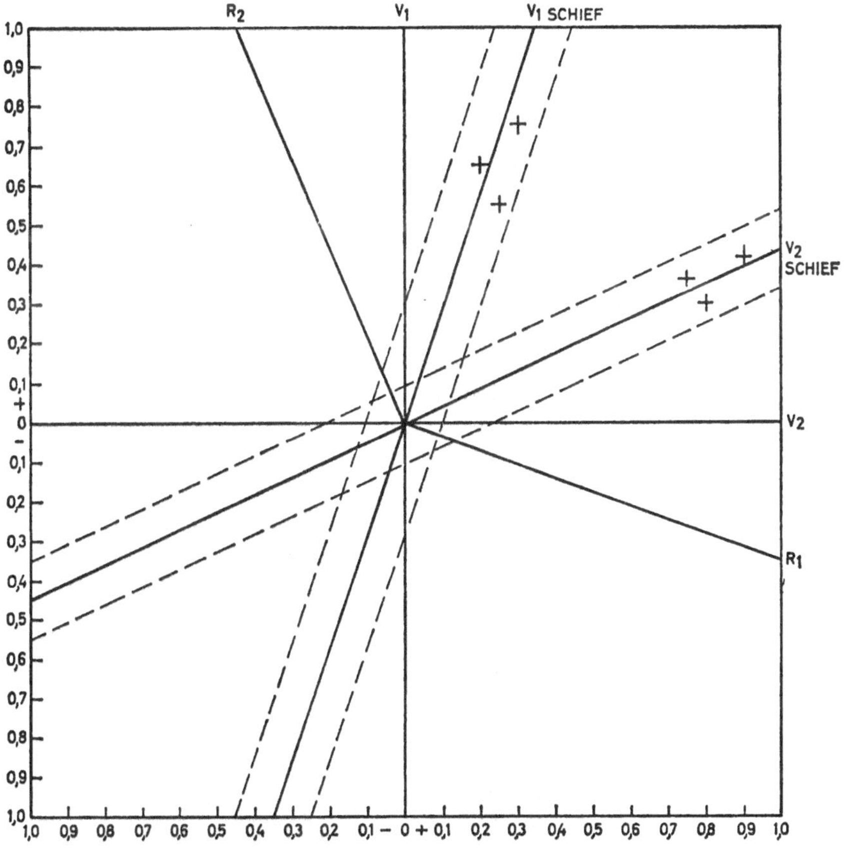

Shiftmatrix muß zuerst normalisiert werden, damit die Faktoren im Verlauf des weiteren Rechengangs normalisiert bleiben, d. h. die Länge von 1 haben. Dies geschieht folgendermaßen: Es werden die Summen der Spaltenquadrate der Shiftmatrix errechnet, daraus die Wurzel gezogen und die reziproken Werte gebildet. Aus den reziproken Werten wird eine Diagonalmatrix gebildet. Die Shiftmatrix wird mit der Diagonalmatrix postmultipliziert. Das Ergebnis ist die normalisierte Shiftmatrix, mit der nun die Matrix V_0 postmultipliziert werden kann, um die Matrix V_1 als Ergebnis der Rotation zu erhalten. Postmultipliziert man die transponierte, normalisierte Shiftmatrix mit der normalisierten Shiftmatrix, so erhält man eine Matrix, die die Korrelationen zwischen den einzelnen Faktoren widerspiegelt, denn das rotierte Koordinatensystem ist nun nicht mehr rechtwinklig.

Das Ergebnis, die Matrix V_1, wird nun mit Hilfe des Bargmann-Tests überprüft, ob insgesamt und bei welcher zweidimensionalen Darstellung eine Einfachstruktur vorliegt. Je nach Ergebnis wird ein nächster Rotationsschritt vorgenommen, oder die Rotation wird abgebrochen, falls das Ergebnis zufriedenstellend ist. Damit liefert der Bargmann-Test gleichzeitig auch ein Kriterium für die Anzahl der durchzuführenden Rotationen. In den meisten praktischen Fällen müssen mehrere Rotationsschritte vorgenommen werden, da die Datenstruktur nicht so einfach zu durchschauen ist, wie bei dem gewählten Demonstrationsbeispiel.

Bei einem etwaigen nächsten Rotationsschritt geht die Transformationsmatrix des vorhergehenden Schrittes in die Berechnungen ein. Sie wird mit der neuen Shiftmatrix postmultipliziert. Dieses Produkt wird dann in der oben beschriebenen Weise normalisiert, um eine neue Transformationsmatrix zu bekommen, mit der wieder V_0 postmultipliziert wird.

2.1.7.3. Darstellung der Rechenschritte in formalisierter Form des verwendeten EDV-Programms

Die Zusammenhänge sollen der Übersichtlichkeit wegen noch einmal anhand des Ablaufschemas des verwendeten Rechenprogramms zur schiefwinkligen Rotation aufgezeigt werden[43]:

1. Fall:

Die orthogonale Matrix V_0 wird in $\frac{r(r-1)}{2}$ Abbildungen dargestellt. Anhand dieser Zeichnung wird die erste Shiftmatrix S_1 festgelegt, indem die Werte für den Tangens des Rotationswinkels abgelesen werden.

2. Fall:

Shiftmatrix mal Diagonalmatrix	=	Transformationsmatrix
$S_1 \cdot D_1$	=	T_1
Orthogonale Matrix V_0 mal Transformationsmatrix	=	Ergebnis der ersten Rotation
$V_0 \cdot T_1$	=	V_1
Transponierte Transformationsmatrix mal Transformationsmatrix	=	Korrelationsmatrix zwischen Faktoren nach der ersten Rotation
$T'_1 \cdot T_1$	=	C_1

[43] Das von Catell, R. B., Forster, M. J.: The rotoplot program for multiple single plane, visually guided rotation, in Behav. Science, Nr. 8, 1963, S. 156 bis 165 entworfene, und bei Überla, K.: Faktorenanalyse, S. 346 ff. angegebene Programm wurde auf eine IBM-Anlage (Typ 1130) umgeschrieben.

Das Ergebnis wird anhand des Bargmann-Tests geprüft[44], falls der Test negativ ausfällt, wird eine weitere Rotation in Aussicht genommen. V_1 wird in $\frac{r(r-1)}{2}$ Abbildungen dargestellt[45].

3. Fall:

Anhand der Abbildungen des zweiten Falls wird eine neue Shiftmatrix S_2 festgelegt. Die Transformationsmatrix des vorhergehenden Laufes geht mit in die Berechnungen ein.

Transformationsmatrix des 2. Falls mal 2. Shiftmatrix	=	Matrix Q_1, die noch normalisiert werden muß
$T_1 \cdot S_2$	=	Q_1
Matrix Q_1 mal zweite Diagonalmatrix	=	2. Transformationsmatrix
$Q_1 \cdot D_2$	=	T_2
Orthogonale Matrix V_0 mal 2. Transformationsmatrix	=	Ergebnis der 2. Rotation
$V_0 \cdot T_2$	=	V_2
Transponierte 2. Transformationsmatrix mal 2. Transformationsmatrix	=	Korrelationsmatrix zwischen den Faktoren nach der 2. Rotation
$T'_2 \cdot T_2$	=	C_2

Sollte das Ergebnis des Bargmann-Tests noch weitere Rotationen notwendig machen, so ist für weitere Berechnungen analog der Vorschrift des dritten Falles vorzugehen.

2.1.8. Die Lösung des Schätzproblems der Faktorenwerte

Die Faktorenwerte werden mit Hilfe des multiplen Regressionsansatzes, wie er oben beschrieben wurde, geschätzt. Bei der Ausrechnung der Schätzwerte muß allerdings die Schiefwinkligkeit der Faktoren nach der letzten Rotation und der Unterschied zwischen Primär- und Bezugsfaktoren berücksichtigt werden[46].

Damit soll der Überblick über die theoretische Fundierung des Lösungsmodells und über den hier eingeschlagenen Weg der Berechnungen abgeschlossen werden.

---

[44] Siehe dazu die Tafeln D 1 bis D 3 bei Überla, K.: Faktorenanalyse, S. 373 ff.

[45] Und zwar werden die Achsen rechtwinklig dargestellt, obwohl sie durch die Rotation schiefwinklig zueinander stehen. Vergleiche dazu: Überla, K.: Faktorenanalyse, S. 191.

[46] Dies geschieht durch die Berücksichtigung der Korrelationsmatrix zwischen den gemeinsamen Faktoren und einer Diagonalmatrix, die die Korrelationen zwischen einander entsprechenden Primär- und Bezugsfaktoren enthält, bei der Bestimmung der Koeffizientenmatrix B' in Gleichung (20). Vergleiche dazu die Ausführungen von Überla, K.: Faktorenanalyse, S. 206 und 245.

3. Empirische Ergebnisse der durchgeführten Untersuchungen

3.1. Datensatz „Zeitraum 1950“

3.1.1. Allgemeiner Überblick

3.1.1.1. Prüfung der Signifikanz der Elemente der Korrelationsmatrix

Eine Überprüfung der Signifikanz der einzelnen Elemente der Korrelationsmatrix ergab, daß die Korrelationskoeffizienten nicht zufällig zustande gekommen sein dürften[47].

3.1.1.2. Entscheidung über die Anzahl der für die weitere Untersuchung beizubehaltenden Faktoren

Beim ersten Rechengang wurden alle Faktoren bis zu einem Eigenwert in Höhe von 0,40 extrahiert[48]. Es ergaben sich 17 Faktoren. Auf dieses Ergebnis wurden die drei im theoretischen Teil erwähnten Testverfahren angewandt, um zu entscheiden, wieviel Faktoren endgültig beibehalten werden sollten, um in die weitere Untersuchung einzugehen.

Das Ergebnis des Scree-Tests und die Regel „nur Faktoren mit einem Eigenwert größer als 1,00 zu extrahieren“ ergaben fast das gleiche Ergebnis, nämlich daß es sinnvoll wäre, sieben Faktoren zu extrahieren. Das Kriterium „nur Faktoren mit einem Varianzanteil von über 5 Prozent zu extrahieren“, ergab, daß sinnvollerweise nur vier Faktoren beizubehalten wären[49].

Da nach unserer Meinung die beiden zuerst genannten Kriterien eher dazu neigen, eine zu große Anzahl von Faktoren beizubehalten, schien unter Berücksichtigung des dritten Kriteriums die Entscheidung ratsam zu sein, sechs Faktoren für den weiteren Gang der Analyse beizubehalten.

---

[47] Bei 92 = 94 — 2 Freiheitsgraden und einem Signifikanzniveau von 99 % beträgt der Grenzwert für den Pearsonschen Korrelationskoeffizienten 0,2645.

[48] Dieser Grenzwert wurde gewählt, um erstens eine genügend große Anzahl von Eigenwerten zur Erstellung des Scree-Tests zu erhalten und zweitens, um den Aufwand an Rechenzeit in vertretbaren Grenzen zu halten.

[49] Siehe dazu die Zeichnungen: Darstellung des Scree-Tests und Darstellung der Varianzanteile der Faktoren auf S. 69 und 70.
In der letzteren sind auch die erheblich höheren Varianzanteile der Faktoren an der Gesamtkommunalität ablesbar und der Teil der Gesamtvarianz, der nicht durch die gemeinsamen Faktoren erklärt werden kann.

Abbildung 5

Zeichnerische Darstellung des Scree-Tests

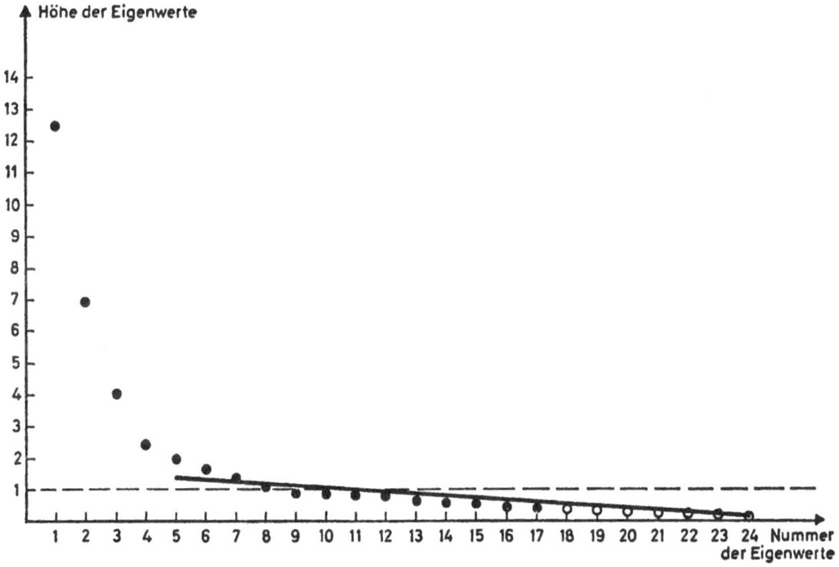

Die sechs Faktoren repräsentieren ca. 73 v.H. der Gesamtvarianz, der erste Faktor trägt dazu mit ca. 31 v.H. am meisten bei, während der sechste Faktor nur noch ca. 4 Prozent der Gesamtvarianz repräsentiert[50].

3.1.1.3. Ergebnisse der orthogonalen und schiefwinkligen Rotation im Lichte des Bargmann-Tests und im Sinne der Einfachstruktur

In einem zweiten Rechenschritt wurden also die ersten sechs extrahierten Faktoren anschließend einer orthogonalen Rotation unterworfen, da es aus theoretischen Überlegungen unwahrscheinlich erschien, daß schon vor der orthogonalen Rotation eine Einfachstruktur vorläge. Ein anderer Grund war, um nach der orthogonalen Rotation das Vorliegen einer Einfachstruktur zu prüfen und für die wahrscheinlich noch durchzuführende schiefwinklige Rotation Iterationsschritte zu sparen. Das Ergebnis war eine orthogonal rotierte Sechs-Faktorenmatrix, die nun unter Berücksichtigung des Bargmann-Tests auf das Vorhandensein einer Einfachstruktur getestet wurde[51].

Wie zu vermuten war, wurde durch die orthogonale Rotation kein Optimum an Interpretierbarkeit erreicht, nur ein Faktor, der Faktor *V*

---

[50] Vergleiche Fußnote 49.

[51] Siehe dazu die Tabelle der Faktorenmatrix auf Seite 71.

Abbildung 6

Zeichnerische Darstellung der Varianzanteile der Faktoren

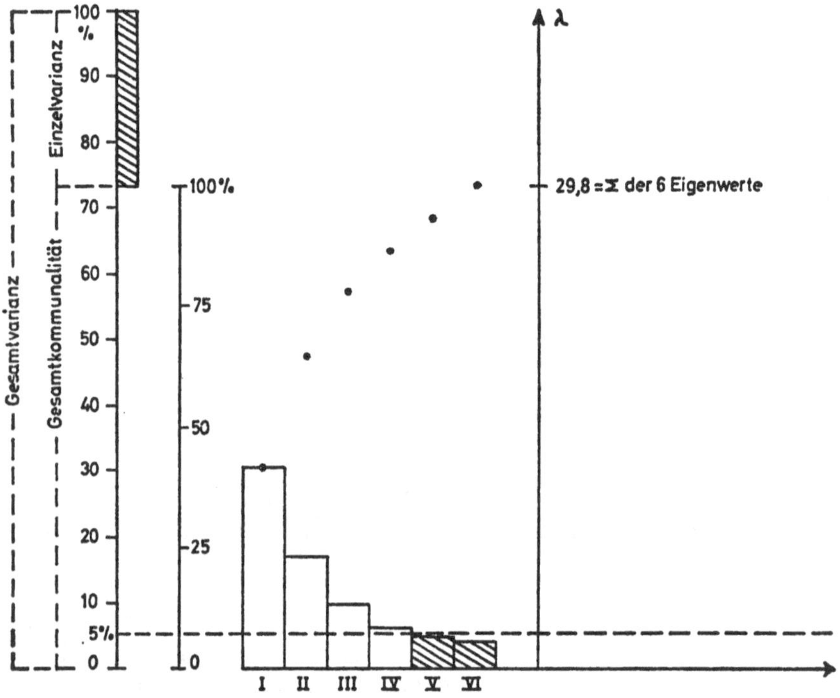

genügte dem Kriterium des Bargmann-Tests und war auf dem 99 % Signifikanzniveau abgesichert. Insgesamt lagen 30 v.H. oder absolut 76 von 246 möglichen Variablenpunkte innerhalb eines Bereichs von ± 0,10 um die Koordinatenhyperebenen. Das gesamte Faktorenmuster war relativ schwierig zu interpretieren, weil die Zuordnung der Ladungen zu den Faktoren nicht eindeutig war. Dies kommt auch in den zeichnerischen Darstellungen zum Ausdruck, durch die die Faktorenmatrix immer jeweils in einer Ebene dargestellt wird[52]. Die Variablenpunkte liegen zwar schon relativ dicht an den Koordinatenhyperebenen, doch läßt sich die Zuordnung verbessern, wenn man die Bedingung orthogonal zueinander stehender Faktoren aufgibt.

Diese Vermutung wird auch durch die Durchführung eines vereinfachten Bargmann-Tests[53] bestätigt. Aus diesem und im methodischen

[52] Siehe dazu die 15 zweidimensionalen Zeichnungen im Anhang, Seiten 129 - 143.

[53] Vereinfacht heißt hier: Auszählen der Werte der Faktorladungen, die kleiner als absolut 0,10 sind. Der exakte Test hat ein erhöhtes Anspruchs-

Tabelle 1

Tabelle der orthogonal rotierten Faktormatrix

	1	2	3	4	5	6
1	-0.90245	-0.06567	-0.11689	0.04747	0.11823	-0.08797
2	0.73126	0.11202	-0.04793	0.46121	-0.04784	-0.10825
3	-0.44477	-0.16244	0.29551	-0.02081	-0.00061	-0.20338
4	-0.37039	-0.61972	0.19333	-0.29184	-0.04416	-0.20136
5	0.90444	-0.27992	0.11188	0.15416	0.04863	-0.08761
6	-0.59427	0.76310	-0.10421	0.04956	0.05736	0.02084
7	-0.70969	-0.41189	-0.08947	-0.34327	-0.06449	0.23750
8	-0.42330	-0.69136	0.02442	-0.23285	-0.21848	-0.03202
9	0.11341	-0.09921	0.20003	-0.13256	0.42778	-0.12116
10	-0.61074	0.66010	0.32195	-0.12225	0.11360	-0.01227
11	-0.39650	0.44721	0.57345	-0.24953	-0.03626	0.30388
12	-0.07172	0.06296	0.19539	0.11586	0.09545	0.84246
13	-0.16625	0.03014	-0.08562	-0.42062	0.49354	0.06612
14	0.25180	-0.06631	0.19835	-0.30702	-0.00787	-0.69917
15	0.13790	-0.43122	0.03436	-0.06680	-0.53179	-0.08089
16	-0.21876	0.22144	0.53385	0.03163	0.37986	0.47072
17	-0.89200	0.05178	-0.07199	-0.01977	0.05835	-0.11819
18	-0.90533	-0.21275	0.00153	-0.12799	-0.00788	0.02885
19	-0.47644	0.01197	0.00356	-0.76305	0.03500	-0.22229
20	0.82538	-0.33126	0.06574	0.20014	0.01002	-0.13509
21	-0.22323	0.93336	0.02774	0.02714	-0.02677	0.15452
22	-0.49893	-0.59213	-0.10009	-0.30230	0.10280	0.04566
23	-0.08311	-0.90517	-0.04311	-0.02554	-0.04411	-0.17932
24	-0.73062	0.10868	0.42485	-0.22959	-0.10555	0.31704
25	-0.00336	0.05947	0.76587	0.14901	-0.01757	-0.01270
26	-0.72255	-0.41562	0.03823	-0.10672	0.02811	-0.05317
27	-0.78655	-0.05628	0.19432	-0.01730	0.01285	0.25673
28	-0.06280	-0.30546	0.64821	-0.20831	0.05288	0.12316
29	0.01054	-0.33116	0.59533	0.02312	-0.18395	-0.07655
30	-0.10306	-0.52097	0.28449	-0.14645	0.15325	0.20873
31	0.06846	-0.15458	-0.10876	-0.70171	-0.29677	0.03697
32	0.69832	-0.09420	-0.42117	0.00640	0.00615	-0.27494
33	-0.05568	-0.14037	-0.81648	-0.37311	-0.02613	-0.11599
34	0.00332	-0.25877	-0.42999	-0.66717	0.17541	-0.04323
35	0.60218	0.25955	-0.16557	0.10417	-0.45516	0.15121
36	-0.03168	-0.12609	0.29792	-0.31875	-0.63436	-0.08170
37	-0.85056	0.18036	0.07781	-0.10158	0.10156	0.15557
38	-0.47274	-0.08378	0.11398	-0.64027	0.08611	-0.10954
39	-0.36068	-0.14476	0.01553	-0.75391	0.12624	-0.34318
40	-0.61607	-0.52454	0.00711	-0.34319	-0.13691	-0.04967
41	0.04738	0.10955	0.20041	-0.01901	-0.42300	0.57616

SPALTENQUADRATSUMMEN

11.08060	6.04034	3.91655	4.06352	2.00385	2.68995

VARIANZANTEILE DER FAKTOREN

37.18968	20.27311	13.14509	13.63834	6.72551	9.02826

KOMMUNALITAETEN

0.85636	0.77630	0.35333
0.68627	0.94268	0.95251
0.85971	0.76073	0.27796
0.94038	0.84197	0.77955
0.46075	0.69030	0.49995
0.74875	0.82129	0.88216
0.86003	0.85371	0.94709
0.71360	0.86285	0.89048
0.61277	0.71128	0.72596
0.57878	0.50442	0.45146
0.62224	0.74957	0.84279
0.72961	0.69828	0.61634
0.80687	0.67285	0.85337
0.79372	0.56566	

Teil genannten Gründen wurde eine schiefwinklige Rotation der orthogonalen Faktormatrix vorgenommen. Die Rotation wurde in Schritten nach dem oben beschriebenen, visuellen Rotationsverfahren unter Beachtung des Bargmann-Tests als Kontroll- und Optimalitätskriterium vorgenommen.

Das Ergebnis der orthogonalen Rotation als Ausgangspunkt für die schiefwinklige Rotation lautet:	Bargmann-Test exakt Bargmann-Test vereinfacht	76 105
Ergebnis des ersten schiefwinkligen Rotationszyklus:	Bargmann-Test exakt Bargmann-Test vereinfacht	82 118
Ergebnis des zweiten schiefwinkligen Rotationszyklus:	Bargmann-Test exakt Bargmann-Test vereinfacht	88 127
Ergebnis des dritten schiefwinkligen Rotationszyklus:	Bargmann-Test exakt Bargmann-Test vereinfacht	90 126
Ergebnis des vierten schiefwinkligen Rotationszyklus:	Bargmann-Test exakt Bargmann-Test vereinfacht	92 128
Ergebnis des fünften schiefwinkligen Rotationszyklus:	Bargmann-Test exakt Bargmann-Test-vereinfacht	93 130
Ergebnis des sechsten schiefwinkligen Rotationszyklus:	Bargmann-Test exakt Bargmann-Test vereinfacht	95 130

Der nächste versuchsweise vorgenommene Rotationszyklus brachte ein schlechteres Ergebnis, so daß von der Durchführung weiterer Rotationen abgesehen wurde, da sie kein verbessertes Ergebnis mehr bringen konnten. Das Ergebnis des sechsten schiefwinkligen Rotationszyklus ist als das optimale Ergebnis anzusehen. Wie die jetzt schiefwinklige Faktorenmatrix zeigt[54], ist die Struktur der wichtigen, die Faktoren ladenden Variablen[55] wesentlich klarer als bei der orthogonalen Faktormatrix[56].

---

niveau, da durch die Division der einzelnen Faktorladungen durch die Kommunalität die Anzahl der Werte, die kleiner als absolut 0,10 sind, teilweise beträchtlich vermindert wird. Die Zufallswahrscheinlichkeit wird nämlich durch die Verminderung der Hyperebenendicke überschätzt.

Vergleiche Pawlik, K.: Dimensionen des Verhaltens, S. 231, der als Grund für die Umdefinition der Hyperebenendicke die Notwendigkeit der exakten Berechenbarkeit der Wahrscheinlichkeit angibt.

Das verwendete EDV-Programm führt den exakten Bargmann-Test durch.

[54] Vergleiche dazu die Tabelle der Faktorenmatrix auf Seite 73.

[55] Es muß hier nochmals darauf hingewiesen werden, daß die schiefwinklige Faktorenstruktur der Bezugsvektoren die Korrelationen der Variablen mit den Faktoren enthält, obwohl hier und im folgenden von Faktorladungen die Rede sein soll. Zum Zusammenhang der Matrizen Faktorenstruktur und Faktorenmuster vergleiche Überla, K.: Faktorenanalyse, S. 204 ff.

[56] Siehe dazu die vergleichende Tabellendarstellung auf Seite 75 und 76 beider Matrizen in vereinfachter Form, mit Kreuzen für wesentliche Ladungen.

Tabelle 2

Tabelle der schiefwinklig rotierten Faktormatrix und der Korrelationsmatrix zwischen den Bezugsvektoren

	1	2	3	4	5	6
1	-0.76725	-0.25085	-0.06873	0.06868	0.14525	-0.39373
2	0.46044	0.23564	-0.05281	0.20421	0.02435	-0.03779
3	-0.21439	-0.14988	0.04040	0.00407	-0.12902	-0.06895
4	0.05096	-0.58357	0.11417	-0.17319	-0.06101	-0.04308
5	0.77947	-0.00930	0.05502	0.06683	0.08047	0.15107
6	-0.77092	0.50073	0.01120	0.05590	0.01622	-0.19870
7	-0.29926	-0.47490	-0.17157	-0.30026	-0.03155	0.11305
8	-0.02695	-0.75307	-0.01909	-0.03921	-0.24066	-0.05029
9	0.10957	-0.00794	0.07402	-0.07020	0.07541	0.01846
10	-0.60981	0.46000	0.32656	-0.03918	-0.02065	-0.04352
11	-0.33595	0.36969	0.44106	-0.06487	-0.09004	0.25151
12	0.02518	-0.04774	0.02911	0.04914	-0.02349	0.76599
13	-0.08546	-0.00620	0.04764	-0.12993	0.06136	-0.03681
14	0.38878	0.03615	0.27535	-0.31914	0.06874	-0.19703
15	0.16182	-0.17320	-0.08562	-0.01250	-0.18692	-0.10365
16	-0.05006	-0.00229	0.62257	0.09115	0.11023	0.45458
17	-0.76312	-0.11428	-0.05815	0.01048	0.07379	-0.31759
18	-0.67361	-0.38084	-0.02042	-0.00461	0.03563	-0.27857
19	-0.14459	0.11847	-0.05120	-0.68592	-0.00522	-0.02282
20	0.71134	-0.08505	0.05503	0.08747	0.17987	0.05383
21	-0.52489	0.74631	0.05400	0.07718	-0.09198	-0.00893
22	-0.05096	-0.54510	-0.13973	-0.36631	0.03128	0.09150
23	0.24396	-0.86323	-0.04797	0.05640	-0.04950	-0.11756
24	-0.52103	-0.02280	0.25619	-0.04317	-0.09631	0.09663
25	-0.03182	-0.06858	0.76560	0.43450	-0.26815	-0.10969
26	-0.42311	-0.50416	0.01758	-0.00201	0.09335	-0.21349
27	-0.56116	-0.30149	0.28015	0.08440	0.15109	-0.06289
28	0.09168	-0.18750	0.29615	-0.01895	0.00481	0.09652
29	0.11343	-0.19322	0.25491	0.07995	-0.09650	-0.00137
30	0.09158	-0.31064	0.11375	-0.04127	-0.02010	0.13006
31	0.13228	-0.06847	-0.12755	-0.29205	-0.13510	-0.00176
32	0.59727	0.19482	-0.44083	-0.26574	0.00452	-0.01308
33	0.00943	0.04443	-0.81626	-0.54104	-0.04356	-0.04935
34	0.17898	-0.05593	-0.38888	-0.57955	0.04044	0.16735
35	0.17444	0.28595	-0.16343	0.28147	-0.48542	0.00389
36	0.04101	-0.00123	0.03781	-0.01575	-0.86630	0.00933
37	-0.72829	-0.06700	0.05206	0.04773	-0.02128	-0.07549
38	-0.14989	0.02754	0.05556	-0.58193	-0.03017	-0.01031
39	0.03796	-0.03259	0.03205	-0.67791	0.03909	-0.03016
40	-0.24495	-0.53342	-0.06447	-0.18555	-0.14583	-0.12009
41	-0.03510	0.09336	0.04016	0.06557	-0.06932	0.18312

KORRELATIONSMATRIX ZWISCHEN REFERENCE VECTORS

	1	2	3	4	5	6
1	1.00000					
2	-0.07303	1.00000				
3	0.08694	-0.09486	0.99999			
4	-0.40524	-0.27746	0.28201	0.99999		
5	0.07127	-0.11518	0.13163	-0.12691	0.99999	
6	0.50801	0.05878	-0.04813	-0.42785	-0.00133	1.00000

Unter wesentlich klarer ist zu verstehen, daß wichtige Ladungen nicht mit gleichem Vorzeichen und Gewicht bei mehreren Faktoren auftauchen. In die gleiche Richtung weist auch ein Vergleich der zeichnerischen Darstellung zwischen jeweils zwei Faktoren in einer Ebene[57]. Die Primärfaktoren werden jetzt eindeutiger als nach der orthogonalen Rotation durch die Punktschwärme der Variablenvektoren bestimmt.

[57] Siehe dazu im Anhang, Seiten 144 - 158, die Serie der 15 Zeichnungen nach der sechsten schiefwinkligen Rotation, die die schiefwinklige Sechsfaktorenmatrix darstellen.

Übersicht 5

Tabelle der orthogonal rotierten Faktormatrix

Darstellung der wesentlichen Ladungen (absolut ≥ 0,40) durch ×

	FAKTOREN I	II	III	IV	V	VI
1 Einwohner je qkm	—×					
2 Volksschüler	×					
3 Real- und Mittelschüler						
4 Höhere Schüler		—×				
5 Erwerbspersonen Land- und Forstwirtschaft	×					
6 Erwerbspersonen Industrie und Handwerk	—×	×				
7 Erwerbspersonen Handel u. Verkehr	—×	—×				
8 Erwerbspersonen öffentlicher Dienst und Dienstl. aller Art		—×				
9 Erwerbsquote						
10 Industriebeschäftigte	—×	×				
11 Industrieumsatz		×	×			
12 Anteil der Grundst. u. Produktionsgüterindustrie am I.-Ums.						×
13 Anteil der Investitionsgüterindustrie am I.-Ums.						
14 Anteil der Verbrauchsgüterindustrie am I.-Ums.				—×		—×
15 Anteil der Nahrungs- u. Genußmittelindustrie am I.-Ums.						
16 Exportanteil am Industrie-Umsatz			×			×
17 Straßendichte	—×					
18 Kraftfahrzeugdichte	—×					
19 Realsteuerkraft	—×			—×		
20 Anteil der Land- und Forstwirtschaft am BIP	×					
21 Anteil des warenprod. Gewerbes am BIP		×				
22 Anteil Handel u. Verkehr am BIP	—×	—×				
23 Anteil sonstige Dienstleistungen am BIP		—×				
24 BIP je Einwohner	—×					
25 Ausgaben für Schulen			×			
26 Ausgaben für Kultur	—×	—×				
27 Ausgaben für Soziales	—×					
28 Ausgaben für Bau- und Wohnungswesen						
29 Ausgaben für öffentl Einrichtungen						
30 Ausgaben für wirtsch. Unternehmen						
31 Spareinlagen						
32 Anteil d. Wohnbevölk. unter 15 Jahre	×		—×			
33 Anteil d Wohnbevölk. 15 - 65 Jahre			—×			
34 Anteil d. Wohnbevölk. über 65 Jahre			—×	—×		
35 Auspendleranteil	×				—×	
36 Einpendleranteil					—×	
37 Lohnsteuerpflichtiges Einkommen	—×					
38 Körperschaftssteuerpflicht. Einkom.	—×			—×		
39 Einkommensteuerpflichtiges Einkom.				—×		
40 Inlandsschulden	—×	—×				
41 Investitionen je Beschäftigten						
Summe der Ladungen je Faktor	19	11	6	5	2	3

Übersicht 6

Tabelle der schiefwinklig rotierten Faktormatrix

Darstellung der wesentlichen Ladungen (absolut $\geq$ 0,40) durch ×

	FAKTOREN I	II	III	IV	V	VI
1 Einwohner je qkm	—×					
2 Volksschüler	×					
3 Real- und Mittelschüler						
4 Höhere Schüler		—×				
5 Erwerbspersonen Land- und Forstwirtschaft	×					
6 Erwerbspersonen Industrie und Handwerk	—×	×				
7 Erwerbspersonen Handel u. Verkehr		—×				
8 Erwerbspersonen öffentlicher Dienst und Dienstl. aller Art		—×				
9 Erwerbsquote						
10 Industriebeschäftigte	—×	×				
11 Industrieumsatz			×			
12 Anteil der Grundst. u. Produktionsgüterindustrie am I.-Ums.						×
13 Anteil der Investitionsgüterindustrie am I.-Ums.						
14 Anteil der Verbrauchsgüterindustrie am I.-Ums.						
15 Anteil der Nahrungs- u. Genußmittelindustrie am I.-Ums.						
16 Exportanteil am Industrie-Umsatz			×			×
17 Straßendichte	—×					
18 Kraftfahrzeugdichte	—×					
19 Realsteuerkraft				—×		
20 Anteil der Land- und Forstwirtschaft am BIP	×					
21 Anteil des warenprod. Gewerbes am BIP	—×	×				
22 Anteil Handel u. Verkehr am BIP		—×				
23 Anteil sonstige Dienstleistungen am BIP		—×				
24 BIP je Einwohner	—×					
25 Ausgaben für Schulen			×	×		
26 Ausgaben für Kultur	—×	—×				
27 Ausgaben für Soziales	—×					
28 Ausgaben für Bau- und Wohnungswesen						
29 Ausgaben für öffentl Einrichtungen						
30 Ausgaben für wirtsch. Unternehmen						
31 Spareinlagen						
32 Anteil d. Wohnbevölk. unter 15 Jahre	×		—×			
33 Anteil d Wohnbevölk. 15 - 65 Jahre			—×	—×		
34 Anteil d. Wohnbevölk. über 65 Jahre				—×		
35 Auspendleranteil					—×	
36 Einpendleranteil					—×	
37 Lohnsteuerpflichtiges Einkommen	—×					
38 Körperschaftssteuerpflicht. Einkom.				—×		
39 Einkommensteuerpflichtiges Einkom.				—×		
40 Inlandsschulden		—×				
41 Investitionen je Beschäftigten						
Summe der Ladungen je Faktor	14	10	5	6	2	2

3.1.1.4. Die Beziehung der schiefwinkligen Faktoren zueinander nach der Rotation

Die Korrelationsmatrix[58] zwischen den schiefwinklig rotierten Faktoren gibt einen Anhaltspunkt darüber, wie die einzelnen Faktoren zueinander gedreht worden sind und wie stark sie jetzt untereinander korrelieren. Nur zwischen Faktor I und Faktor VI besteht eine Korrelation von knapp über 0,50.

3.1.2. Spezielle Ergebnisse und der Versuch einer Interpretation der gefundenen Faktoren

3.1.2.1. Zu Faktor I

3.1.2.1.1. Darstellung der Prüfwerte und Tabelle der Faktorladungen

Übersicht 7

FAKTOR I

positive Faktorladungen		negative Faktorladungen	
Volksschüler	+ 0,46	Einwohner je qkm	— 0,77
Erwerbspersonen Land- und Forstwirtschaft	+ 0,78	Erwerbspersonen Industrie u. Handwerk	— 0,77
BIP der Land- und Forstwirtschaft	+ 0,71	Industriebeschäftigte	— 0,61
Anteil der Wohnbevölkerung unter 15 Jahren	+ 0,60	Straßendichte	— 0,76
		Kraftfahrzeugdichte	— 0,67
		BIP warenproduzierendes Gewerbe	— 0,52
		BIP je Einwohner	— 0,52
		Ausgaben für Kultur	— 0,42
		Ausgaben für Soziales	— 0,56
		Lohnsteuerpflichtiges Einkommen	— 0,73
Anteil der Verbrauchsgüterindustrie am Industrieumsatz	+ 0,39	Real- und Mittelschüler	— 0,21
Anteil sonstige Dienstleistungen am BIP	+ 0,24	Erwerbspersonen Handel und Verkehr	— 0,30
		Industrieumsatz	— 0,34
		Inlandsschulden	— 0,24

Multipler Korrelationskoeffizient : 0,89 Signifikanzniveau 99 %
Multiples Bestimmtheitsmaß : 0,79

Bargmann-Test exakt : 9
Bargmann-Test vereinfacht : 13
Bei 95prozentigem Signifikanzniveau und Extraktion von sechs Faktoren : 16
Bei 95prozentigem Signifikanzniveau und Extraktion von vier Faktoren : 12
Bei 99prozentigem Signifikanzniveau und Extraktion von sechs Faktoren : 17
Bei 99prozentigem Signifikanzniveau und Extraktion von vier Faktoren : 14

Obwohl der Faktor bezüglich des vereinfachten Bargmann-Tests ein 95prozentiges Signifikanzniveau nur erreicht, wenn man sich mit der Extraktion von vier Faktoren begnügen würde[59], weist er eine hohe Schätzgenauigkeit auf. Außerdem kann anhand des nun vorliegenden Gesamtergebnisses gesagt werden, daß es ausreichend gewesen wäre, nur vier Faktoren zu extrahieren. Aus diesem Grunde wird es für vertretbar gehalten, den Faktor zu interpretieren, denn er weist von allen sechs extrahierten Fakoren den höchsten Varianzanteil (ca. 33 Prozent der Gesamtkommunalität) auf.

3.1.2.1.2. Versuch einer Interpretation anhand der Faktorladungen

Zu diesem Faktor tragen insbesondere die hohen Ladungen von Variablen bei, die Ballungsmerkmale und eine hohe gesamtwirtschaftliche Leistungsfähigkeit anzeigen dürften, die wie die Ladungen spezieller Kennziffern aus dem Industriebereich andeuten, stark durch den Industriesektor bestimmt werden dürfte.

Die Ballungsmerkmale werden in erster Linie durch die Kennziffern „Einwohner je qkm", „Straßendichte" und Kfz.-Dichte" repräsentiert. Für die Wichtigkeit des Industriesektors dürften die Kennziffern „Erwerbspersonen in der Industrie und im Handwerk", „der Industriebesatz", wie in schwächerem Maße der „Industrieumsatz" und der „Beitrag des Warenproduzierenden Gewerbes zum BIP" stehen. Die Hypothese, daß der Industriesektor produktive Folgeleistungen induziere, dürfte in gewisser Weise durch die Kennziffer „Erwerbspersonen im Handel und Verkehrsgewerbe" bestätigt werden.

In besonders starkem Maße weist die Kennziffer „Bruttolohn je Einwohner" als Oberbegriff für die Spar- und Konsumkraft auf die gesamtwirtschaftliche Leistungsfähigkeit hin, die sich weiterhin in Ladungen der Kennziffern „Ausgaben für Soziales und für Kultur" als überregionale Funktionen der wirtschaftlich leistungsfähigen Ballungsgebiete sowie in der Verschuldungsmöglichkeit äußern dürfte und schließlich durch die hohe Ladung der Kennziffer „BIP je Einwohner" ihre Bestätigung findet. Genau in die entgegengesetzte Richtung weisen die hohen Ladungen von Variablen, die auf eine ungünstige, gesamtwirtschaftliche und industrielle Leistungsfähigkeit hinweisen dürften.

In der Gesamtbetrachtung dürfte dieser Faktor als „gesamtwirtschaftliches Leistungspotential industrieller Ballungsgebiete" zu interpretieren sein, denn er weist hohe Ladungen von Variablen aus allen

---

[58] Vergleiche dazu die Korrelationsmatrix zwischen den Faktoren auf Seite 73.

[59] Siehe dazu das Extraktionskriterium „nur Faktoren mit einem Varianzanteil von über 5 v.H. an der Gesamtvarianz zu extrahieren".

vier für wichtig erachteten Bereichen auf, die ökonomisch sinnvoll direkt oder indirekt mit einer gesamtwirtschaftlich hohen Produktivität in Verbindung stehen. Abgestützt wird die so ermittelte Struktur durch den Variablensatz der Kriterien, die für eine niedrigere, gesamtwirtschaftliche Produktivität kennzeichnend sind. Hiermit dürfte ziemlich klar der Sektor Landwirtschaft angesprochen sein.

Die Variablen weisen hier bezüglich des Faktors „gesamtwirtschaftliches Leistungspotential industrieller Ballungsgebiete" negative Ladungen auf, während die Ladungen für den Bereich der Landwirtschaft positiv sind. Dies führt bei der Schätzung der Faktorenwerte zu einer Rangordnung, bei der das Untersuchungsobjekt mit dem höchsten negativen Wert an der Spitze steht. Multipliziert man alle Faktorladungen mit — 1, so bleiben die absoluten Werte der geschätzten Faktorenwerte gleich, die Vorzeichen sind jedoch umgekehrt. Dies ändert an der materiellen Aussage nichts, nur scheint es vielleicht einleuchtender zu sein, wenn Untersuchungsobjekte mit einem geschätzten Ausmaß von größerem „gesamtwirtschaftlichen Leistungspotential" auch positiv höhere Werte erreichen.

3.1.2.1.3. Darstellung der Rangordnung der Kreise bezüglich dieses Faktors

Tabelle 3

Rangfolge der Kreise: FAKTOR I

1.	— 2529	Leverkusen	26.	— 752	Wattenscheid
2.	— 1653	Düsseldorf	27.	— 749	Rheydt
3.	— 1597	Duisburg	28.	— 662	Lünen
4.	— 1554	Mülheim	29.	— 631	Iserlohn
5.	— 1352	Gelsenkirchen	30.	— 569	Gladbeck
6.	— 1352	Witten	31.	— 569	Herford-Stadt
7.	— 1345	Hagen	32.	— 561	Rhein-Wupper
8.	— 1339	Dortmund	33.	— 555	Recklinghausen
9.	— 1286	Bochum	34.	— 532	Bottrop
10.	— 1240	Krefeld	35.	— 499	Köln-Land
11.	— 1225	Wuppertal	36.	— 443	Düsseldorf-Mettmann
12.	— 1220	Oberhausen	37.	— 442	Ennepe-Ruhr
13.	— 1218	Wanne-Eickel	38.	— 437	Aachen-Land
14.	— 1158	Köln-Stadt	39.	— 403	Moers
15.	— 1118	Remscheid	40.	— 398	Viersen
16.	— 1053	Bielefeld-Stadt	41.	— 289	Altena
17.	— 1045	Bonn-Stadt	42.	— 278	Mönchen-Gladbach
18.	— 1028	Lüdenscheid-Stadt	43.	— 219	Bocholt
19.	— 1000	Solingen	44.	— 156	Rhein. Berg. Kreis
20.	— 997	Castrop-Rauxel	45.	— 148	Iserlohn-Land
21.	— 964	Essen	46.	— 141	Sieg-Kreis
22.	— 961	Aachen-Stadt	47.	— 89	Münster-Stadt
23.	— 808	Neuss	48.	— 78	Recklinghausen-Stadt
24.	— 796	Herne	49.	— 72	Dinslaken
25.	— 769	Hamm	50.	— 67	Bielefeld-Land

51. +	171	Siegen	73. +	857	Paderborn
52. +	189	Unna	74. +	904	Euskirchen
53. +	207	Düren	75. +	1009	Lübbecke
54. +	312	Kempen-Krefeld	76. +	1031	Meschede
55. +	339	Oberberg.-Kreis	77. +	1038	Soest
56. +	354	Herford-Land	78. +	1061	Olpe
57. +	355	Bergheim	79. +	1065	Geldern
58. +	400	Halle	80. +	1111	Lüdinghausen
59. +	429	Selfkant-Kreis	81. +	1156	Steinfurt
60. +	513	Bonn-Land	82. +	1185	Wittgenstein
61. +	559	Rees	83. +	1216	Tecklenburg
62. +	604	Wiedenbrück	84. +	1230	Münster-Land
63. +	609	Grevenbroich	85. +	1253	Brilon
64. +	654	Arnsberg	86. +	1298	Höxter
65. +	664	Lemgo	87. +	1313	Schleiden
66. +	665	Kleve	88. +	1450	Ahaus
67. +	679	Detmold	89. +	1563	Monschau
68. +	713	Jülich	90. +	1635	Warendorf
69. +	726	Minden	91. +	1711	Warburg
70. +	728	Beckum	92. +	1750	Coesfeld
71. +	774	Lippstadt	93. +	1831	Büren
72. +	777	Erkelenz	94. +	1999	Borken

Die Rangordnung der Kreise zeigt, daß die hochindustrialisierten Stadt- und Landkreise in der Rangordnung eindeutig an der Spitze stehen und die vorwiegend landwirtschaftlich ausgerichteten Regionen am Ende.

3.1.2.2. Zu Faktor II

3.1.2.2.1. Darstellung der Prüfwerte und Tabelle der Faktorladungen

Übersicht 8

FAKTOR II			
positive Faktorladungen		negative Faktorladungen	
Erwerbspersonen Industrie u. Handwerk	+ 0,50	Höhere Schüler	— 0,58
Industriebeschäftigte	+ 0,46	Erwerbspersonen Handel und Verkehr	— 0,48
Anteil des warenproduzierenden Gewerbes	+ 0,75	Erwerbspersonen Öffentlicher Dienst und Dienstleistungen aller Art	— 0,75
		Anteil Handel und Verkehr am BIP	— 0,55
		Anteil sonstige Dienstleistungen am BIP	— 0,86
		Ausgaben für Kultur	— 0,50
		Inlandsschulden	— 0,53
Volksschüler	+ 0,23	Einwohner je qkm	— 0,25
Industrieumsatz	+ 0,37	Kraftfahrzeugdichte	— 0,38
Anteil der Wohnbevölkerung unter 15 Jahren	+ 0,19	Ausgaben für Soziales	— 0,30
Auspendleranteil	+ 0,29	Ausgaben für Bau- und Wohnungswesen	— 0,19

Ausgaben für Öffentliche Einrichtungen	— 0,19
Ausgaben für wirtschaftliche Unternehmen	— 0,31

Multipler Korrelationskoeffizient	: 0,96	Signifikanzniveau 99 %
Multiples Bestimmtheitsmaß	: 0,93	

Bargmann-Test exakt	: 14
Bargmann-Test vereinfacht	: 17
Bei 95prozentigem Signifikanzniveau und Extraktion von sechs Faktoren	: 16
Bei 95prozentigem Signifikanzniveau und Extraktion von vier Faktoren	: 12
Bei 99prozentigem Signifikanzniveau und Extraktion von sechs Faktoren	: 17
Bei 99prozentigem Signifikanzniveau und Extraktion von vier Faktoren	: 14

Dieser Faktor erreicht im vereinfachten Bargmann-Test das 99prozentige Signifikanzniveau und liegt auch bezüglich seiner Schätzgenauigkeit auf gleichen Niveau, so daß eine Interpretation ratsam erscheint. Er erreicht ca. 23 v.H. der Gesamtkommunalität.

3.1.2.2.2. Versuch einer Interpretation anhand der Faktorladungen

Die Ladungen der Variablen dürften Hinweise auf den tertiären Sektor geben und zwar in zweifacher Hinsicht. Einmal dürften relativ hochproduktive Dienstleistungen aus den Bereichen Handel und Verkehr und Sonstige Dienstleistungen wie z. B. Banken und Versicherungen, die als Folgeprozesse industrieller Aktivitäten aufzufassen sind, angesprochen sein, zum anderen ist der öffentliche Dienst durch die Variablen der Erwerbstätigenstruktur eindeutig und noch stärker gekennzeichnet.

Daß unter anderem auch hier die dichtbesiedelten Agglomerationszentren eine wichtige Rolle spielen, weisen die Ladungen der Variablen aus dem Bereich der Bevölkerung, der Infrastruktur, sowie der Infrastrukturausgaben aus, hier ist besonders die hohe Ladung der Kennziffer „Ausgaben für kulturelle Zwecke“ bemerkenswert, die in die gleiche Richtung, jedoch mit etwas schwächerem Gewicht zeigen. Ebenfalls interessant ist die starke Bedeutung der Kennziffer „Anzahl der Oberschüler auf 1000 der Bevölkerung“ bei diesem Faktor, die wiederum Hinweise auf eine spezielle Berufs- und soziologische Struktur der Bevölkerung der Untersuchungseinheiten geben dürfte, die sich bezüglich dieses Faktors besonders auszeichnen.

In die entgegengesetzte Richtung deuten die wichtigsten Ladungen der Variablen aus dem industriellen Bereich, sowie mit etwas schwächerem Gewicht die Kennziffer „Auspendleranteil an der Gesamtbevölkerung“. Insgesamt gesehen dürfte deshalb der Faktor II als „Dienstleistungsfaktor mit Schwerpunkt Öffentlicher Dienst“ zu bezeichnen sein.

3.1.2.2.3. Darstellung der Rangordnung der Kreise bezüglich dieses Faktors

Tabelle 4

Rangfolge der Kreise: FAKTOR II

1.	— 4449	Bonn-Stadt
2.	— 4173	Münster-Stadt
3.	— 2157	Hamm
4.	— 2053	Düsseldorf
5.	— 2045	Köln-Stadt
6.	— 1981	Aachen-Stadt
7.	— 1387	Bonn-Land
8.	— 1154	Paderborn
9.	— 1080	Minden
10.	— 1031	Soest
11.	— 893	Detmold
12.	— 883	Wuppertal
13.	— 685	Iserlohn-Stadt
14.	— 671	Lippstadt
15.	— 637	Mülheim
16.	— 636	Essen
17.	— 621	Viersen
18.	— 617	Bielefeld-Stadt
19.	— 510	Hagen
20.	— 484	Krefeld
21.	— 479	Recklinghausen-Stadt
22.	— 447	Euskirchen
23.	— 438	Höxter
24.	— 365	Wanne-Eickel
25.	— 293	Duisburg
26.	— 267	Rees
27.	— 257	Rhein.-Berg.-Kreis
28.	— 204	Meschede
29.	— 202	Jülich
30.	— 184	Dortmund
31.	— 181	Warburg
32.	— 146	Schleiden
33.	— 140	Lüdenscheid
34.	— 134	Lemgo
35.	— 96	Bochum
36.	— 74	Kempen-Krefeld
37.	— 63	Herford-Stadt
38.	— 61	Witten
39.	— 47	Mönchen-Gladbach
40.	— 31	Münster-Land
41.	+ 4	Geldern
42.	+ 10	Warendorf
43.	+ 14	Solingen
44.	+ 82	Wattenscheid
45.	+ 90	Sieg-Kreis
46.	+ 108	Düren
47.	+ 141	Herne
48.	+ 186	Brilon
49.	+ 217	Neuss
50.	+ 218	Büren
51.	+ 227	Arnsberg
52.	+ 233	Rhein-Wupper-Kreis
53.	+ 328	Remscheid
54.	+ 338	Coesfeld
55.	+ 339	Oberhausen
56.	+ 345	Aachen-Land
57.	+ 367	Leverkusen
58.	+ 371	Gladbeck
59.	+ 378	Erkelenz
60.	+ 380	Borken
61.	+ 464	Gelsenkirchen
62.	+ 474	Wittgenstein
63.	+ 483	Monschau
64.	+ 504	Kleve
65.	+ 512	Olpe
66.	+ 521	Dinslaken
67.	+ 547	Rheydt
68.	+ 563	Bottrop
69.	+ 566	Unna
70.	+ 567	Selfkant-Kreis
71.	+ 580	Ahaus
72.	+ 580	Düsseldorf-Mettmann
73.	+ 640	Iserlohn-Land
74.	+ 658	Steinfurt
75.	+ 664	Oberberg.-Kreis
76.	+ 684	Wiedenbrück
77.	+ 722	Bielefeld-Land
78.	+ 741	Ennepe-Ruhr
79.	+ 808	Lübbecke
80.	+ 822	Tecklenburg
81.	+ 828	Lüdinghausen
82.	+ 856	Beckum
83.	+ 919	Lünen
84.	+ 932	Recklinghausen-Land
85.	+ 933	Grevenbroich
86.	+ 948	Siegen
87.	+ 971	Moers
88.	+ 999	Castrop-Rauxel
89.	+ 1186	Köln-Land
90.	+ 1235	Bergheim
91.	+ 1305	Bocholt
92.	+ 1335	Herford-Land
93.	+ 1518	Altena
94.	+ 1814	Halle

Auch hier führt eine Multiplikation der Faktorladungen mit — 1 zu einer Schätzung von Faktorenwerten, bei der der Wert mit der positiv größten Zahl an der Spitze steht.

In der Rangordnung der Kreise spiegelt sich deutlich das Gewicht der Faktorladungen wider, die den Charakter des Faktors II bestimmen, hier besonders die Ladungen der Variablen „Anteil der Sonstigen Dienstleistungen am BIP“ und „Anteil der Erwerbstätigen im Öffentlichen Dienst“, denn die Kreise mit ausgeprägten Behörden- oder Dienstleistungszentren stehen an der Spitze der Rangordnungsskala.

3.1.2.3. Zu Faktor III

3.1.2.3.1. Darstellung der Prüfwerte und Tabelle der Faktorladungen

Übersicht 9

FAKTOR III			
positive Faktorladungen		negative Faktorladungen	
Industrieumsatz	+ 0,44		
Exportanteil am Industrieumsatz	+ 0,62	Anteil der Wohnbevölkerung unter 15 Jahre	— 0,44
Ausgaben für Schulen	+ 0,77	Anteil der Wohnbevölkerung 15 - 65 Jahre	— 0,82
Industriebeschäftigte	+ 0,33	Anteil der Wohnbevölkerung über 65 Jahre	— 0,39
Anteil der Verbrauchsgüterindustrie am Industrieumsatz	+ 0,28		
BIP je Einwohner	+ 0,26		
Ausgaben für Soziales	+ 0,28		
Ausgaben für Bau- und Wohnungswesen	+ 0,30		
Ausgaben für Öffentliche Einrichtungen	+ 0,26		
Multipler Korrelationskoeffizient	: 0,96	Signifikanzniveau 99 %	
Multiples Bestimmtheitsmaß	: 0,92		
Bargmann-Test exakt	: 18		
Bargmann-Test vereinfacht	: 23		
Bei 99prozentigem Signifikanzniveau und Extraktion von sechs Faktoren	: 17		

3.1.2.3.2. Versuch einer Interpretation anhand der Faktorladungen

Dieser Faktor erreicht nur noch 14 v.H. der Gesamtkommunalität, so daß ersichtlich wird, wie erheblich die Bedeutung im Vergleich zu den beiden ersten Faktoren bereits abgesunken ist.

Obwohl dieser Faktor im Bargmann-Test ein Signifikanzniveau von 99 % erreicht, weist er nur fünf Faktorladungen mit einem absoluten Wert größer als 0,40 auf. Dabei läßt sich kaum eine klare Struktur der

Variablen erkennen, die ökonomisch sinnvoll und mit einiger Sicherheit zu interpretieren wäre. Drei Variablen mit hohen positiven Ladungen stehen zwei Variable mit hohen negativen Faktorladungen gegenüber, die keine unmittelbare Beziehung zueinander haben dürften. Deshalb wird auf eine Interpretation des Faktors III verzichtet[60].

3.1.2.4. Zu Faktor IV

3.1.2.4.1. Darstellung der Prüfwerte und Tabelle der Faktorladungen

Übersicht 10

FAKTOR IV			
positive Faktorladungen		negative Faktorladungen	
Ausgaben für Schulen	+ 0,43	Realsteuerkraft	— 0,69
		Anteil der Wohnbevölkerung 16 - 65 Jahre	— 0,54
		Anteil der Wohnbevölkerung über 65 Jahre	— 0,58
		Körperschaftssteuerpflichtiges Einkommen	— 0,58
		Einkommensteuerpflichtiges Einkommen	— 0,68
Volksschüler	+ 0,20	Spareinlagen	— 0,29
Auspendleranteil	+ 0,28	Anteil Handel und Verkehr am BIP	— 0,37
		Erwerbspersonen Handel und Verkehr	— 0,30
		Anteil der Verbrauchsgüterindustrie am Industrieumsatz	— 0,32
		Anteil der Wohnbevölkerung unter 15 Jahre	— 0,27

Multipler Korrelationskoeffizient	: 0,88	Signifikanzniveau 99 %
Multiples Bestimmtheitsmaß	: 0,77	
Bargmann-Test exakt	: 18	
Bargmann-Test vereinfacht	: 25	
Bei 99prozentigem Signifikanzniveau und Extraktion von sechs Faktoren	: 17	

3.1.2.4.2. Versuch einer Interpretation anhand der Faktorladungen

Die höchsten Faktorladungen bringen diesem Faktor Kennziffern, die als Ersatzindikatoren für eine hohe wirtschaftliche Leistungskraft angesehen werden können oder in indirektem Zusammenhang mit diesem Oberbegriff zu sehen sind. Dazu zählen die Kennziffern „Realsteuerkraft je Einwohner" und „das veranlagte Einkommen nach der Einkommen- und Körperschaftssteuer". Daneben üben die Variablen, die

[60] Die Schätzung der Faktorenwerte ist vorgenommen worden und kann im Anhang, Seiten 159 und 160, eingesehen werden.

die Altersstruktur der erwerbsfähigen Bevölkerung kennzeichnen, einen relativ starken Einfluß aus. Einen schwächeren Beitrag, der aber in die gleiche Richtung weist, leistet die Kennziffer „Spareinlagen je Einwohner“. Insgesamt gesehen dürfte der Faktor IV mit aller Vorsicht das „Einkommensniveau und die Finanzstärke“ der Untersuchungsobjekte widerspiegeln.

3.1.2.4.3. Darstellung der Rangordnung der Kreise bezüglich dieses Faktors

Tabelle 5

Rangfolge der Kreise: FAKTOR IV

1.	— 2615	Rheydt	44.	+ 91	Paderborn
2.	— 2558	Mönchen-Gladbach	45.	+ 199	Moers
3.	— 2502	Viersen	46.	+ 224	Herford-Land
4.	— 2390	Aachen-Stadt	47.	+ 235	Ennepe-Ruhr
5.	— 1979	Düsseldorf	48.	+ 237	Bochum
6.	— 1974	Wuppertal	49.	+ 247	Arnsberg
7.	— 1961	Herford-Stadt	50.	+ 294	Jülich
8.	— 1833	Bielefeld-Stadt	51.	+ 300	Bonn-Land
9.	— 1448	Neuss	52.	+ 305	Lemgo
10.	— 1431	Essen	53.	+ 311	Erkelenz
11.	— 1366	Köln-Stadt	54.	+ 317	Coesfeld
12.	— 1317	Krefeld	55.	+ 323	Oberhausen
13.	— 1296	Bocholt	56.	+ 327	Siegen
14.	— 1252	Steinfurt	57.	+ 349	Recklinghausen-Land
15.	— 1181	Iserlohn	58.	+ 350	Detmold
16.	— 996	Lüdenscheid	59.	+ 374	Köln-Land
17.	— 812	Solingen	60.	+ 378	Gelsenkirchen
18.	— 695	Duisburg	61.	+ 435	Borken
19.	— 685	Ahaus	62.	+ 435	Münster-Land
20.	— 612	Rhein-Wupper-Kreis	63.	+ 447	Rhein.-Berg.-Kreis
21.	— 606	Hagen	64.	+ 452	Herne
22.	— 585	Remscheid	65.	+ 482	Lünen
23.	— 479	Hamm	66.	+ 533	Witten
24.	— 470	Münster-Stadt	67.	+ 545	Sieg-Kreis
25.	— 411	Bonn-Stadt	68.	+ 546	Aachen-Land
26.	— 393	Wiedenbrück	69.	+ 591	Kleve
27.	— 292	Grevenbroich	70.	+ 602	Recklinghausen-Stadt
28.	— 221	Beckum	71.	+ 651	Halle
29.	— 219	Kempen-Krefeld	72.	+ 727	Bielefeld-Land
30.	— 181	Düren	73.	+ 736	Wanne-Eickel
31.	— 166	Lippstadt	74.	+ 768	Unna
32.	— 144	Oberberg.-Kreis	75.	+ 818	Tecklenburg
33.	— 131	Rees	76.	+ 834	Dinslaken
34.	— 121	Düseldorf-Mettmann	77.	+ 866	Höxter
35.	— 91	Mülheim	78.	+ 878	Bergheim
36.	— 34	Dortmund	79.	+ 898	Warburg
37.	— 14	Euskirchen	80.	+ 914	Selfkant-Kreis
38.	— 2	Altena	81.	+ 952	Olpe
39.	+ 13	Soest	82.	+ 980	Lübbecke
40.	+ 18	Iserlohn-Land	83.	+ 980	Wattenscheid
41.	+ 49	Minden	84.	+ 998	Gladbeck
42.	+ 72	Warendorf	85.	+ 1007	Monschau
43.	+ 90	Meschede	86.	+ 1016	Bottrop

87. + 1025 Brilon
88. + 1056 Geldern
89. + 1107 Castrop-Rauxel
90. + 1172 Wittgenstein
91. + 1233 Lüdinghausen
92. + 1248 Schleiden
93. + 1547 Büren
94. + 2906 Leverkusen

Eine Multiplikation der Faktorladungen mit — 1 würde auch bei den geschätzten Faktorenwerten zu einer Umkehr des Vorzeichens führen.

Wie die Rangfolge der Kreise zeigt, befindet sich ein Kreis am Ende der Rangskala, den man bezüglich dieses Faktors zumindest in der Spitzengruppe erwarten würde. Hier zeigt sich ganz deutlich, wie die Qualität des Datenmaterials einen starken Einfluß auf die Ergebnisse ausüben kann. Für den angegebenen Zeitpunkt war das Datenmaterial für den Kreis Leverkusen sehr lückenhaft, so daß gerade für die diesen Faktor hochladenden Kennziffern keine Zahlenangaben zur Verfügung standen. Da aber auch eine nicht vorhandene Angabe quantifiziert werden mußte, gingen die bezüglich dieses Faktors wichtigsten Variablen mit dem Wert Null in die Untersuchung ein.

Dies hat zur Folge, daß der Kreis in der Rangordnung auf dem letzten Platz zu finden ist. Es zeigt sich hier ganz deutlich, daß es besser ist, die Werte zu schätzen oder die am nächsten verfügbaren in die Untersuchung mit einzubeziehen, als mit dem Wert Null zu quantifizieren.

Auf diesen Punkt, der hier nur exemplarisch angedeutet worden ist, wird wegen seiner Wichtigkeit für die Aussagekraft solcher Untersuchungen noch einmal ausführlich in der Gesamtkritik dieser Arbeit und der Methode eingegangen werden.

3.1.2.5. Zu Faktor V

3.1.2.5.1. Darstellung der Prüfwerte und Tabelle der Faktorladungen

Übersicht 11

FAKTOR V		
positive Faktorladungen	negative Faktorladungen	
	Auspendleranteil	— 0,49
	Einpendleranteil	— 0,87
	Erwerbspersonen Öffentlicher Dienst und Dienstleistungen aller Art	— 0,24
	Ausgaben für Schulen	— 0,27

Multipler Korrelationskoeffizient	: 0,98	Signifikanzniveau 99 %
Multiples Bestimmtheitsmaß	: 0,96	
Bargmann-Test exakt	: 20	
Bargmann-Test vereinfacht	: 29	
Bei 99prozentigem Signifikanzniveau und Extraktion von sechs Faktoren	: 17	

Die Faktoren V und VI repräsentieren bereits weniger als 5 v.H. der Gesamtvarianz und nehmen annähernd den Charakter von Einzelrestfaktoren an[61].

Der Faktor V erreicht im Bargmann-Test und bezüglich seiner Schätzgenauigkeit das 99prozentige Signifikanzniveau.

3.1.2.5.2. Versuch einer Interpretation anhand der Faktorladungen

Der Faktor V dürfte eindeutig als die „Pendlerbewegung" zu bezeichnen sein, da er hoch von den Ladungen der beiden Kennziffern der Pendlerbewegungen geladen wird, in starkem Maße von der Kennziffer „Einpendler je Kopf der Bevölkerung", etwas schwächer von der Kennziffer „Auspendler je Kopf der Bevölkerung".

So leicht der Oberbegriff „Pendlerbewegung" auch gefunden werden konnte, ist eine Interpretation der Rangfolge der Kreise jedoch kaum möglich, da die Richtung der sie bestimmenden Variablen zwar ihrer ökonomischen Bedeutung nach entgegengesetzt ist, über den gefundenen Faktor aber in die gleiche Richtung wirken. D. h., die Pendlerbewegung wird in gewissem Maße absolut bzw. sogar additiv gesehen, denn ein Kreis, der beide Pendlerkriterien aufweist, könnte die gleiche Rangordnung erhalten, wie ein Kreis, der von der Zahl her einen hohen Einpendleranteil aufweist. Gerade die additive Wirkung beider Kennziffern ist im bezug auf die Rangfolge wenig befriedigend, obwohl das Gewicht des Einpendleranteils wesentlich stärker zu bewerten ist.

Vielmehr möchte man erreichen, daß die beiden Variablen bezüglich der Rangordnung in entgegengesetzte Richtungen wirken. Dies wird über den gefundenen Faktor nicht erreicht, so daß die Aussagefähigkeit der Rangfolge trotz starker Bewertung des Einpendleranteils nicht genügend trennscharf ist.

3.1.2.6. Zu Faktor VI

3.1.2.6.1. Darstellung der Prüfwerte und Tabelle der Faktorladungen

Übersicht 12

FAKTOR VI positive Faktorladungen		negative Faktorladungen
Anteil der Grundstoff- und Produktionsgüterindustrie am Industrieumsatz	+ 0,77	
Exportanteil am Industrieumsatz	+ 0,46	

[61] Einzelrestfaktoren werden nur noch bezüglich einer Kennziffer hochgeladen.

Industrieumsatz	+ 0,25	Einwohner je qkm	— 0,39
Investitionen je Beschäftigten	+ 0,18	Erwerbspersonen Industrie u. Handwerk	— 0,20
		Anteil der Verbrauchsgüterindustrie am Industrieumsatz	— 0,20
		Straßendichte	— 0,32
		Kraftfahrzeugdichte	— 0,28
		Ausgaben für Kultur	— 0,21

Multipler Korrelationskoeffizient : 0,91 Signifikanzniveau 99 %
Multiples Bestimmtheitsmaß : 0,82

Bargmann-Test exakt : 16
Bargmann-Test vereinfacht : 23

Bei 95prozentigem Signifikanzniveau und Extraktion von sechs Faktoren : 16
Bei 99prozentigem Signifikanzniveau und Extraktion von sechs Faktoren : 17

3.1.2.6.2. Versuch einer Interpretation anhand der Faktorladungen

Dieser Faktor dürfte relativ eindeutig als „Strukturfaktor der Industrie, speziell die Grundstoff- und Produktionsgüterindustrie repräsentierend" zu interpretieren sein, denn er wird in der Hauptsache von den Kennziffern „Anteil der Grundstoff- und Produktionsgüterindustrie am Industrieumsatz" und „Auslandsumsatz als Anteil am gesamten Industrieumsatz", allerdings in schwächerem Ausmaß, hochgeladen.

Korrespondierend dazu stehen die nicht so bedeutenden Ladungen der Kennziffern „Industrieumsatz" und „Investitionen je Beschäftigten".

3.1.2.6.3. Darstellung der Rangordnung der Kreise bezüglich dieses Faktors

Tabelle 6

Rangfolge der Kreise: FAKTOR VI

1.	+ 3019	Leverkusen	16.	+ 794	Moers
2.	+ 2504	Witten	17.	+ 764	Siegen
3.	+ 2442	Mülheim	18.	+ 734	Aachen-Land
4.	+ 2062	Iserlohn-Land	19.	+ 715	Lippstadt
5.	+ 2019	Rhein-Wupper-Kreis	20.	+ 700	Remscheid
6.	+ 1949	Sieg-Kreis	21.	+ 697	Meschede
7.	+ 1636	Hamm	22.	+ 678	Ennepe-Ruhr
8.	+ 1512	Hagen	23.	+ 665	Krefeld
9.	+ 1476	Altena	24.	+ 661	Düsseldorf
10.	+ 1365	Dortmund	25.	+ 587	Selfkant-Kreis
11.	+ 1350	Duisburg	26.	+ 535	Dinslaken
12.	+ 1018	Schleiden	27.	+ 521	Gelsenkirchen
13.	+ 991	Oberhausen	28.	+ 464	Düsseldorf-Mettmann
14.	+ 982	Castrop-Rauxel	29.	+ 463	Rhein.-Berg.-Kreis
15.	+ 809	Bochum	30.	+ 462	Düren

31.	+ 427	Recklinghausen-Land	63.	— 433	Olpe
32.	+ 375	Wittgenstein	64.	— 466	Recklinghausen
33.	+ 362	Arnsberg	65.	— 474	Minden
34.	+ 355	Soest	66.	— 547	Lemgo
35.	+ 271	Köln-Land	67.	— 577	Wiedenbrück
36.	+ 184	Bonn-Land	68.	— 624	Warburg
37.	+ 144	Münster-Land	69.	— 632	Viersen
38.	+ 123	Solingen	70.	— 748	Erkelenz
39.	+ 102	Paderborn	71.	— 752	Lünen
40.	+ 98	Brilon	72.	— 804	Kleve
41.	+ 51	Jülich	73.	— 850	Bonn-Stadt
42.	— 18	Oberberg.-Kreis	74.	— 850	Herford-Stadt
43.	— 63	Halle	75.	— 867	Gladbeck
44.	— 75	Höxter	76.	— 868	Bottrop
45.	— 79	Geldern	77.	— 878	Lüdinghausen
46.	— 91	Bielefeld	78.	— 929	Bergheim
47.	— 111	Rees	79.	— 968	Herford-Land
48.	— 111	Detmold	80.	— 977	Wattenscheid
49.	— 123	Beckum	81.	— 1059	Essen
50.	— 210	Unna	82.	— 1133	Monschau
51.	— 225	Büren	83.	— 1136	Coesfeld
52.	— 233	Grevenbroich	84.	— 1152	Warendorf
53.	— 270	Köln-Stadt	85.	— 1175	Bielefeld-Stadt
54.	— 304	Tecklenburg	86.	— 1191	Ahaus
55.	— 330	Lübbecke	87.	— 1203	Rheydt
56.	— 368	Neuss	88.	— 1257	Mönchen-Gladbach
57.	— 372	Wanne-Eickel	89.	— 1371	Steinfurth
58.	— 381	Aachen-Stadt	90.	— 1375	Lüdenscheid
59.	— 384	Kempen-Krefeld	91.	— 1439	Herne
60.	— 403	Euskirchen	92.	— 1689	Iserlohn
61.	— 419	Münster-Stadt	93.	— 1806	Bocholt
62.	— 420	Wuppertal	94.	— 1847	Borken

Wie die Rangordnung zeigt, nehmen die Kreise mit einem hohen Grundstoff- und Produktionsgüterindustrieanteil eine Stelle in der Spitze der Rangordnung ein.

3.1.3. Zusammenfassende Kritik des Gesamtergebnisses des Datensatzes „Zeitraum 1950"

Hätte man aus diesem Datenmaterial vier Faktoren extrahiert, so wären nur ca. 64 v.H. der Gesamtvarianz des Beschreibungsmaterials repräsentiert. Die beiden letzten Faktoren nehmen mit ihrer geringen Anzahl von hohen Ladungen fast schon das Merkmal von Einzelrestfaktoren an[62], sind aber dafür eindeutig zu interpretieren und liefern für ihre beschränkte, aber klare Aussagefähigkeit relativ gute Ergebnisse. Dies zeigt also, daß es angebracht ist, alle gängigen Extraktionskriterien zu Rate zu ziehen, um bei der Festlegung der Anzahl der zu extrahierenden Faktoren einen Kompromiß zwischen den einzelnen Ergebnissen der Tests anzustreben.

---

[62] Diese Aussage dürfte in noch stärkerem Ausmaß für jeden weiteren, zusätzlich extrahierten Faktor gelten.

Die wichtigsten Ergebnisse dürften die beiden ersten Faktoren bringen, die auch relativ eindeutig zu interpretieren sind, und die die größten Varianzanteile haben. Bei ihnen dürften die Mängel des Datenmaterials nicht so stark zu Buche schlagen, da relativ viele Variable mit hohen Ladungen die Rangfolge der Faktorenwerte bestimmen und somit die Wahrscheinlichkeit einer Verzerrung kleiner ist. Dafür sind bei beiden Faktoren leichte Abstriche bezüglich der Validität bei dem Bargmann-Test zu machen, die jedoch als unerheblich anzusehen sind, da der Test ein relativ strenges Kriterium darstellt, wie sich auch schon bei anderen Untersuchungen herausgestellt hat[63]. Der Faktor III konnte nicht sinnvoll interpretiert werden und dürfte einen Heterogenitätsfaktor darstellen[64].

Obwohl die wichtigsten Faktorladungen die Faktoren oftmals hoch negativ laden, wurde eine Multiplikation mit — 1 nicht durchgeführt, da das Ergebnis materiell nicht verändert wird und auf die Faktorenwerte nur die Auswirkung hat, daß die erste Stelle mit einem positiven Wert beginnt.

3.2. Datensatz „Zeitraum 1970“

3.2.1. Allgemeiner Überblick

3.2.1.1. Prüfung der Signifikanz der Elemente der Korrelationsmatrix

Auch bei diesem Datensatz wurde die Signifikanz der Elemente der Korrelationsmatrix geprüft, um einen Überblick über die Struktur des Datensatzes zu erhalten[65]. Die Prüfung ergab, daß eine genügende Anzahl von Korrelationskoeffizienten nicht zufällig zustande gekommen sein dürften.

3.2.1.2. Entscheidung über die Anzahl der für die weitere Untersuchung beizubehaltenden Faktoren

Dann wurden alle Faktoren bis zu einem Eigenwert in Höhe von 0,40 extrahiert. Es ergaben sich diesmal dreizehn Faktoren. Das Ergebnis der Testverfahren zur Festlegung der Anzahl der sinnvoll zu extrahierenden Faktoren war folgendes:

---

[63] Vgl. dazu z. B. Geisenberger, S. u. a.: Zur Bestimmung wirtschaftlichen Notstands und wirtschaftlicher Entwicklungsfähigkeit von Regionen, S. 88, die erstens nur den Bargmann-Test in vereinfachter Form anwenden und zweitens auch mit diesem nicht so strengen Kriterium nur zwei Faktoren signifikant absichern können.

[64] Unter heterogen ist hier zu verstehen, daß Variable, die ökonomisch nicht sinnvoll zueinander passen, hohe Ladungen auf einen Faktor haben. Vergleiche dazu: Richter, P.: Ökonometrische Untersuchung zum Inflationsproblem, S. 39.

[65] Vergleiche dazu das bei Punkt 3.1.1.1. angegebene Kriterium.

Während der Scree-Test empfahl, sieben Faktoren, und die Praktikerregel „nur Faktoren mit einem Eigenwert größer als 1 zu extrahieren“ acht Faktoren zur Interpretation beizubehalten, deutete das Ergebnis des dritten Tests „nur Faktoren mit einem höheren Anteil als 5 v.H. an der Gesamtvarianz zu extrahieren“ darauf hin, sechs Faktoren beizubehalten. Dieser Empfehlung wurde in diesem Fall der Vorzug gegeben, zumal die Rangordnung der Größe der Eigenwerte der Faktoren in die gleiche Richtung deutete[66].

Die ersten sechs Faktoren repräsentieren ca. 78 v.H. der Gesamtvarianz des Beschreibungsmaterials. Dazu trägt der erste Faktor mit 26 v.H. an der Gesamtvarianz am meisten und der sechste Faktor mit ca. 9 v.H. an der Gesamtvarianz am wenigsten bei. Die prozentualen Beiträge zur Gesamtkommunalität können auch hier unmittelbar aus der Zeichnung der Darstellung der Varianzanteile der Faktoren auf Seite 92 entnommen werden.

Abbildung 7

Zeichnerische Darstellung des Scree-Tests

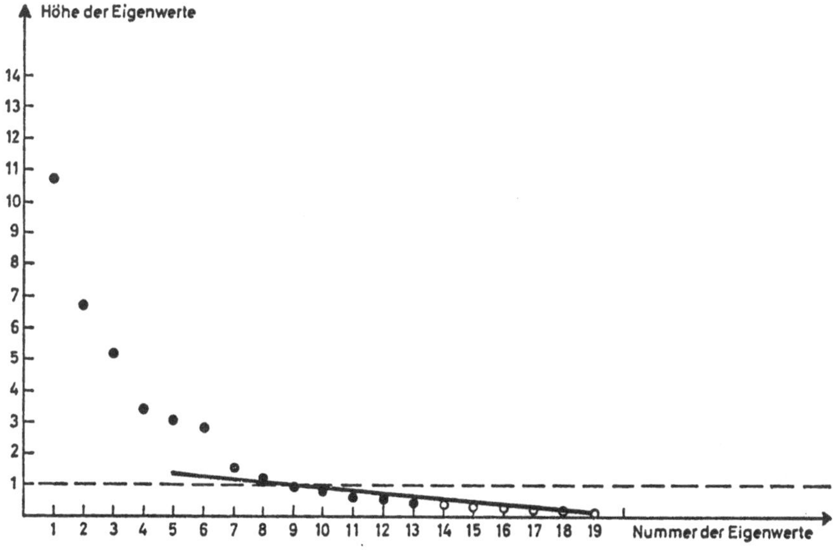

[66] Siehe dazu die Zeichnungen des Scree-Tests und der Darstellung der Varianzanteile der Faktoren auf Seite 91 und 92, in denen besonders deutlich der Abfall in der Größe der Eigenwerte ab dem sechsten Faktor zum Ausdruck kommt.

Abbildung 8

Zeichnerische Darstellung der Varianzanteile der Faktoren

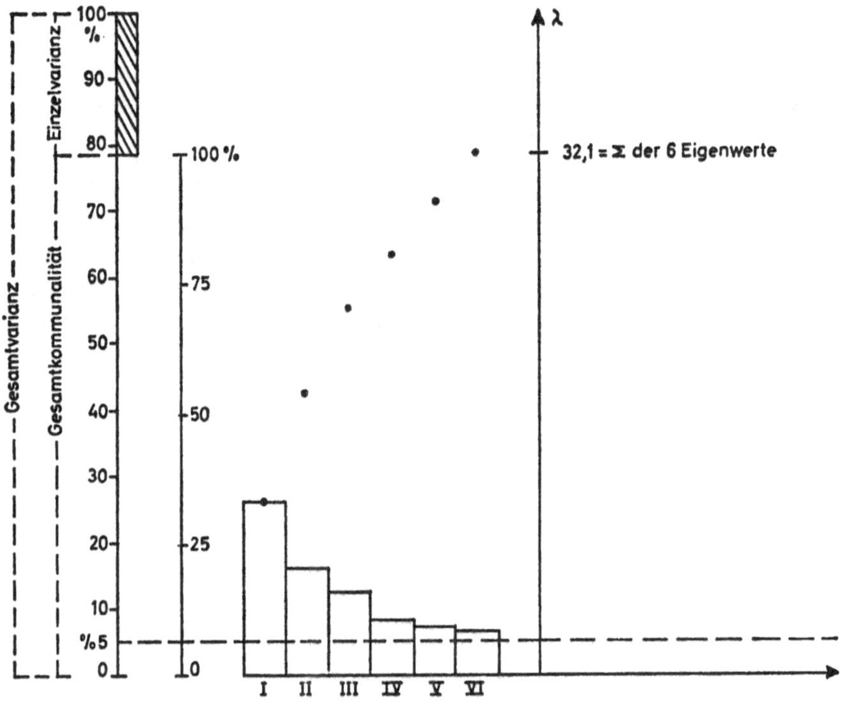

3.2.1.3. Ergebnisse der orthogonalen und schiefwinkligen Rotationen im Lichte des Bargmann-Tests und im Sinne der Einfachstruktur

In einem zweiten Rechenschritt wurden auch bei diesem Datenmaterial die ersten sechs extrahierten Faktoren orthogonal rotiert, und das Ergebnis dieser Rotation dem Bargmann-Test unterworfen. Das Ergebnis ist eine orthogonal rotierte Sechsfaktorenmatrix[67].

Wie auch bei diesem Datensatz zu vermuten war, bringt die einschneidende und für dieses Problem wenig realitätsnahe Bedingung der Orthogonalität der Faktoren zueinander kein Optimum an Inter-

[67] Siehe dazu die Tabelle der Faktorenmatrix auf Seite 94 mit Darstellung der Spaltenquadratsummen, das sind die Varianzanteile der Faktoren, und der Zeilenquadratsummen, das sind die Varianzanteile der Variablen. Sowohl die Summierung dieser Endspalte wie die der Endzeile ergibt die Gesamtkommunalität. Außerdem läßt sich im Vergleich zum unrotierten Faktorenmuster eine Verschiebung der Varinanzanteile innerhalb des Faktorenmusters feststellen.

pretationsfähigkeit hervor. Nur der Faktor VI erreicht im exakten Bargmann-Test schon das 99prozentige Signifikanzniveau. Trotzdem ist das Zwischenergebnis bei diesem Datensatz insgesamt bereits besser als beim ersten Datensatz. Anhaltspunkte für diese Aussage sind der höhere Prozentsatz der Gesamtkommunalität und das bessere Abschneiden im Bargmann-Test, direkt nach der orthogonalen Rotation. Dies bestätigen auch die fünfzehn zweidimensionalen Darstellungen der Faktoren in jeweils einer Ebene, bei denen die Koordinatenhyperebenen bereits relativ oft nahe den Schwerpunkten der Punktschwärme der Variablenvektoren liegen[68].

Auch hier bietet sich an, die Interpretierbarkeit zu verbessern, wenn man untereinander abhängige Faktoren zuläßt, um so die Koordinatenhyperebenen noch besser durch die Schwerpunkte der Punktschwärme der Variablenvektoren legen zu können. Aus diesen Gründen wurde mit der orthogonalen Sechsfaktorenmatrix eine iterativ visuelle, schiefwinklige Rotation vorgenommen, wobei jeder Schritt dem Bargmann-Test als Optimalitätskriterium unterworfen wurde. Die Ergebnisse sind folgende:

Das Ergebnis der orthogonalen Rotation als Ausgangspunkt für die schiefwinklige Rotation lautet:	Bargmann-Test exakt Bargmann-Test vereinfacht	: 82 : 97
Ergebnis des ersten schiefwinkligen Rotationszyklus:	Bargmann-Test exakt Bargmann-Test vereinfacht	: 94 : 110
Ergebnis des zweiten schiefwinkligen Rotationszyklus:	Bargmann-Test exakt Bargmann-Test vereinfacht	: 100 : 126
Ergebnis des dritten schiefwinkligen Rotationszyklus:	Bargmann-Test exakt Bargmann-Test vereinfacht	: 104 : 129
Ergebnis des vierten schiefwinkligen Rotationszyklus:	Bargmann-Test exakt Bargmann-Test vereinfacht	: 115 : 137
Ergebnis des fünften schiefwinkligen Rotationszyklus:	Bargmann-Test exakt Bargmann-Test vereinfacht	: 118 : 139
Ergebnis des sechsten schiefwinkligen Rotationszyklus:	Bargmann-Test exakt Bargmann-Test vereinfacht	: 120 : 141

Der nächste Rotationszyklus brachte ein schlechteres Gesamtergebnis, so daß die schiefwinklige Rotation abgebrochen wurde und das erreichte Ergebnis als optimal angesehen wurde[69]. Die Erlangung des Optimums nach einer relativ geringen Anzahl von Rotationszyklen

---

[68] Vergleiche dazu die Serie der fünfzehn zweidimensionalen Abbildungen im Anhang, Seiten 161 - 175.

[69] Vergleiche dazu die Tabelle der schiefwinkligen Faktorenmatrix auf Seite 96.

Tabelle 7

Tabelle der orthogonal rotierten Faktormatrix

	1	2	3	4	5	6
1	-0.31510	-0.04423	-0.29896	-0.11521	-0.78647	0.01388
2	-0.20606	-0.22780	0.26461	-0.53067	0.61090	0.20063
3	-0.04909	0.71793	0.19129	-0.27147	0.30510	0.01057
4	-0.11075	0.95842	0.10227	0.05510	-0.08759	-0.00048
5	0.06829	0.81411	0.10521	0.18374	0.48003	-0.02388
6	0.13455	0.05211	0.19628	-0.83060	-0.21894	0.16549
7	0.02169	0.97393	0.07295	0.13166	-0.10875	-0.03880
8	-0.79669	0.22013	0.15806	-0.02891	-0.18665	-0.00338
9	-0.38272	-0.24247	0.03278	-0.80287	0.20105	0.15709
10	0.24945	0.00984	-0.89984	-0.15727	-0.17440	0.03807
11	0.25760	-0.05833	-0.02876	-0.59976	-0.26774	0.07553
12	0.01699	-0.08195	-0.04321	-0.15910	-0.10671	0.01500
13	0.11355	0.96674	0.04812	0.17158	-0.06004	-0.03303
14	-0.12817	-0.00129	-0.14981	-0.18062	0.42405	-0.12298
15	0.08243	0.95825	0.03360	0.20262	0.00661	-0.05658
16	0.12561	0.96345	-0.00823	0.11744	-0.07645	-0.03804
17	0.13481	0.95074	-0.09555	0.22639	-0.03336	-0.04912
18	-0.50406	-0.06628	-0.01951	-0.18196	-0.70483	-0.00621
19	0.09526	-0.04859	-0.96791	0.17754	-0.04134	-0.00734
20	-0.02859	-0.07130	-0.53583	0.22674	0.70871	-0.05293
21	0.26491	-0.24591	-0.09300	-0.82634	0.01346	0.15216
22	-0.70745	-0.15967	-0.03438	-0.17687	-0.22624	0.05106
23	-0.89605	-0.16281	0.05327	-0.01720	0.02427	0.09940
24	-0.17647	-0.11676	0.04129	-0.62407	-0.28566	0.05510
25	-0.20601	-0.20793	0.18244	-0.66474	0.30365	-0.27026
26	-0.32166	-0.00320	-0.14826	-0.06460	-0.47570	0.17820
27	-0.25781	-0.17175	-0.42187	-0.17062	-0.31119	0.69401
28	-0.45879	-0.14928	0.07597	-0.48758	0.10014	-0.24780
29	-0.59628	-0.20266	0.02380	-0.47418	-0.03290	-0.12130
30	-0.30485	-0.03006	-0.02262	0.01673	0.08902	-0.02912
31	-0.27645	-0.14593	0.05680	-0.62423	-0.09855	-0.22815
32	0.12931	-0.02257	-0.55256	0.25914	0.05440	0.75925
33	-0.29375	-0.22640	0.19684	-0.49775	0.02118	0.74704
34	-0.14419	-0.17138	-0.92522	-0.07856	0.02659	0.05754
35	0.09945	-0.02870	-0.81713	0.28548	0.07715	0.32803
36	0.07977	-0.00166	0.02791	0.12526	0.04592	0.96968
37	-0.28021	-0.20639	0.11232	-0.74290	-0.34824	-0.20254
38	0.01530	0.00114	-0.04701	-0.15773	-0.22621	0.02123
39	-0.27968	-0.11225	0.02847	-0.60995	-0.30562	-0.09961
40	-0.03570	-0.05981	-0.94315	0.13083	-0.08083	-0.06767
41	0.05629	-0.07124	0.04881	-0.33644	0.13384	-0.12760
	SPALTENQUADRATSUMMEN					
	4.07769	7.34635	5.39306	6.38095	3.64271	3.14037
	VARIANZANTEILE DER FAKTOREN					
	13.60087	24.50322	17.98819	21.28322	12.15000	10.47449

KOMMUNALITAETEN

0.82262	0.85943	0.72131
0.95200	0.94326	0.82456
0.98499	0.74384	0.91603
0.92863	0.50768	0.04579
0.98393	0.26643	0.97046
0.96516	0.98598	0.78878
0.98156	0.84949	0.84546
0.61223	0.84301	0.52058
0.72608	0.38767	0.88153
0.54771	0.63782	0.10340
0.55237	0.96912	0.98256
0.91638	0.87346	0.96522
0.84792	0.07894	0.56699
0.92261	0.15801	

überrascht vielleicht und täuscht über den Arbeitsaufwand hinweg, der darauf verwendet wurde, die jeweilige Shiftmatrix festzulegen.

Zur Festlegung der Rotationswinkel in den einzelnen Schritten wurde eine Vielzahl von Möglichkeiten ausprobiert, indem ausgezählt wurde, wieviel Punkte in den Bereich von ± 0,10 zu der jeweiligen Koordinatenhyperebene fielen, so daß man von einem Iterationsverfahren innerhalb der jeweiligen Rotationsschritte sprechen kann, die ja selbst wieder Einzelteile eines Gesamtiterationsverfahrens darstellen. Wie die vereinfachte Darstellung der jetzt schiefwinkligen Faktormatrix zeigt, sind durch die schiefwinklige Rotation in der Struktur der Variablenladungen einige wesentliche Änderungen verursacht worden[70].

3.2.1.4. Die Beziehung der schiefwinkligen Faktoren zueinander nach der Rotation

Die Korrelationsmatrix zwischen den Faktoren weist aus, daß die Korrelation zwischen Faktor II und Faktor VI sehr eng ist. Das zeigt an, daß die Rotation die Faktoren so eng zueinander gebracht hat, daß sie nahezu identisch sind. Auf die Identität weisen ebenso die Faktorladungen hin und die zweidimensionale Zeichnung Nr. 9 beim letzten Rotationszyklus[71]. Die enge Korrelation zwischen den Faktoren II und VI ist als Ergebnis des dritten Rotationszyklus zustandegekommen.

---

[70] Siehe dazu die vergleichende Tabellendarstellung auf Seiten 97 und 98 beider Matrizen in vereinfachter Form, mit Kreuzen für wesentliche Ladungen.

[71] Siehe Anhang, Seite 184.

3.2.2. Spezielle Ergebnisse und der Versuch einer Interpretation der gefundenen Faktoren

Tabelle 8

Tabelle der schiefwinklig rotierten Faktormatrix und Korrelationsmatrix zwischen den Bezugsvektoren

	1	2	3	4	5	6
1	-0.23078	-0.02938	-0.13224	0.10954	-0.75787	-0.02406
2	0.00524	0.00187	0.20465	-0.64752	0.62078	-0.06334
3	0.05873	0.76832	0.11119	-0.42697	0.37852	0.76084
4	-0.12066	0.88671	0.09138	-0.03977	-0.04538	0.90135
5	-0.01998	0.75544	0.00034	-0.03187	0.49093	0.76671
6	0.45582	0.21037	0.30978	-0.78079	-0.06441	0.16374
7	-0.02832	0.86266	0.06275	0.03725	-0.06032	0.88764
8	-0.70996	0.28057	0.07964	-0.00857	-0.25498	0.27981
9	-0.04077	0.05178	0.04708	-0.78678	0.27334	-0.00951
10	0.27470	0.08721	-0.65299	-0.02242	-0.05340	0.07950
11	0.47726	0.04137	0.09532	-0.51393	-0.12788	0.01673
12	0.08007	-0.04625	-0.00584	-0.11609	-0.07592	-0.05265
13	0.03785	0.84247	0.04626	0.06606	-0.01000	0.86752
14	-0.05205	0.11024	-0.27227	-0.24905	0.44971	0.11438
15	-0.00369	0.83734	0.00672	0.08430	0.04753	0.86545
16	0.06998	0.85448	0.00229	0.02381	-0.01056	0.87885
17	0.03290	0.82512	-0.08040	0.13207	0.00708	0.85383
18	-0.37213	-0.02919	0.05132	0.00377	-0.70576	-0.02563
19	-0.00228	-0.01452	-0.77545	0.28737	0.00050	-0.00906
20	-0.14151	0.00430	-0.59017	0.12563	0.67703	0.00371
21	0.56315	-0.03683	0.03946	-0.76825	0.17336	-0.08898
22	-0.57433	-0.03405	-0.03165	-0.08246	-0.27401	-0.05192
23	-0.81703	-0.02958	0.00288	0.01003	-0.09053	-0.05650
24	0.09277	0.03691	0.10031	-0.52445	-0.19438	0.01069
25	0.08723	-0.01244	-0.06695	-0.69875	0.38744	-0.00018
26	-0.26919	0.03142	0.02660	0.06730	-0.48551	0.00668
27	-0.20280	-0.02076	0.06629	-0.02775	-0.32831	-0.13728
28	-0.21345	0.02086	-0.13338	-0.47188	0.14032	0.03735
29	-0.34868	-0.01409	-0.09793	-0.41521	-0.01465	-0.01694
30	-0.28666	0.01557	-0.08047	0.00897	0.05221	0.01589
31	0.01120	0.01663	-0.08464	-0.56142	-0.00725	0.03109
32	-0.03485	0.02229	-0.03075	0.29251	0.00225	-0.09310
33	-0.10250	-0.00476	0.54074	-0.47710	0.00087	-0.14622
34	-0.12275	-0.02744	-0.73884	0.03963	0.07244	-0.04552
35	-0.05761	0.00436	-0.48955	0.34461	0.06366	-0.04230
36	-0.02486	0.04323	0.55408	0.10100	-0.03916	-0.10883
37	0.06095	-0.04096	0.01741	-0.61909	-0.23747	-0.03018
38	0.08024	0.01995	0.01508	-0.09658	-0.18641	0.01593
39	0.00044	0.03645	-0.00216	-0.50240	-0.21545	0.03506
40	-0.09906	-0.00877	-0.79451	0.25312	-0.04131	0.00440
41	0.19011	0.00822	-0.04447	-0.35194	0.19869	0.01508

KORRELATIONSMATRIX ZWISCHEN REFERENCE VECTORS

	1	2	3	4	5	6
1	1.00000					
2	-0.02704	1.00000				
3	0.08993	-0.05395	1.00000			
4	-0.40193	-0.35375	-0.06466	1.00000		
5	0.15082	0.20729	-0.24531	-0.39889	0.99999	
6	-0.02332	0.98623	-0.13623	-0.31955	0.19509	0.99999

Übersicht 13

Tabelle der orthogonal rotierten Faktormatrix

Darstellung der wesentlichen Ladungen (absolut ≥ 0,40) durch ×

	FAKTOREN I	II	III	IV	V	VI
1 Einwohner je qkm					—×	
2 Volksschüler				—×	×	
3 Real- und Mittelschüler		×				
4 Höhere Schüler		×				
5 Erwerbspersonen Land- und Forstwirtschaft		×			×	
6 Erwerbspersonen Industrie und Handwerk				—×		
7 Erwerbspersonen Handel u. Verkehr		×				
8 Erwerbspersonen öffentlicher Dienst und Dienstl. aller Art	—×					
9 Erwerbsquote				—×		
10 Industriebeschäftigte			—×			
11 Industrieumsatz				—×		
12 Anteil der Grundst. u. Produktionsgüterindustrie am I.-Ums.						
13 Anteil der Investitionsgüterindustrie am I.-Ums.		×				
14 Anteil der Verbrauchsgüterindustrie am I.-Ums.					×	
15 Anteil der Nahrungs- u. Genußmittelindustrie am I.-Ums.		×				
16 Exportanteil am Industrie-Umsatz		×				
17 Straßendichte		×				
18 Kraftfahrzeugdichte	—×				—×	
19 Realsteuerkraft			—×			
20 Anteil der Land- und Forstwirtschaft am BIP			—×		×	
21 Anteil des warenprod. Gewerbes am BIP				—×		
22 Anteil Handel u. Verkehr am BIP	—×					
23 Anteil sonstige Dienstleistungen am BIP	—×					
24 BIP je Einwohner				—×		
25 Ausgaben für Schulen				—×		
26 Ausgaben für Kultur					—×	
27 Ausgaben für Soziales			—×			×
28 Ausgaben für Bau- und Wohnungswesen	—×			—×		
29 Ausgaben für öffentl. Einrichtungen	—×			—×		
30 Ausgaben für wirtsch. Unternehmen						
31 Spareinlagen				—×		
32 Anteil d. Wohnbevölk. unter 15 Jahre			—×			×
33 Anteil d Wohnbevölk. 15 - 65 Jahre				—×		×
34 Anteil d. Wohnbevölk. über 65 Jahre			—×			
35 Auspendleranteil			—×			
36 Einpendleranteil						×
37 Lohnsteuerpflichtiges Einkommen				—×		
38 Körperschaftssteuerpflicht. Einkom.						
39 Einkommensteuerpflichtiges Einkom.				—×		
40 Inlandsschulden			—×			
41 Investitionen je Beschäftigten						
Summe der Ladungen je Faktor	6	8	8	13	7	4

Übersicht 14

Tabelle der schiefwinklig rotierten Faktormatrix

Darstellung der wesentlichen Ladungen (absolut ≥ 0,40) durch ×

	FAKTOREN					
	I	II	III	IV	V	VI
1 Einwohner je qkm					—×	
2 Volksschüler				—×	×	
3 Real- und Mittelschüler		×		—×		×
4 Höhere Schüler		×				×
5 Erwerbspersonen Land- und Forstwirtschaft		×			×	×
6 Erwerbspersonen Industrie u. Handwerk	×			—×		
7 Erwerbspersonen Handel u. Verkehr		×				×
8 Erwerbspersonen öffentlicher Dienst und Dienstl. aller Art	—×					
9 Erwersquote				—×		
10 Industriebeschäftigte			—×			
11 Industrieumsatz	×			—×		
12 Anteil der Grundst. u. Produktionsgüterindustrie am I.-Ums.						
13 Anteil der Investitionsgüterindustrie am I.-Ums.		×				×
14 Anteil der Verbrauchsgüterindustrie am I.-Ums.					×	
15 Anteil der Nahrungs- u. Genußmittelindustrie am I.-Ums.		×				×
16 Exportanteil am Industrie-Umsatz ..		×				×
17 Straßendichte		×				×
18 Kraftfahrzeugdichte					—×	
19 Realsteuerkraft			—×			
20 Anteil der Land- und Forstwirtschaft am BIP			—×		×	
21 Anteil des warenprod. Gewerbes am BIP	×			—×		
22 Anteil Handel u. Verkehr am BIP ..	—×					
23 Anteil sonstige Dienstleistungen am BIP	—×					
24 BIP je Einwohner				—×		
25 Ausgaben für Schulen				—×		
26 Ausgaben für Kultur					—×	
27 Ausgaben für Soziales						
28 Ausgaben für Bau- und Wohnungswesen				—×		
29 Ausgaben für öffentl. Einrichtungen				—×		
30 Ausgaben für wirtsch. Unternehmen						
31 Spareinlagen				—×		
32 Anteil d. Wohnbevölk. unter 15 Jahre						
33 Anteil d Wohnbevölk. 15 - 65 Jahre ..			×	—×		
34 Anteil d. Wohnbevölk. über 65 Jahre			—×			
35 Auspendleranteil			—×			
36 Einpendleranteil			×			
37 Lohnsteuerpflichtiges Einkommen ...				—×		
38 Körperschaftssteuerpflicht. Einkom. .						
39 Einkommensteuerpflichtiges Einkom.				—×		
40 Inlandsschulden			—×			
41 Investitionen je Beschäftigten						
Summe der Ladungen je Faktor	6	8	8	14	7	8

3.2.2.1. Zu Faktor I

3.2.2.1.1. Darstellung der Prüfwerte und der Tabelle der Faktorladungen

Übersicht 15

FAKTOR I positive Faktorladungen		negative Faktorladungen	
Erwerbspersonen Industrie u. Handwerk	+ 0,46	Erwerbspersonen Öffentlicher Dienst und Dienstleistungen aller Art	— 0,71
Industrieumsatz	+ 0,48		
Anteil des warenproduzierenden Gewerbes am BIP	+ 0,56	Anteil Handel und Verkehr am BIP	— 0,57
		Anteil sonstige Dienstleistungen am BIP	— 0,82
Industriebeschäftigte	+ 0,27	Einwohner je qkm	— 0,23
Investitionen je Beschäftigten	+ 0,19	Kraftfahrzeugdichte	— 0,37
		Ausgaben für Kultur	— 0,27
		Ausgaben für Soziales	— 0,20
		Ausgaben für Bau- und Wohnungswesen	— 0,21
		Ausgaben für Öffentliche Einrichtungen	— 0,35
		Ausgaben für wirtschaftliche Unternehmen	— 0,29
Multipler Korrelationskoeffizient	: 0,94	Signifikanzniveau 99 %	
Multiples Bestimmtheitsmaß	: 0,88		
Bargmann-Test exakt	: 17		
Bargmann-Test vereinfacht	: 22		
Bei 99prozentigem Signifikanzniveau und Extraktion von sechs Faktoren	: 17		

Der Faktor I erreicht im Bargmann-Test und auch bezüglich seiner Schätzgenauigkeit ein 99prozentiges Signifikanzniveau. Er repräsentiert ca. 11 v.H. der Gesamtkommunalität.

3.2.2.1.2. Versuch einer Interpretation anhand der Faktorladungen

Der Faktor I erhält seine wesentliche Bestimmung durch die hohen Ladungen von Kennziffern aus dem Dienstleistungsbereich „Anteil des Bereichs Handel und Verkehr am BIP“ mit Schwerpunkt Öffentlicher Dienst „Anteil des Bereichs sonstige Dienstleistungen am BIP“ und „Anteil der Erwerbspersonen im Öffentlichen Dienst“ und stimmt damit inhaltlich mit dem Faktor II des Datensatzes von 1950 überein.

Ein Unterschied ist bei den schwächeren Ladungen aus dem Infrastrukturbereich festzustellen. Die Anzahl der ladenden Variablen hat sich um eins erhöht und vom Gesamtgewicht her ist ein stärkerer Einfluß der Infrastrukturausgabekennziffern auf diesen Faktor festzustellen. Nahezu unverändert ist im Bereich der schwächer ladenden Kennziffern das Gewicht der Ballungsindikatoren „Bevölkerungsdichte" und „Kraftfahrzeugdichte" geblieben. Entgegengesetzte Ladungen, aber in etwas schwächerem Ausmaß als beim Datensatz 1950, weisen die industriespezifischen Kennziffern aus, die für die Rangordnung der Untersuchungsobjekte eine nach unten ziehende Wirkung haben dürften.

Da sich die Struktur der den Inhalt dieses Faktors bestimmenden Kennziffern nicht wesentlich verändert hat, sondern sich bei den angeführten Punkten etwas deutlicher akzentuiert hat, dürfte auch hier die Bezeichnung „Dienstleistungsfaktor mit Schwerpunkt Öffentlicher Dienst" angebracht sein.

3.2.2.1.3. Darstellung der Rangordnung der Kreise bezüglich dieses Faktors

Tabelle 9

Rangfolge der Kreise: FAKTOR I

1.	— 3415	Bonn-Stadt	33.	— 318	Wattenscheid
2.	— 3010	Münster-Stadt	34.	— 285	Dortmund
3.	— 1810	Recklinghausen-Stadt	35.	— 252	Hagen
4.	— 1608	Bonn-Land	36.	— 238	Gladbeck
5.	— 1458	Düsseldorf	37.	— 236	Bottrop
6.	— 1411	Hamm	38.	— 234	Ahaus
7.	— 1341	Schleiden	39.	— 215	Minden
8.	— 1272	Warburg	40.	— 206	Lippstadt
9.	— 1220	Köln-Stadt	41.	— 174	Oberhausen
10.	— 1113	Büren	42.	— 162	Duisburg
11.	— 1079	Euskirchen	43.	— 155	Meschede
12.	— 1066	Aachen-Stadt	44.	— 100	Wanne-Eickel
13.	— 1043	Münster-Land	45.	— 74	Erkelenz
14.	— 933	Monschau	46.	— 42	Sieg-Kreis
15.	— 810	Herne	47.	— 32	Jülich
16.	— 751	Borken	48.	— 21	Lüdinghausen
17.	— 745	Geldern	49.	+ 37	Tecklenburg
18.	— 741	Detmold	50.	+ 47	Herford
19.	— 615	Mönchen-Gladbach	51.	+ 94	Bochum
20.	— 608	Rhein.-Berg.-Kreis	52.	+ 104	Steinfurt
21.	— 601	Mülheim	53.	+ 121	Neuss
22.	— 597	Brilon	54.	+ 148	Kempen-Krefeld
23.	— 571	Essen	55.	+ 173	Lemgo
24.	— 484	Rees	56.	+ 176	Wuppertal
25.	— 472	Höxter	57.	+ 237	Lüdenscheid
26.	— 468	Coesfeld	58.	+ 277	Recklinghausen-Land
27.	— 418	Paderborn	59.	+ 289	Arnsberg
28.	— 417	Kleve	60.	+ 309	Lünen
29.	— 415	Iserlohn-Stadt	61.	+ 325	Düren
30.	— 391	Bielefeld-Stadt	62.	+ 343	Moers
31.	— 359	Viersen	63.	+ 357	Rhein-Wupper-Kreis
32.	— 322	Selfkant-Kreis	64.	+ 357	Bocholt

65. + 358	Oberberg.-Kreis	80. + 843	Wiedenbrück
66. + 412	Bielefeld-Land	81. + 889	Köln-Land
67. + 418	Solingen	82. + 973	Iserlohn-Land
68. + 445	Warendorf	83. + 995	Remscheid
69. + 456	Aachen-Land	84. + 1026	Herford-Land
70. + 474	Rheydt	85. + 1106	Halle
71. + 502	Düsseldorf-Mettmann	86. + 1149	Dinslaken
72. + 526	Bergheim	87. + 1149	Ennepe-Ruhr-Kreis
73. + 574	Gelsenkirchen	88. + 1312	Olpe
74. + 592	Beckum	89. + 1613	Altena
75. + 600	Krefeld	90. + 2081	Soest
76. + 605	Witten	91. + 2127	Leverkusen
77. + 627	Castrop-Rauxel	92. + 2436	Unna
78. + 723	Lübbecke	93. + 2436	Wittgenstein
79. + 799	Grevenbroich	94. + 2666	Siegen

Wie die Rangfolge der Kreise zeigt, bringt der Schwerpunkt des Faktors auch Kreise in der Rangordnung nach oben, die entweder eindeutig in das Einzugsgebiet in Großstädten mit einem hohen Anteil des Öffentlichen Dienstes fallen oder selbst einen hohen Anteil der Beschäftigten im Öffentlichen Dienst haben, aber nicht Ballungsgebieten angehören.

Insgesamt dürfte die Bewertung der Dienstleistungen, die als Folgeprozeß industrieller Aktivitäten auftreten, bei dem Bewertungsschema des Faktors I des Datensatzes 1970 schwächer sein, als bei dem des Faktors II des Datensatzes von 1950.

3.2.2.2. Zu Faktor II

3.2.2.2.1. Darstellung der Prüfwerte und der Tabelle der Faktorladungen

Übersicht 16

FAKTOR II positive Faktorladungen		negative Faktorladungen
Real- und Mittelschüler	+ 0,77	
Höhere Schüler	+ 0,89	
Erwerbspersonen Land- und Forstwirtschaft	+ 0,76	
Erwerbspersonen Handel und Verkehr	+ 0,86	
Anteil der Investitionsgüterindustrie am Industrieumsatz	+ 0,84	
Anteil der Nahrungs- und Genußmittelindustrie am Industrieumsatz	+ 0,84	
Exportanteil am Industrieumsatz	+ 0,85	
Straßendichte	+ 0,83	

Erwerbspersonen Industrie u. Handwerk	+ 0,21		
Erwerbspersonen Öffentlicher Dienst und Dienstleistungen aller Art	+ 0,28		
Multipler Korrelationskoeffizient	: 0,40	Signifikanzniveau:	
Multiples Bestimmtheitsmaß	: 0,16	nicht gesichert	
Bargmann-Test exakt	: 28		
Bargmann-Test vereinfacht	: 30		
Bei 99prozentigem Signifikanzniveau und Extraktion von sechs Faktoren	: 17		

Der Faktor II erreicht zwar im Bargmann-Test das 99prozentige Signifikanzniveau, ist jedoch in bezug auf seine Schätzgenauigkeit nicht gesichert.

3.2.2.2.2. Versuch einer Interpretation anhand der Faktorladungen

Wie weiter oben schon gesagt wurde[72], wird der Faktor II und der Faktor VI durch die gleichen Variablen hochgeladen, so daß sie inhaltlich als identisch anzusehen sind. Da jedoch die Kennzifferladungen keine klare und ökonomisch eindeutige Gesamtstruktur aufweisen, sondern im wesentlichen diverse, heterogene Strukturkennziffern sind, die kein abgerundetes Bild ergeben, wurde auf eine inhaltliche Interpretation der beiden Faktoren verzichtet.

3.2.2.3. Zu Faktor III

3.2.2.3.1. Darstellung der Prüfwerte und der Tabelle der Faktorladungen

Übersicht 17

FAKTOR III			
positive Faktorladungen		negative Faktorladungen	
Anteil der Wohnbevölkerung 15 - 65 Jahre	+ 0,54	Industriebeschäftigte	— 0,65
Einpendleranteil	+ 0,55	Realsteuerkraft	— 0,78
		Anteil der Land- und Forstwirtschaft am BIP	— 0,59
		Anteil der Wohnbevölkerung über 65 Jahre	— 0,74
		Auspendleranteil	— 0,49
		Inlandsschulden	— 0,80
Volksschüler	+ 0,20		
Erwerbspersonen Industrie u. Handwerk	+ 0,31	Anteil der Verbrauchsgüterindustrie am Industrieumsatz	— 0,27

[72] Vergleiche dazu den Punkt 3.2.1.4.

Multipler Korrelationskoeffizient	: 0,89	Signifikanzniveau 99 %
Multiples Bestimmtheitsmaß	: 0,80	
Bargmann-Test exakt	: 22	
Bargmann-Test vereinfacht	: 26	
Bei 99prozentigem Signifikanzniveau und Extraktion von sechs Faktoren	: 17	

Der Faktor III erreicht im Bargmann-Test und bezüglich seiner Schätzgenauigkeit das 99prozentige Signifikanzniveau. Er repräsentiert ca. 13,5 v.H. der Gesamtkommunalität.

3.2.2.3.2. Versuch einer Interpretation anhand der Faktorladungen

Die Struktur der diesen Faktor hochladenden Kennziffern ist nicht klar und ökonomisch eindeutig. So stehen neben hohen Ladungen von Variablen, die auf eine günstige Wirtschaftskraft schließen lassen könnten, „Anteil der Industriebeschäftigten“ und insbesondere „Realsteuerkraft“ und „Inlandsschulden je Einwohner“, hohe Ladungen von Kennziffern, die eher eine Strukturschwäche vermuten lassen könnten, „Auspendleranteil der Bevölkerung“, „Anteil der Bevölkerung über 65 Jahre“ und „Beitrag der Land- und Forstwirtschaft zum BIP“. Sie weisen bezüglich des Faktors als Gewichtsschema in die gleiche Richtung, was jedoch ökonomisch widersprüchlich ist und von einer Interpretation abraten läßt, obwohl eine Dominanz der Kennziffern „Realsteuerkraft“ und „Inlandsschulden“ eindeutig festgestellt werden kann.

Ist jedoch die Interpretation fragwürdig oder nicht aussagefähig, so erübrigt es sich, die Faktorenwerte zu schätzen, und damit eine Rangordnung der Kreise aufzustellen, da sich die Eigenschaften des Faktors auch in der Rangordnung der Untersuchungsobjekte niederschlagen[73].

---

73 Die Faktorenwerte sind jedoch probeweise geschätzt worden und können im Anhang, Seiten 191 und 192, eingesehen werden.

3.2.2.4. Zu Faktor IV

3.2.2.4.1. Darstellung der Prüfwerte und der Tabelle der Faktorladungen

Übersicht 18

FAKTOR IV positive Faktorladungen		negative Faktorladungen	
		Volksschüler	— 0,65
		Real- und Mittelschüler	— 0,43
		Erwerbspersonen Industrie u. Handwerk	— 0,78
		Erwerbsquote	— 0,79
		Industrieumsatz	— 0,51
		Anteil des warenproduzierenden Gewerbes am BIP	— 0,77
		BIP je Einwohner	— 0,52
		Ausgaben für Schulen	— 0,70
		Ausgaben für Bau- und Wohnungswesen	— 0,47
		Ausgaben für Öffentliche Einrichtungen	— 0,42
		Spareinlagen	— 0,56
		Anteil der Wohnbevölkerung 15 - 65 Jahre	— 0,48
		Lohnsteuerpflichtiges Einkommen	— 0,62
		Einkommensteuerpflichtiges Einkommen	— 0,50
Realsteuerkraft	+ 0,29	Investitionen je Beschäftigten	— 0,35
Anteil der Wohnbevölkerung unter 15 Jahren	+ 0,29		
Auspendleranteil	+ 0,35	Anteil der Verbrauchsgüterindustrie am Industrieumsatz	— 0,25
Inlandsschulden	+ 0,25		

Multipler Korrelationskoeffizient : 0,88 Signifikanzniveau 99 %
Multiples Bestimmtheitsmaß : 0,78

Bargmann-Test exakt : 13
Bargmann-Test vereinfacht : 16
Bei 99prozentigem Signifikanzniveau und Extraktion von sechs Faktoren : 17
Bei 95prozentigem Signifikanzniveau und Extraktion von sechs Faktoren : 16

Der Faktor IV kann im Bargmann-Test in vereinfachter Form ein 95prozentiges und bezüglich seiner Schätzgenauigkeit ein 99prozentiges Signifikanzniveau erreichen. Er repräsentiert mit einem Anteil von ca. 20,5 v.H. an der Gesamtkommunalität außer den Faktoren II und VI den größten Varianzanteil. Er hat eine relativ klare Struktur und weist hohe Ladungen von Variablen nur in einer Richtung auf, so daß eine Interpretation trotz der Abstriche bei der Validität des Signifikanztests gewagt werden kann.

3.2.2.4.2. Versuch einer Interpretation anhand der Faktorladungen

Den stärksten Einfluß auf diesen Faktor haben Kennziffern, die als ein Maß für gesamtwirtschaftliche Leistungskraft angesehen werden können, wobei die Kennziffern, die das warenproduzierende Gewerbe und die Industrie kennzeichnen, eine dominierende Rolle spielen. Dies wird ergänzt durch entsprechende Ladungen von Variablen aus dem Bereich der Bevölkerung und der Erwerbstätigkeit und durch Kennziffern, die mehr als Ausfluß oder Folge einer wirtschaftlichen Leistungsfähigkeit gelten dürften, wie sie „Spareinlagen je Einwohner", „Bruttolohn nach der Lohnsteuerstatistik" und „Veranlagtes Einkommen" darstellen.

In etwas schwächerem Maße[74] tragen zur Gesamtcharakteristik des Faktors auch die Ladungen der Kennziffern verschiedener Ausgabearten bei, die gleichbedeutend für ein gutausgestattetes, infrastrukturelles Versorgungsniveau stehen dürften. Im Vergleich zu Faktor I des Datensatzes 1950 fällt auf, daß keine wesentlichen Ladungen auf die Ballungsindikatoren „Einwohnerdichte", „Kraftfahrzeug- und Straßendichte" vorhanden sind, die im Datensatz 1950 eine entscheidende Rolle spielten. Deshalb hat der Faktor IV des Datensatzes 1970 eine andere Charakteristik und ist deshalb nicht ohne weiteres mit dem Faktor I des Datensatzes von 1950 zu vergleichen, obwohl ähnliche Grundzüge vorliegen.

In der Gesamtbetrachtung könnte dieser Faktor trotz der aufgezeigten wichtigen Unterschiede zu Faktor I des Datensatzes 1950 auch als „gesamtwirtschaftliches Leistungspotential" bezeichnet werden und wiese damit eine ähnliche Deutung auf, wie sie dem Faktor I des Datensatzes von 1950 zugewiesen wurde. In beiden Fällen ist interessant, daß die Variable „BIP je Einwohner", die sich in der Praxis besonderer Aufmerksamkeit erfreut, zwar wichtige Ladungen aufweist, jedoch bei weitem nicht die bedeutendsten. Sie rundet das Bild ab, ohne es zu prägen.

3.2.2.4.3. Darstellung der Rangordnung der Kreise bezüglich dieses Faktors

Tabelle 10

Rangfolge der Kreise: FAKTOR IV

1. — 1055	Lüdenscheid	4. — 830	Rheydt
2. — 1030	Bielefeld-Stadt	5. — 828	Solingen
3. — 984	Herford-Stadt	6. — 805	Bocholt

[74] Eine Ausnahme hiervon macht die Kennziffer „Ausgaben für Schulen", die gemessen an der Höhe ihrer Ladung ein Hauptgewicht für diesen Faktor darstellt.

7. — 766 Düsseldorf
8. — 732 Remscheid
9. — 679 Düsseldorf-Mettmann
10. — 685 Köln-Land
11. — 663 Wuppertal
12. — 634 Neuss
13. — 628 Wattenscheid
14. — 578 Krefeld
15. — 572 Mönchen-Gladbach
16. — 561 Hagen
17. — 559 Herford-Land
18. — 540 Rhein-Wupper-Kreis
19. — 537 Wiedenbrück
20. — 508 Steinfurt
21. — 482 Köln-Stadt
22. — 474 Viersen
23. — 473 Aachen-Stadt
24. — 446 Oberberg.-Kreis
25. — 412 Rhein.-Berg.-Kreis
26. — 397 Mülheim
27. — 391 Altena
28. — 375 Kempen-Krefeld
29. — 368 Herne
30. — 354 Bochum
31. — 315 Bergheim
32. — 314 Bielefeld-Land
33. — 312 Iserlohn-Land
34. — 310 Ennepe-Ruhr-Kreis
35. — 310 Witten
36. — 305 Essen
37. — 293 Iserlohn-Stadt
38. — 289 Detmold
39. — 277 Gelsenkirchen
40. — 227 Düren
41. — 208 Gladbeck
42. — 205 Castrop-Rauxel
43. — 204 Grevenbroich
44. — 199 Dortmund
45. — 190 Wanne-Eickel
46. — 190 Bonn-Land
47. — 178 Minden
48. — 169 Ahaus
49. — 163 Münster-Stadt
50. — 153 Moers
51. — 150 Paderborn
52. — 142 Lemgo
53. — 136 Leverkusen
54. — 129 Aachen-Land
55. — 120 Meschede
56. — 106 Bottrop
57. — 98 Dinslaken
58. — 97 Erkelenz
59. — 89 Beckum
60. — 78 Euskirchen
61. — 78 Oberhausen
62. — 69 Arnsberg
63. — 42 Hamm
64. — 18 Lübbecke
65. — 0 Bonn-Stadt
66. + 7 Warendorf
67. + 25 Geldern
68. + 27 Recklinghausen-Stadt
69. + 47 Münster-Land
70. + 50 Lippstadt
71. + 73 Höxter
72. + 85 Coesfeld
73. + 92 Brilon
74. + 103 Jülich
75. + 125 Borken
76. + 127 Tecklenburg
77. + 141 Selfkant-Kreis
78. + 143 Kleve
79. + 147 Duisburg
80. + 164 Recklinghausen
81. + 175 Monschau
82. + 186 Sieg-Kreis
83. + 254 Schleiden
84. + 264 Lünen
85. + 380 Rees
86. + 385 Halle
87. + 520 Lüdinghausen
88. + 638 Büren
89. + 818 Warburg
90. + 3151 Olpe
91. + 3821 Siegen
92. + 3898 Soest
93. + 4331 Unna
94. + 4331 Wittgenstein

Wie bereits oben angedeutet, ruft der andere Schwerpunkt dieses Faktors eine Rangordnung hervor, die mit der für den Faktor I des Datensatzes 1950 erstellten, nicht zu vergleichen ist.

3.2.2.5. Zu Faktor V

3.2.2.5.1. Darstellung der Prüfwerte und der Tabelle der Faktorladungen

Übersicht 19

FAKTOR V			
positive Faktorladungen		negative Faktorladungen	
Volksschüler	+ 0,62	Einwohner je qkm	— 0,76
Erwerbspersonen Land- und Forstwirtschaft	+ 0,49	Kraftfahrzeugdichte	— 0,71
		Ausgaben für Kultur	— 0,49
Anteil der Verbrauchsgüterindustrie am Industrieumsatz	+ 0,45		
Anteil der Land- und Forstwirtschaft am BIP	+ 0,68		
Real- und Mittelschüler	+ 0,38	Erwerbspersonen Öffentlicher Dienst und Dienstleistungen aller Art	— 0,26
Erwersquote	+ 0,27	Anteil Handel und Verkehr am BIP	— 0,27
Ausgaben für Schulen	+ 0,39	BIP je Einwohner	— 0,19
Investitionen je Beschäftigten	+ 0,20	Ausgaben für Soziales	— 0,33
		Lohnsteuerpflichtiges Einkommen	— 0,24
		Einkommensteuerpfichtiges Einkommen	— 0,22
Multipler Korrelationskoeffizient	: 0,93	Signifikanzniveau 99 %	
Multiples Bestimmtheitsmaß	: 0,86		
Bargmann-Test exakt	: 16		
Bargmann-Test vereinfacht	: 20		
Bei 99prozentigem Signifikanzniveau und Extraktion von sechs Faktoren	: 17		
Bei 95prozentigem Signifikanzniveau und Extraktion von sechs Faktoren	: 16		

Der Faktor V erreicht im vereinfachten Bargmann-Test und bezüglich seiner Schätzgenauigkeit das 99prozentige Signifikanzniveau. Er hat einen Anteil von ca. 13 % an der Gesamtkommunalität.

3.2.2.5.2. Versuch einer Interpretation anhand der Faktorladungen

Die Ladungen der Kennziffern dieses Faktors weisen eine eindeutige Tendenz auf. Durch sie dürfte ein Faktor „Landwirtschaftliche Gebiete" determiniert werden, denn die wichtigste hohe Ladung betrifft den Anteil der Landwirtschaft an der Wertschöpfung. Hohe Ladungen spezifisch landwirtschaftlicher Kennziffern aus dem Bereich der Bevölkerung und der Erwerbstätigkeit unterstützen dies ebenso wie die Ladung der industriespezifischen Kennziffer „Anteil der Verbrauchsgüterindustrie am Industrieumsatz", die im wesentlichen für landwirtschaftliche Gebiete kennzeichnend ist.

In die entgegengesetzte Richtung und damit ökonomisch sinnvoll interpretierbar, weisen hohe Faktorladungen von Kennziffern, die besonders für Ballungsgebiete kennzeichnend sind, dies sind die „Einwohner- und Kraftfahrzeugdichte", sowie „Ausgaben für Kultur".

3.2.2.5.3. Darstellung der Rangordnung der Kreise bezüglich dieses Faktors

Tabelle 11

Rangfolge der Kreise: FAKTOR V

1.	+ 2202	Büren	42.	+ 240	Rhein.-Berg.-Kreis
2.	+ 2102	Warburg	43.	+ 235	Soest
3.	+ 2009	Borken	44.	+ 216	Köln-Land
4.	+ 1793	Schleiden	45.	+ 216	Herford-Land
5.	+ 1594	Coesfeld	46.	+ 134	Kempen-Krefeld
6.	+ 1496	Ahaus	47.	+ 83	Düren
7.	+ 1460	Monschau	48.	— 52	Moers
8.	+ 1383	Brilon	49.	— 106	Dinslaken
9.	+ 1348	Münster-Land	50.	— 170	Iserlohn-Land
10.	+ 1276	Warendorf	51.	— 193	Duisburg
11.	+ 1247	Geldern	52.	— 203	Bielefeld-Land
12.	+ 1149	Halle	53.	— 217	Rhein-Wupper-Kreis
13.	+ 1142	Lübbecke	54.	— 225	Iserlohn-Stadt
14.	+ 1137	Höxter	55.	— 250	Altena
15.	+ 1128	Lüdinghausen	56.	— 337	Hamm
16.	+ 1123	Selfkant-Kreis	57.	— 370	Aachen-Land
17.	+ 1119	Tecklenburg	58.	— 392	Lünen
18.	+ 943	Meschede	59.	— 401	Bonn-Stadt
19.	+ 906	Euskirchen	60.	— 486	Recklinghausen-Stadt
20.	+ 860	Wittgenstein	61.	— 496	Bocholt
21.	+ 860	Unna	62.	— 515	Ennepe-Ruhr
22.	+ 845	Steinfurt	63.	— 554	Viersen
23.	+ 771	Lippstadt	64.	— 573	Düsseldorf-Mettmann
24.	+ 747	Rees	65.	— 615	Mönchen-Gladbach
25.	+ 722	Erkelenz	66.	— 647	Leverkusen
26.	+ 694	Jülich	67.	— 667	Castrop-Rauxel
27.	+ 685	Kleve	68.	— 727	Herford-Stadt
28.	+ 584	Grevenbroich	69.	— 765	Bottrop
29.	+ 579	Arnsberg	70.	— 815	Gladbeck
30.	+ 578	Detmold	71.	— 850	Münster
31.	+ 545	Paderborn	72.	— 913	Witten
32.	+ 517	Beckum	73.	— 932	Neuss
33.	+ 513	Bergheim	74.	— 940	Dortmund
34.	+ 441	Minden	75.	— 1013	Siegen
35.	+ 438	Lemgo	76.	— 1075	Oberhausen
36.	+ 398	Sieg-Kreis	77.	— 1108	Herne
37.	+ 358	Oberberg.-Kreis	78.	— 1129	Mülheim
38.	+ 343	Recklinghausen-Land	79.	— 1152	Wattenscheid
39.	+ 317	Olpe	80.	— 1157	Rheydt
40.	+ 307	Bonn-Land	81.	— 1160	Krefeld
41.	+ 304	Wiedenbrück	82.	— 1182	Bochum

83.	— 1192	Gelsenkirchen	89.	— 1476	Aachen-Stadt
84.	— 1294	Hagen	90.	— 1501	Köln-Stadt
85.	— 1329	Essen	91.	— 1520	Bielefeld-Stadt
86.	— 1347	Solingen	92.	— 1603	Wuppertal
87.	— 1377	Remscheid	93.	— 1678	Wanne-Eickel
88.	— 1470	Düsseldorf	94.	— 1909	Lüdenscheid

Wie die Tabelle zeigt, findet sich die Klarheit der Interpretation dieses Faktors auch in der Rangordnung der Kreise wieder.

3.2.2.6. Zu Faktor VI

Hier kann auf das zu Faktor II gesagte hingewiesen werden, da die Faktorladungen den Faktor VI als inhaltlich identisch mit dem Faktor II ausweisen.

3.2.3. Zusammenfassende Kritik des Gesamtergebnisses des Datensatzes „Zeitraum 1970"

Die schiefwinklige Rotation verbessert bei diesem Datensatz das Ergebnis der Faktorenextraktion in wesentlich stärkerem Ausmaß als bei dem Datensatz von 1950. Es ist eine Steigerung der Zahl der Nullladungen nach dem exakten Bargmann-Test um 46 % gegenüber 25 % beim Datensatz von 1950 festzustellen. Das mag zum Teil daran liegen, daß alle sechs Faktoren mehr den Charakter von gemeinsamen Faktoren aufweisen, während dies für den Datensatz von 1950 im wesentlichen nur für die ersten vier Faktoren zutrifft. Einen gewissen Einfluß kann auch die bei der Rotation erreichte Identität der Faktoren II und VI gehabt haben.

Die wichtigsten Ergebnisse bringen die Faktoren I „Dienstleistungsfaktor mit Schwerpunkt Öffentlicher Dienst", IV „Gesamtwirtschaftliches Leistungspotential" und V „Landwirtschaftliche Gebiete", die klar und ökonomisch eindeutig zu erkennen und zu interpretieren sind, während die Faktoren II, VI und III keine klare Variablenstruktur aufweisen. Unter statistischen Gesichtspunkten des Bargmann-Tests sind nur bei dem Faktor IV mit einem sehr hohen Varianzanteil leichte Abstriche zu machen, ähnlich wie bei Faktor I des Datensatzes von 1950[75].

---

[75] Zur Interpretation und zur Schätzung der Faktorenwerte wurden auch hier die Vorzeichen der Faktorladungen nicht mit — 1 multipliziert.

DRITTER TEIL

Kritik der Gesamtuntersuchung in methodischer Hinsicht und im Vergleich zu anderen Untersuchungsergebnissen

1. Methodische Kritik an der Faktorenanalyse

1.1. Negative Kritikpunkte[1]

Der methodische Gesamtkomplex der Faktorenanalyse zerfällt in eine Vielzahl von Einzelmodellen und Rechenschritten, wobei aufgrund theoretischer Differenzierungen bei fast jedem Rechenschritt entschieden werden muß, welcher der meist mehrfach angebotenen Lösungswege für das vorliegende Problem der geeignete ist. Dies trifft insbesondere für das Kommunalitätenschätzproblem, das Faktorenextraktionsproblem, das Rotationsproblem sowie für das Problem der Schätzung der Faktorenwerte zu.

Hinzu treten die in der Rechenpraxis sich herausgebildeten Faustregeln, die theoretisch exakt nicht belegt sind, aber in Konkurrenz mit den theoretisch besseren, aber wesentlich aufwendigeren Methoden stehen. Dies trifft im wesentlichen auch für die oben genannten Hauptprobleme zu.

Durch die Auswahlentscheidung bei der Anzahl der Kennziffern gelangen subjektive Elemente des Verfassers in die Untersuchung, die sich bei der Interpretation der Faktoren auswirken. Dabei ist der Einfluß von Fehlern bei den gemessenen Kennziffern auf die Gewichtszahlen der gefundenen Faktoren und damit auch auf die Schätzung der Faktorenwerte nicht genau bestimmt. Man hilft sich hierbei durch willkürlich festgesetzte Grenzwerte, ab deren Unterschreiten man eine Faktorladung als zufällig zustande gekommen ansieht[2].

---

[1] Vergleiche zu Einzelheiten der Kritik auch: Köhle, D.: Die Hauptachsenmethode der Faktorenanalyse, Diss. Regensburg 1970, Blesl, W., Krupp, H. J.: Sozioökonomische Struktur, Einkommenshöhe und Vermögensbildung der privaten Haushalte in der BRD 1962, S. 260 und Richter, P.: Anwendungen der Faktorenanalyse auf ökonomische Daten, S. 128 f., Biermann, H.: Einführung in die Faktorenanalyse, Münster 1969.

[2] Bei psychologischen Daten hat man allgemein den Grenzwert auf absolut 0,30 festgesetzt, während bei dieser Untersuchung absolut 0,40 als kritischer Wert angenommen wird.

Die Ergebnisse sind nicht invariant gegenüber der Aggregierung oder Disaggregierung von Kennziffern. Der hohe Rechenaufwand kann nur durch ein komplettes EDV-Auswertungsprogramm gemildert werden, das aber dann den Nachteil eines starren Lösungsweges aufweist, wenn es nicht als Bausteine die diversen methodischen Alternativen bereithält.

1.2. Positive Kritikpunkte

Auf der anderen Seite sollten aber die Vorteile dieser Methode nicht außer Acht gelassen werden. Sie ermöglicht die simultane Auswertung einer großen Anzahl von Kennziffern, bei denen man Zusammenhänge und dahinterstehende Einflußgrößen vermutet, und filtert die wesentlichen Beziehungen mit ihren Gewichten aus dem Datenmaterial heraus. Dabei wird eine objektive Gewichtung innerhalb eines subjektiven Rahmens, der aber wieder durch den theoretischen Hintergrund objektiviert wird, vorgenommen. Die Untersuchungsobjekte können in eine kardinale Rangordnung untereinander gebracht werden.

Da die Korrelationsanalyse als Bestandteil der Auswertungsmethode auf der Interkorrelation der Kennziffern beruht, sind a priori Annahmen über beeinflussende und beeinflußte Kennziffern nicht notwendig; das Problem der Multikollineation taucht nicht auf. Über eine Prüfung von Hypothesen, die dem theoretischen Hintergrund zugrundeliegen, kann die Methode Hinweise für weiterführende Analysen geben.

2. Die Hauptkomponentenanalyse als Transmissionsmechanismus

Die Untersuchungsergebnisse deuten daraufhin, daß relativ wenige, aber hohe Ladungen einen Faktor im Sinne des Bargmann-Tests besser determinieren als relativ viele, aber nicht so hohe. Damit dürften alle Ergebnisse, die mit der Hauptkomponentenanalyse gewonnen worden sind, insbesondere die, die nur mit einer geringen Anzahl von Variablen gerechnet worden sind, dem Kriterium des Bargmann-Tests nicht standhalten. Daraus folgt aber, daß die extrahierten Faktoren nicht interpretiert werden dürfen. Darauf müßte allerdings sehr deutlich hingewiesen werden[3].

---

[3] Auf diesen deutlichen Hinweis verzichtet man z. B. bei Thelen, P.: Die Erfassung der regionalen Wirtschaftskraft, ein Beitrag zur Abgrenzung wirtschaftsschwacher Gebiete, in Informationen des Instituts für Raumordnung, 21. Jahrgang, 1971, Nr. 1, Seite 1 ff., und bei Bundesminister des Innern (Hrsg.) Beirat f. Raumordnung, Empfehlungen, Folge 2, Bonn 1969, S. 28, ebenso bei Thelen, P., Lührs, G.: Abgrenzung von Fördergebieten.

Genausowenig dürften Faktoren interpretiert werden, die zwar orthogonal rotiert worden sind, aber keine Einfachstruktur aufweisen, wie das z. B. bei Hellberg, H.: Zentrale Orte als Entwicklungsschwerpunkte in ländlichen Gebieten, S. 46 und S. 49, der Fall ist. Denn ein allgemeiner Faktor,

Diese Art von Untersuchungen verfolgen meistens auch einen anderen Hauptzweck, nämlich die Projektion des Datenmaterials auf die Untersuchungseinheiten. Sie sind von der Variablenauswahl so zusammengestellt worden, daß der erste Faktor über 50 % der Gesamtkommunalität erreicht und alle Kennziffern wesentliche Ladungen auf diesen Faktor haben. Man bestimmt also praktisch schon vorher den Faktor und die Variablen, welche diesen Faktor dann laden, und benutzt die Ladungen der Kennziffern in der Weise, um über ein objektives Gewichtungsschema die Projektion auf die einzelnen Untersuchungsobjekte zu gewinnen. Die Methode ist hierbei also weniger ein Prüfverfahren um festzustellen, ob hinter dem zu prüfenden Beschreibungstatbestand eine bestimmte Faktorenstruktur steht, sondern ein Transmissionsmechanismus, um die festgelegten Variablen auf die Testobjekte zu projezieren. Dieses Vorgehen erscheint unter dem Gesichtspunkt der Implikationen und der Zielsetzung der Faktorenanalyse im engeren Sinne zumindest als bedenklich. Während bei der letzteren Methode erst systematisch geprüft wird, ob das gesamte Beschreibungsmaterial in einfacherer Form beschrieben werden kann, und diese einfachere Form mehr als zufällig ist und dazu noch ökonomisch zu interpretieren ist, wird bei dem Verfahren, das die Hauptkomponentenmethode als Transmissionsmechanismus benutzt, in gewisser Weise so vorgegangen, als ob die Variablenstruktur eines Faktors bereits vorläge, der nur zu projezieren sei.

Die Variablenauswahl wird natürlich nicht vollkommen subjektiv vorgenommen, sondern aufgrund eines theoretischen Hintergrundes zusammengestellt. Wenn dann dieser Faktor, der vor Beginn der Untersuchung schon fixiert ist, bei der Rechenmethode auch herauskommt, erscheint das Vorgehen in gewisser Weise wie eine Tautologie, bei dem ein nützlicher und wichtiger[4] Effekt eines Rechenschritts ausgenutzt wird.

Erstens treffen auf ein solches Vorgehen die gängigsten Tests bezüglich der Zufallswahrscheinlichkeit nicht zu oder werden sie angewandt, bringen sie keine signifikanten Ergebnisse[5]. Zweitens werden bei einem

allgemein bedeutet in diesem Zusammenhang, daß jede Kennziffer auf den Faktor eine wesentliche Ladung aufweist, wie er hier nach der Faktorenextraktion und orthogonalen Rotation als erster Faktor gefunden wurde, erfüllt nicht das Prinzip der Einfachstruktur. Vergleiche dazu Richter, P.: Ökonometrische Untersuchung zum Inflationsproblem, S. 24.

[4] Wichtig, weil durch die Extraktion eine objektive Gewichtung der einzelnen Kennziffern vorgenommen wird.

[5] Wie schon oben erwähnt, kann der Bargmann-Test auch auf Ergebnisse der orthogonalen Rotation angewandt werden, zumal wenn die Anzahl der untersuchten Kennziffern größer als 20 ist und sich das Modell der Faktorenanalyse im engeren Sinne im Rechenergebnis nicht von dem der Hauptkomponentenanalyse unterscheidet.

solchen Vorgehen die Einflüsse unterschätzt, die auf die Größe der Meßwerte der ausgewählten Variablen von außen in zweierlei Richtungen eine Wirkung haben können. Das können einmal Einflüsse von Größen sein, die nicht gemessen worden sind, weil sie außer Acht gelassen worden sind, oder nicht gemessen werden konnten; und auf der anderen Seite können Zufallseinflüsse insbesondere auf die Größe der gemessenen Kennziffern einen erheblichen Einfluß haben.

Unter Zufallseinflüssen sind auch Mängel oder Fehler im statistischen Urmaterial zu verstehen. Dies trifft natürlich für jede Untersuchung zu, nur dürfte ihr Gewicht um so stärker werden, je kleiner die Zahl der ausgewählten Variablen ist, auf die man sich ausschließlich verläßt.

Diese Einflüsse werden durch die allgemeinen Annahmen der Faktorenanalyse im engeren Sinne und der darauf aufbauenden Tests besser untersucht und sichtbar gemacht, um so den Ergebnissen den richtigen Stellenwert im Gesamtrahmen der Problematik zuordnen zu können.

3. Vorgehen und Auswahlkriterien bei der Beschränkung der Kennziffernanzahl

Natürlich ist jede Beschränkung der Kennziffernauswahl, auch wenn sie durch einen objektiven Tatbestand, z. B. die Maschinenkapazität, erzwungen wird, als ein subjektives Moment der Untersuchung zu werten. Deshalb sollte die Auswahl der Kennziffern bezüglich des Untersuchungsthemas so breit wie möglich angelegt werden, um möglichst viele Einflüsse berücksichtigen zu können. Wie diese Untersuchung zeigt, sind nur wenige Kennziffern da, die keine wichtige Ladung auf einen der sechs extrahierten, gemeinsamen Faktoren haben. Deshalb müßte auch eine sogenannte objektiv und schrittweise vorgenommene Eliminierung von Kennziffern, die nicht als wesentlich erachtet werden, mit Vorsicht angewandt werden.

Zumindest muß diese vorgesehene Eliminierung durch die Methode vorgenommen werden, da sie durch verschiedene Prüfwerte, wie z. B. Signifikanz der Korrelationskoeffizienten, Höhe der Kommunalitäten der einzelnen Kennziffern, Höhe der Faktorladungen der einzelnen Kennziffern, aufweisen kann, welche Beziehung die einzelnen Kennziffern zum Gesamtbeschreibungstatbestand aufweisen. So weisen z. B. für diese Untersuchung für den Datensatz 1950 neun Variable (mit den Nummern 3, 9, 13, 15, 28, 29, 30, 31, 41) und für den Datensatz 1970 vier Variable (mit den Nummern 12, 30, 38, 41) keine wesentliche Faktorladung auf irgendeinen der extrahierten, sechs Faktoren auf. Dies braucht nicht immer an dem theoretischen Aussagewert der Variablen selbst, sondern kann auch an den Meßwerten dieser Kennziffern liegen, die nicht in den interdependenten Zusammenhang des Beschreibungstatbestandes passen[6].

Dies läßt sich aber nicht schon vor der Durchführung der Untersuchung sagen, sondern erst, wenn der Datensatz auf das Vorliegen einer sinnvollen Struktur geprüft worden ist.

Man könnte für diese Untersuchung, wie die Ergebnisse zeigen, vielleicht zwei Variable (mit den Nummern 30 und 41) eliminieren, da sie unter Zugrundelegung des gleichen ökonomischen Zusammenhangs in zwei Testfällen nicht entscheidend mit ihren Meßwerten zum Beschreibungstatbestand beitragen.

Als bedenklich sind dagegen alle Versuche zu werten, nur wenige Variable auszuwählen, um einen Faktor zu formulieren, auch wenn die Auswahl theoretisch begründet ist. Denn liegt noch keine faktoranalytische Untersuchung vor, werden die Variablen aus dem interdependenten Zusammenhang des Istzustandes herausgerissen, und das Verhältnis des konstruierten Faktors zu anderen, eventuellen Faktoren aus dem materiell gleichen, aber theoretisch viel weiter gefaßten Istzustand wird nicht klar. Liegt dagegen eine Faktorenanalyse vor, so formulieren die Faktorladungen einen bestimmten Faktor, der nicht noch einmal durch eine erneute reduzierte, aber materiell gleiche Auswahl der Variablen gewonnen werden braucht.

Eine Faktorenanalyse sollte also von der Variablenauswahl nicht zu eng ausgelegt sein und eine Verdichtung der Variablenanzahl ist nur in den oben aufgezeigten Grenzen möglich und sinnvoll. Auch eine sogenannte Homogenisierung des Beschreibungsmaterials kann sinnvollerweise nur in einzelnen Experimentierschritten durchgeführt werden[7].

---

[6] Auf eine andere Möglichkeit weist Richter, P.: Ökonometrische Untersuchung zum Inflationsproblem, S. 25 hin: Eine niedrige Ladung bei einem Faktor kann bedeuten, daß der Faktor für alle Untersuchungsobjekte von gleicher Bedeutung ist, was zur Folge hat, daß keine Variation bei der entsprechenden Variablen entsteht.

[7] Natürlich kann auch die Formulierung des Untersuchungsziels die Homogenität der dann zu treffenden Kennziffernauswahl beeinflussen.

4. Diskussion des Aussageparadoxon zwischen theoretischer Güte der Faktoren im Bargmann-Test und ökonomischer Interpretierfähigkeit

Trotz allem bleibt ein gewisser Widerspruch zwischen ökonomischer Aussagefähigkeit eines Faktors und seinem Abschneiden bezüglich der statistischen Testverfahren, des Bargmann-Tests und dem Kriterium des höchsten Varianzanteils, bestehen. Wie bei dieser Untersuchung zum Ausdruck kommt, laden beim Datensatz 1950 zehn Variable den Faktor I mit Werten, die absolut zwischen 0,42 und 0,77 liegen. Beim Datensatz 1970 laden sogar vierzehn Kennziffern mit Werten absolut zwischen 0,42 und 0,79 den Faktor IV. Obwohl die ökonomische Aussage der ladenden Variablen in gleicher Richtung liegt, keine Widersprüche enthält und der Interpretationsinhalt der Faktoren damit nach verschiedenen Seiten hin abgesichert ist, ist die Lage der beiden Faktoren im jeweiligen sechsdimensionalen Faktorenraum nach dem Bargmann-Test nicht so klar abgesichert, wie die der Faktoren mit einem geringeren Varianzanteil und einer geringeren Anzahl von hohen Ladungen, die absolut gesehen auch keine höheren Werte erreichen. Da der exakte Bargmann-Test wegen der Verringerung der Hyperebenendicke ein sehr strenges Kriterium darstellt und der vereinfachte Test erfüllt werden konnte[8], wurde trotz der anzumeldenden Bedenken mehr Gewicht auf die ökonomische Interpretierfähigkeit gelegt.

5. Einfluß verschiedener Verzerrungen der Meßwerte auf die Untersuchungsergebnisse

Bei dieser Untersuchung scheint sich herausgestellt zu haben, daß Verzerrungen bei den Meßwerten der ausgewählten Kennziffern, die in mannigfacher Weise auftreten können, z. B. keine zeitliche Kongruenz aller Kennziffern, versteckte Meßfehler, eventuelle, konjunkturelle Verzerrungen in der Höhe der Kennzifferwerte, falls die Daten nicht vorhanden waren, gingen Schätzwerte oder Meßwerte mit dem Wert 0 in die Untersuchung ein, nicht so starken Einfluß auf die Schätzung der Faktoren haben, wie auf die Schätzung der Faktorenwerte und damit auf die Rangfolge der Untersuchungsobjekte.

Bei letzteren kann es zu sehr scharfen Verzerrungen kommen, wenn Meßwerte bezüglich einer der den jeweiligen Faktor am stärksten ladenden Variablen nicht vorhanden waren und deshalb mit dem Wert

---

[8] Zudem werden in der Literatur auch Signifikanzniveaus von 95 % bis 75 % noch für ausreichend gehalten: Vergleiche dazu Burt, C.: Tests of significance in factor analysis, British Journal of Psychology, Statistical section, 5, 1952, S. 131 f. und Richter, P.: Ökonometrische Untersuchung zum Inflationsproblem, S. 22.

0 in die Berechnungen eingingen. Diese Auswirkung kann an verschiedenen Beispielen dieser Untersuchung nachgewiesen werden. Die Rangfolge der Faktorenwerte bringt nur dann verläßliche Werte, wenn bei allen Untersuchungseinheiten Ausgangswerte vorhanden sind und diese möglichst wenig verzerrt sind.

Da die Methode, wie diese Untersuchung zeigt, auch bei komplexen Fragestellungen, wie die Messung der Wirtschaftskraft und der Wirtschaftsstruktur, relativ gute Ergebnisse bringt, können bei einer Vervollständigung und Erweiterung der statischen Basis die Ergebnisse in bezug auf das Problem ähnlich gelagerter Fragestellungen nur besser werden.

Vom theoretischen Standpunkt ist eine Faktorenanalyse im engeren Sinne besser geeignet, die Gesamtproblematik zu erfassen, da die Annahmen, wie im theoretischen Teil dargelegt wurde, nicht so einschneidend eng sind, sondern eher der Realität entsprechen dürften[9]. Der Interpretation von mathematischen Artefakten, wie sie das Modell der Hauptkomponentenmethode liefert, muß trotz eines gewissen Widerspruchs wegen der vordergründig guten Interpretierfähigkeit mit Kritik und Vorsicht begegnet werden.

Wie zu erwarten war, konnte die Komplexität der Fragestellung nicht durch einen Faktor ausreichend beschrieben werden. Vielmehr ergab sich durch die Faktorenanalyse im engeren Sinne eine erheblich vereinfachte Beschreibung des Testthemas durch jeweils sechs Faktoren, die zwar korreliert waren, insgesamt aber in schwächerem Ausmaß als erwartet worden war. Die Mehrdimensionalität blieb, wenn auch wesentlich reduziert, erhalten, so daß es auch sinnvoll war, eine mehrfache Rangordnung der Untersuchungsobjekte jeweils in bezug auf einen interpretierbaren Faktor aufzustellen. Die Rangordnung besitzt ihre Gültigkeit nur bezüglich der Ursprungswerte und des Faktors, durch die sie erzeugt worden ist. Diese Bedingung hat die Bedeutung, daß zu verschiedenen Zeitpunkten, selbst wenn inhaltlich ähnliche Faktoren identifiziert werden können, die Rangordnung der Untersuchungsobjekte kaum dieselbe sein wird[10]. Dies folgt aus zwei Gründen: Erstens können sich die Faktorladungen, die den Faktor bestimmen, in ihrer Struktur gegeneinander verschieben, und zweitens brauchen die Unregelmäßigkeiten im Datenmaterial zu zwei verschie-

---

[9] Zwar wurde der Untersuchung nicht ausdrücklich eine Hauptthese vorangestellt, um sie dann zu testen; aber die Thesen des theoretischen Hintergrundes bei der Kennziffernauswahl in bezug auf das Ziel der Untersuchung konnten bestätigt werden.

[10] Die Ergebnisse der Rangfolgeverschiebungen der Kreise innerhalb des Zeitraums der untersuchten Zeitpunkte bestätigen vielmehr, daß der Modellansatz mit seinen wesentlichen Annahmen zutreffend war.

denen Zeitpunkten nicht die gleiche Verteilung zu haben. Diese Art von Unregelmäßigkeiten können zum Teil gar nicht kontrolliert oder ausgeschaltet werden, haben aber besondere Auswirkungen auf die Rangfolge der Untersuchungsobjekte und sollten bei der Interpretation der Faktorenwerte mit berücksichtigt werden.

Die Hauptaussage und der Kern des Modells liegt zweifellos in dem Aufsuchen der Faktoren, deren Aussagefähigkeit und dem Deutlichmachen der Aussagen in Relation zum Gesamtrahmen der Zielproblematik.

6. Kritik der Untersuchungsergebnisse im Hinblick auf die Absicht, Entscheidungshilfen für die Wirtschaftspolitik geben zu wollen

Die gefundenen Faktoren formulieren in gewisser Weise auch einen Wirkungszusammenhang in bezug auf die Verbesserung der Wirtschaftskraft und der Wirtschaftsstruktur. Allerdings muß man mit der Behauptung vorsichtig sein, daß die gefundenen Faktoren und die dahinterstehenden Variablen nur zu beeinflussen seien, um ohne weiteres die gewünschte Wirtschaftskraft und Wirtschaftsstruktur zu erreichen. Es dürfte schwierig sein, einen eindeutigen Regressionszusammenhang zwischen den gefundenen Faktoren und dem Untersuchungsziel herzustellen und zwar aus verschiedenen Gründen:

a) Das Rechenmodell beruht auf der Korrelationsanalyse, so daß eine eindeutige Beeinflussungsrichtung der gefundenen Größen auf das Untersuchungsthema nicht festgestellt werden kann. So können nur Beziehungszusammenhänge vermutet werden, nach denen man Entscheidungen ausrichten könnte, um erwünschte Wirkungen zu erzielen.

b) Eine weiterführende Regressionsuntersuchung ist nicht ohne weiteres möglich. Legt man wie bei dieser Arbeit das Modell der Faktorenanalyse im engeren Sinne zugrunde, so korrelieren die gefundenen Faktoren miteinander und sind damit keine unabhängigen Einflußgrößen mehr.

Obwohl wegen des Prinzips der Einfachstruktur der schiefwinkligen Rotation der Vorzug gegeben wurde, hat die orthogonale Rotation unmittelbare Vorteile. Die dabei gewonnenen Faktoren sind unabhängig voneinander, so daß sie einer weiteren Regressionsanalyse unterworfen werden könnten[11]. Dem steht jedoch ein weiteres Hindernis entgegen, nämlich daß weder das Untersuchungsziel „Wirtschaftskraft und Wirt-

[11] Der Hauptzweck, orthogonale Faktoren zu erhalten liegt darin, das Problem der Multikollineation bei der Regressionsanalyse zu umgehen und

schaftsstruktur“ noch die einzelnen Faktoren direkt zu quantifizieren sind, so daß sich keine regionalwirtschaftliche Produktions- oder Wirkungsfunktion konstruieren läßt, die mit Hilfe der Regressionsanalyse, wobei die Faktoren als Einflußgrößen aufgefaßt werden, geschätzt werden könnte. Es sei denn, man versucht, das Untersuchungsziel und die Faktoren indirekt über Hilfsgrößen zu quantifizieren[12].

Dabei gingen jedoch wieder die Informationen über die Qualität der Produktionsfaktoren, wie sie in irgendeiner Form durch die Faktorenanalyse doch gewonnen werden, verloren oder nicht ein. Eine eventuelle Lösungsmöglichkeit könnte eine mehrstufige Faktorenanalyse bieten, die das Untersuchungsziel als Superfaktor formuliert[13].

Damit entfällt auch die direkte, kurzfristig meßbare Erfolgskontrolle von wirtschaftspolitischen Maßnahmen, um die Wirtschaftsstruktur zu verbessern, da erstens getroffene Maßnahmen nur langfristig wirksam werden und zweitens direkt in ihren Auswirkungen kaum zu messen sind.

Es wird jedoch als Vorteil angesehen, daß die vorgeschlagene Methode in mittel- bis langfristiger Sicht wegen der Information über die Zusammenhänge der einzelnen Kennziffern und deren Gewicht sowohl Ansatzpunkte für eine strukturell ausgerichtete Wirtschaftspolitik wie auch eine indirekte Kontrollmöglichkeit der wirtschaftspolitischen Maßnahmen liefern kann. Die letztere besteht hauptsächlich darin, die Rangordnung der beobachteten Kreise untereinander, deren Verschiebung im Zeitablauf von Untersuchungsperiode zu Untersuchungsperiode und das Gefälle der einzelnen Untersuchungsobjekte, d. h. des Abstandes der Kreise untereinander — näher zusammenrücken, weiter auseinanderrücken — zu beobachten[14]. Daß diese Betrachtung bei einer

---

nebenbei noch einen Gewinn an Freiheitsgraden zu erhalten. Ob aber die orthogonalen Faktoren schon dem Prinzip der Einfachstruktur genügen, muß zuerst geprüft werden. Denn ohne Prüfung könnte eine Unabhängigkeit der Faktoren angenommen werden, die künstlich durch das Verfahren geschaffen worden ist, in Wirklichkeit aber gar keine ist, wie dann eine schiefwinklige Rotation beweisen würde.

[12] Die Hilfsgrößen für die Faktoren wären die Kennziffern mit der jeweils größten Korrelation des gesamten Spaltenvektors. Eine direkt quantifizierbare Hilfsgröße für eine komplexe Zielproblematik läßt sich jedoch nicht so leicht finden.

[13] Vergleiche zu dieser Möglichkeit: Überla, K.: Faktorenanalyse, S. 227 ff. und die dort angegebene Spezialliteratur.

[14] Eine Weiterführung bietet sich an, mit Hilfe von a priori Kenntnissen die Untersuchungseinheiten in homogene Gruppen einzuteilen, um dann mit Hilfe der Diskriminanzanalyse vergleichende Untersuchungen über die Wahrscheinlichkeit der Gruppenzugehörigkeit der Untersuchungseinheiten zu machen. Vergleiche dazu z. B. Geisenberger, S. u. a.: Zur Bestimmung wirtschaftlichen Notstands und wirtschaftlicher Entwicklungsfähigkeit von Regionen, S. 79 ff.

Zeitpunktbetrachtung relativ enge Grenzen hat, wurde bei der Kritik der Ergebnisse dieser Untersuchung deutlich. Hier läßt sich wahrscheinlich eine erhebliche Verbesserung erreichen, wenn man die ausgewählten Kennziffern auf einen Zeitraum bezieht, z. B. Durchschnittswerte oder Veränderungen zweier vollständiger, nacheinander folgender Konjunkturzyklen mit gleicher Dauer vergleicht.

Ein anderer Vorteil des Informationsgewinns dieser Methode liegt darin, theoretische Hypothesen im empirischen Test zu prüfen, bzw. Anhaltspunkte zu finden, um dann die Richtung für weitere gezielte Untersuchungen festzulegen.

Da eine rationale Strukturpolitik längerfristig angelegt ist und auch nur langfristig Wirkungen zeigen kann, eine kurzfristige Politik aber besser wird, wenn sie die Strukturen gut kennt, bietet sich die vorgeschlagene Methode, die alle Auswirkungen ergriffener, wirtschaftspolitischer Maßnahmen im Zusammenhang beurteilt, als regelmäßiges Informationsinstrument an, bei dessen Interpretation auf die o. a. möglichen Fehlerquellen besonders zu achten ist.

Zusammenfassung

Als geeignetes Lösungsmodell zur Bewältigung der Aufgabe, wirtschaftliche Leistungskraft und Wirtschaftsstruktur an Stadt- und Landkreisen in Nordrhein-Westfalen zu messen, wurde die Faktorenanalyse angesehen. Sie bietet die Möglichkeit, Begriffe, die direkt nicht zu erfassen sind und deshalb mit Hilfe eines umfassenden Kennziffernkatalogs umschrieben werden müssen, zu quantifizieren.

Dies geschah durch eine simultane Auswertung der Vielzahl der Kennziffern, die abgesichert durch wirtschaftstheoretische Überlegungen den Kennziffernkatalog bilden. Der Kennziffernkatalog besteht aus 41 Kennziffern, die aus den vier Hauptbereichen Bevölkerung, Industrie, Infrastruktur und Gesamtwirtschaft ausgewählt wurden. Die Auswertung der Vielzahl der beschreibenden Kennziffern mit dem Modell der Faktorenanalyse führte zu einer vereinfachten und übersichtlichen Darstellung des wesentlichen Inhalts des Kennziffernkatalogs mit minimalem Informationsverlust. Diese Aufgaben konnten von den bisher gebräuchlichen Methoden nur unzureichend gelöst werden.

Die Ergebnisse der Berechnungen zeigen, daß das Ziel der Erreichung einer Einfachstruktur der Ergebnisse nicht auf Anhieb mit der Faktorenextraktion gelang, sondern daß es im Vergleich zu bisherigen Untersuchungen einer erheblichen Ausweitung der Berechnungen bedurfte, ehe die Ergebnisse sowohl dem Ziel einer guten Interpretierfähigkeit als auch dem einer ausreichenden statistischen Signifikanz genügten. Die Berechnungen ergaben, daß jeweils für beide Zeitpunkte der Untersuchung sechs Faktoren genügten, um den wesentlichen Informationsgehalt der jeweils 41 beschreibenden Kennziffern darzustellen.

Eine Einfachstruktur im statistischen Sinne ergab sich jedoch erst, als der orthogonalen Rotation eine schiefwinklige Rotation angeschlossen wurde, die die vereinfachende und wenig realitätsnahe Annahme aufgab, daß die Faktoren unabhängig voneinander sein sollen.

Für den Untersuchungszeitpunkt 1950 konnten interpretiert werden:

der Faktor I als „gesamtwirtschaftliches Leistungspotential industrieller Ballungsgebiete";

der Faktor II als „Dienstleistungen mit Schwerpunkt ‚Öffentlicher Dienst'";

der Faktor IV als „Einkommensniveau und Finanzstärke" und

der Faktor VI als „Strukturfaktor der Industrie, speziell die Grundstoff- und Produktionsgüterindustrie repräsentierend".

Für den Untersuchungszeitpunkt 1970 konnten interpretiert werden:

der Faktor I als „Dienstleistungen mit Schwerpunkt Öffentlicher Dienst";

der Faktor IV als „Gesamtwirtschaftliches Leistungspotential";

der Faktor V als „Landwirtschaftliche Gebiete".

Die Faktoren konnten anhand der Faktorladungen den einzelnen Kennziffern nach Abschluß des letzten Rotationszyklus identifiziert werden.

Wie bereits angedeutet, wurden die Berechnungen nach dem Modell einer Faktorenanalyse „im engeren Sinne“ durchgeführt, um das Ziel der Erlangung einer Einfachstruktur überhaupt und theoretisch befriedigend zu erreichen. Das Modell und seine Rechenschritte beinhalten eine Fülle von Annahmen und Problemen, deren Relevanz für den Lösungsweg ausführlich im theoretischen Teil (Teil II) und im Schlußteil (Teil III) der Arbeit diskutiert wurde.

Die Erfahrungen bei der Anwendung des Modells der Faktorenanalyse ergaben, daß eine verkürzte Durchrechnung des Modells bei dieser Art von Fragestellungen als äußerst problematisch zu bewerten ist (z. B. Durchführung einer Hauptkomponentenanalyse).

In einem zusätzlichen Arbeitsschritt wurde die Schätzung der Rangfolge der einzelnen Untersuchungsobjekte (Kreise) in bezug auf die interpretierfähigen Faktoren vorgenommen. Sie lieferte eine kardinale Rangfolge der einzelnen Kreise im Hinblick auf den Beschreibungsinhalt, den jeder Faktor zum jeweiligen Zeitpunkt repräsentiert.

Damit wurde ein weiteres, wichtiges Ziel der Arbeit erreicht, die Erstellung einer objektivierten und meßbaren Rangfolge von Untersuchungsobjekten anhand eines vereinfachten und komprimierten Beschreibungssystems.

Die Berechnungsergebnisse erwiesen sich besonders bei der Schätzung der Rangfolge der Untersuchungsobjekte als empfindlich gegenüber Mängeln des Datenmaterials, die die Rangfolge teilweise stark verzerren konnten, wie an Einzelbeispielen nachgewiesen wurde.

Hauptanliegen dieser Arbeit war, den Entscheidungsträgern ein Instrumentarium an die Hand zu geben mit dem Ziel, bei ihrer Entscheidungsfindung die Vielfalt der Informationen objektiv auf das wesentliche verdichten zu können, ohne wichtige Informationen außer acht zu lassen, wenn es die komplexe Fragestellung verlangt. Daß dies bei einer konkreten Problemsituation möglich ist, zeigen beispielhaft die Ergebnisse dieser Arbeit, zu deren Erzielung allerdings schon ein beträchtlcher Rechenaufwand erforderlich war.

Ferner sollen die Ergebnisse der Arbeit sowohl Ansatzpunkte für eine Verbesserung des Instrumentariums und der Datenbasis wie auch Ansatzpunkte für weitere gezielte Untersuchungen auf diesem Gebiet der Forschung liefern.

Summary

The author adopts factor analysis as a suitable model to apply to the problem of measuring the economic strength and economic structure of urban and rural districts (Stadt- und Landkreise) in North Rhine-Westphalia. Using factor analysis, it is possible to quantify features which are not directly measurable and which have to be stated in terms of a comprehensive collection of variables.

This was done by simultaneously evaluating the large number of variables making up the collection, their relevance being confirmed in the light of economic theory. The collection consisted of 41 variables selected from the four major fields of population, industry, infrastructure and the overall economy. Evaluating the many descriptive variables by means of the factor analysis model produced a simplified and readily accessible presentation of the essential content of the collection of variables with a minimum loss of information. The methods traditionally used in the past have proved inadequate in solving the problem.

The results of the calculations show that it was not possible to arrive immediately at a simple structure in the results using factor extraction; compared with previous studies, a considerable expansion of the calculations was required to obtain good interpretability and sufficient statistical significance. The calculations demonstrated that for each of the two points in time selected in the investigation, six factors were enough to represent the essential informational content of the 41 descriptive variables.

However, a simple structure in a statistical sense was not arrived at until the orthogonal rotation had been supplemented by an oblique rotation, abandoning the simplifying and unrealistic assumption that the factors should be independent of each other.

Factor I — "overall economic potential of industrial conglomerations"

Factor II — "service sector with emphasis on public administration"

Factor IV — "level of incomes and financial strength"

Factor VI — "structural factor for industry, representing more particulary the basic materials and producer goods industry."

For 1970, the following interpretations could be made:

Factor I — "Service sector with emphasis on public administration"

Factor IV — "overall economic potential"

Factor V — "agricultural areas."

The factors were identifiable by means of the factor loadings of the individual variables after completion of the final rotation cycle.

As already indicated, the calculations were made on the basis of a factor analysis model in the narrow sense in order to make it possible to obtain a simple structure at all in a theoretically satisfactory way. The model and the calculation steps involved contain a multitude of assumptions and problems whose relevance to the method of solving the problem is discussed in the theoretical section (Part II) and the final section (Part III) of the paper.

The experience gained in applying the factor analysis model was that a shortened calculation of the model, in association with this kind of problem, must be regarded as highly problematical (e. g. making a principal components analysis).

In a further step, the ranking of the various objects of study (districts) was estimated with reference to the factors which could be interpreted. This produced a cardinal ranking of the various districts with respect to the feature represented by each factor at each point in time.

This meant that a further important aim of the investigation had been achived, namely to produce an objective and measurable ranking of the objects studied by means of a simplified and compressed system of description.

The results of the calculations proved to be sensitive to deficiencies in the data when the ranking of objects was estimated. These deficiencies can sometimes distort the ranking considerably; this is shown in individual examples.

The main purpose of the investigation was to provide decision-makers with a set of instruments with which to reduce a large range of information to essentials in an objective manner, without leaving important data out of account in cases where complex problems call for their consideration. The results of the study provide an example of how this can be done in a concrete case, although admittedly a considerable amount of calculation was required to arrive at them.

The study is intended to form a starting point both for improving the set of instruments and the data base, as well as for further detailed studies in this field of research.

Résumé

L'on a considéré l'analyse factorielle comme modèle approprié pour maîtriser la tâche de mesurer le potentiel économique et la structure économique par des cantons urbains et cantons ruraux (Stadt- und Landkreise) en Rhénanie-du-Nord-Westphalie. Ladite analyse offre la possibilité de quantifier des notions qui ne peuvent être déterminées directement et qui, par conséquent, doivent être exprimées à l'aide d'un vaste catalogue de variables.

Ceci s'est fait au moyen d'une exploitation simultanée de la multiplicité de variables qui — assurées par des considérations en matière de théorie économique — constituent le catalogue de variables. Ce dernier comporte 41 variables qui ont été choisies parmi les quatre domaines principaux, soit la population, l'industrie, l'infrastructure et l'économie générale. L'exploitation de la multitude des variables descriptives par la voie du modèle de l'analyse factorielle a conduit à une présentation plus simplifiée et plus nette du contenu essentiel du catalogue de variables, la perte en informations ayant été minime. Ces tâches ne pouvaint être remplies par les méthodes habituelles que de façon insuffisante.

Le résultat des calculs démontre qu'on n'a pas réuissi d'emblée à atteindre le but par l'extraction factorielle, à savoir une structure simple des résultats, mais que — en comparaison des études antérieures — il a fallu recourir à un élargissement des calculs pour que les résultats aient satisfait tant à l'objectif d'une bonne capacité d'interprétation qu'à celui d'une signification statistique suffisante.

Les calculs ont fait ressortir que, pour chacune des périodes de l'étude, six facteurs ont suffi pour exposer le contenu essentiel d'informations des 41 variables descriptives.

Toutefois, une structure simple dans le sens statistique s'est présentée seulement dans le cas où la rotation orthogonale fut associée à une rotation oblique qui renonçait à l'hypothèse simplifiante et peu proche de la réalité, disant que les facteurs devront être indépendants l'un de l'autre.

Pour la période de référence 1950, il a pu être interprété:

le facteur I comme „potentiel économique général de zones industrielles de concentration";

le facteur II comme „prestations de services, l'accent étant mis sur la fonction publique";

le facteur IV comme „niveau des revenus et volume financier" et

le facteur VI comme „facteur structurel de l'industrie, représentant notamment les industries des produits de base et des biens d'équipement".

Pour la période de référence 1970, il a pu être interprété:

le facteur I comme „prestations de services, l'accent étant mis sur la fonction publique";

le facteur IV comme „potentiel économique général";

le facteur V comme „zones agricoles".

A l'aide des facteurs de pondération des différentes variables, les facteurs ont pu être identifiés à la fin du dernier cycle de rotation.

Comme il a déjà été indiqué, les calculs ont été réalisés suivant le modèle d'une analyse factorielle „au sens plus étroit" en vue de pouvoir atteindre après tout et de façon théoriquement satisfaisante le but, soit l'obtention d'une structure simple. Le modèle et ses phases de calcul comportent une multitude d'hypothèses et de problèmes dont l'importance pour le mode de solution se trouve discutée en détail dans la partie théorique (Partie II) et dans la partie finale (Partie III) de l'Etude.

Les expériences acquises lors de l'application du modèle de l'analyse factorielle ont montré qu'un calcul réduit du modèle pour un tel genre de problèmes est à considérer comme extrêmement problématique (p. ex. l'exécution d'une analyse des composantes principales).

Dans une phase supplémentaire, l'on a évalué l'ordre de classement des différents objets d'étude (cantons) au sujet des facteurs interprétables, ce qui a fourni l'ordre de classement cardinal des différents cantons en vue du contenu descriptif que chaque facteur représente pour la période respective.

C'est ainsi qu'un autre but important de l'étude a été atteint, à savoir l'établissement d'un ordre de classement objectivé et mesurable d'objets d'étude à l'aide d'un système descriptif simplifié et comprimé.

Les résultats des calculs se sont révélés notamment lors de l'évaluation de l'ordre de classement des objets d'étude comme étant sensibles aux déficiences des données, pouvant-en partie — fortement distordre l'ordre de classement, tel qu'il a été démontré par des exemples individuels.

Cette Étude se propose notamment de fournir aux organes de décision un éventail d'instruments dans le but de leur permettre lors de leurs recherches de décisions de concentrer objectivement la variété des informations sur l'essentiel, et ceci sans négliger des informations importantes lorsque les problèmes complexes l'exige. Les résultats de cette Etude, dont l'obtention nécessitait, toutefois, un nombre considérable de calculs, démontrent que ceci est possible en cas d'une situation concrète de problèmes.

De plus, les résultats de l'Etude devront fournir tant des points de départ pour une amélioration des instruments et de la base des données que des approches pour d'autres études bien orientées dans ce domaine de la recherche.

Anhang

ABBILDUNG I

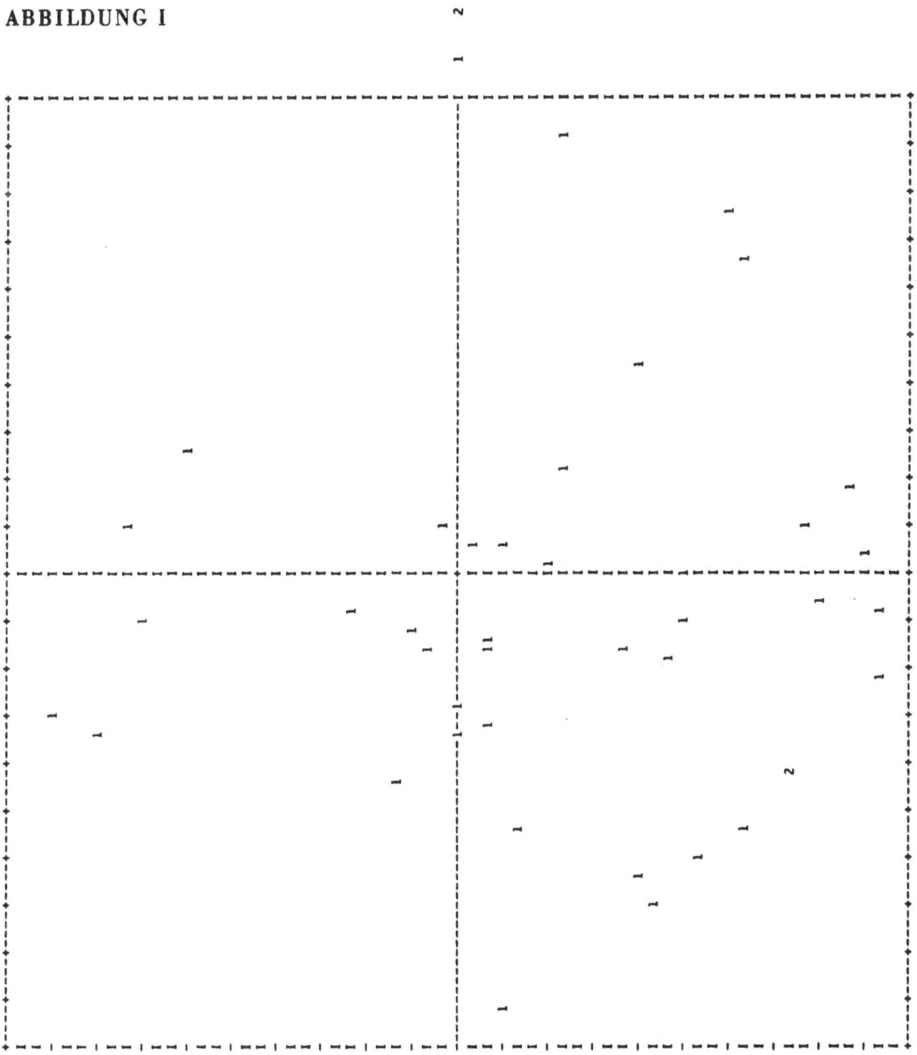

ABBILDUNG II

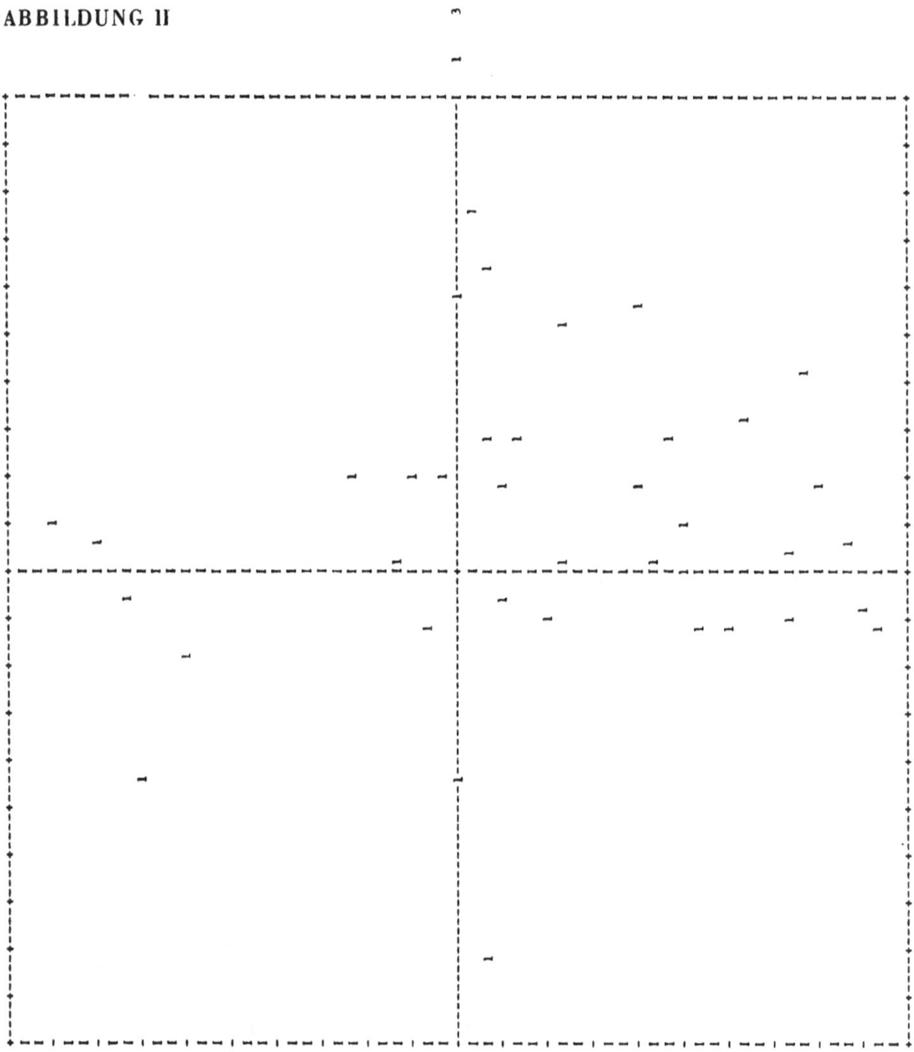

ABBILDUNG III

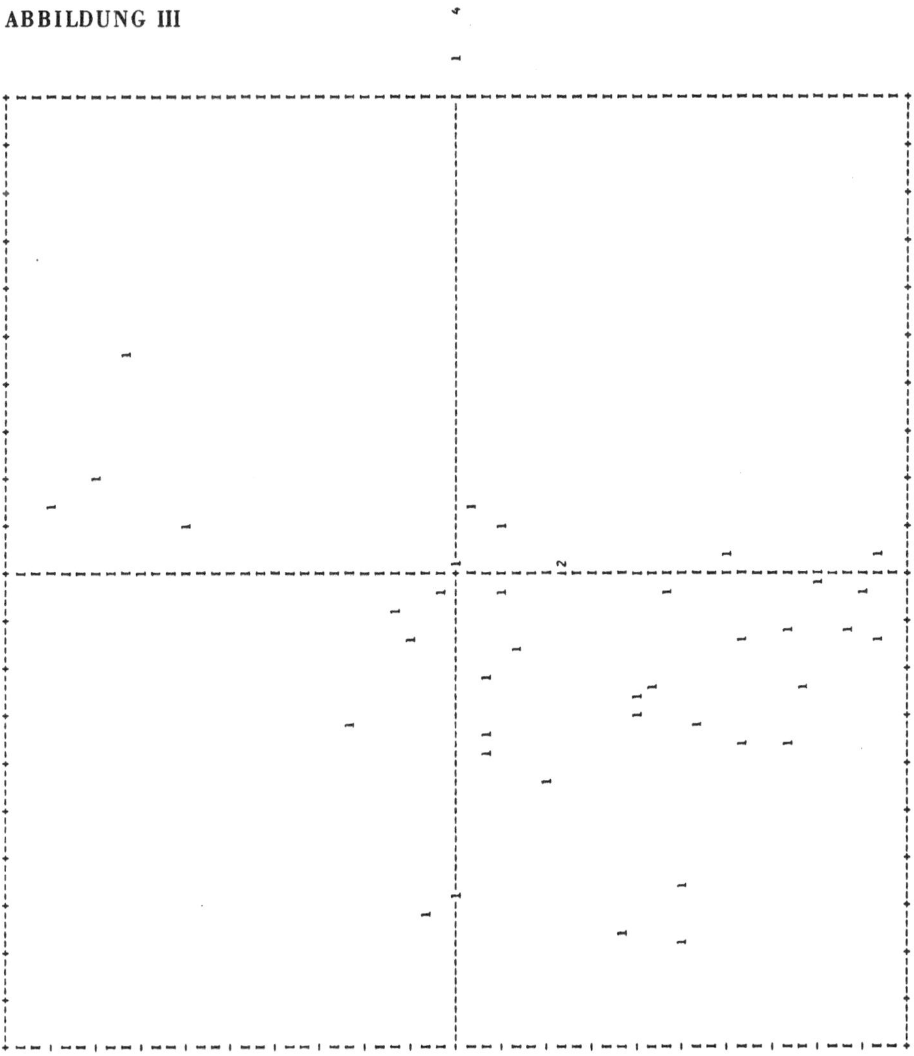

ABBILDUNG IV

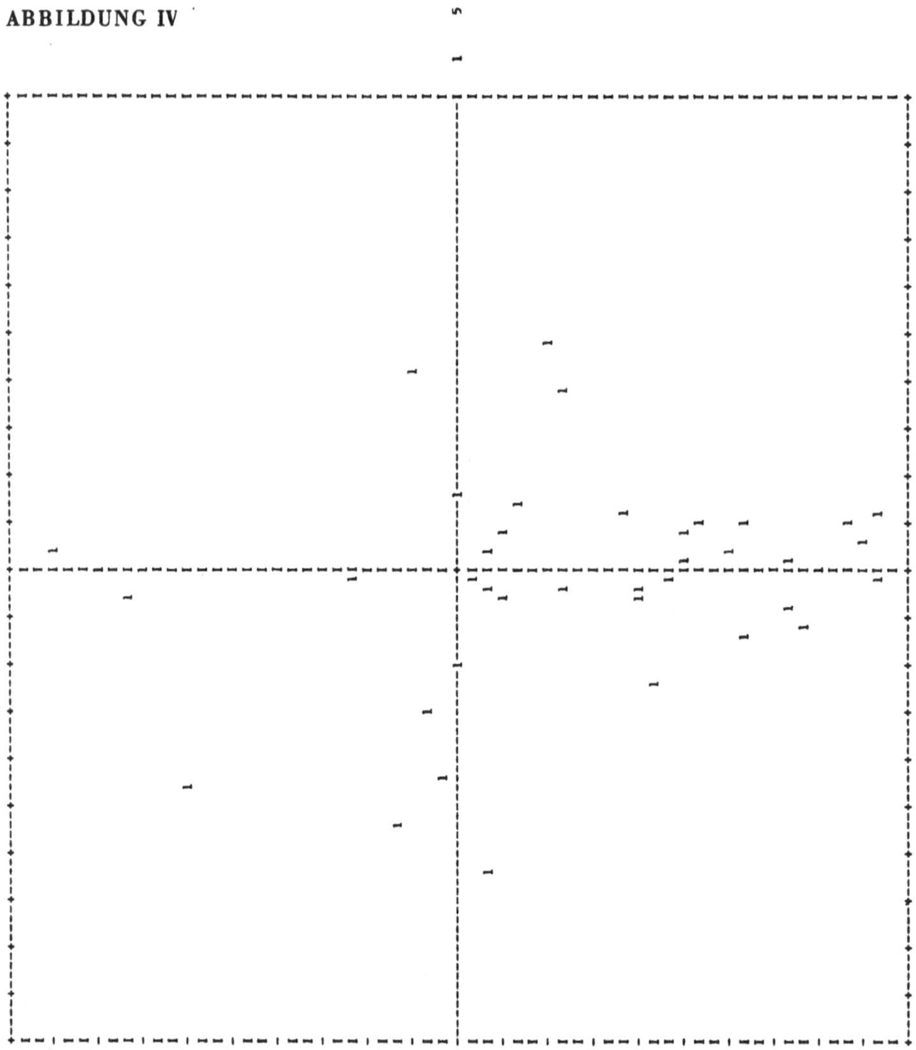

ABBILDUNG V

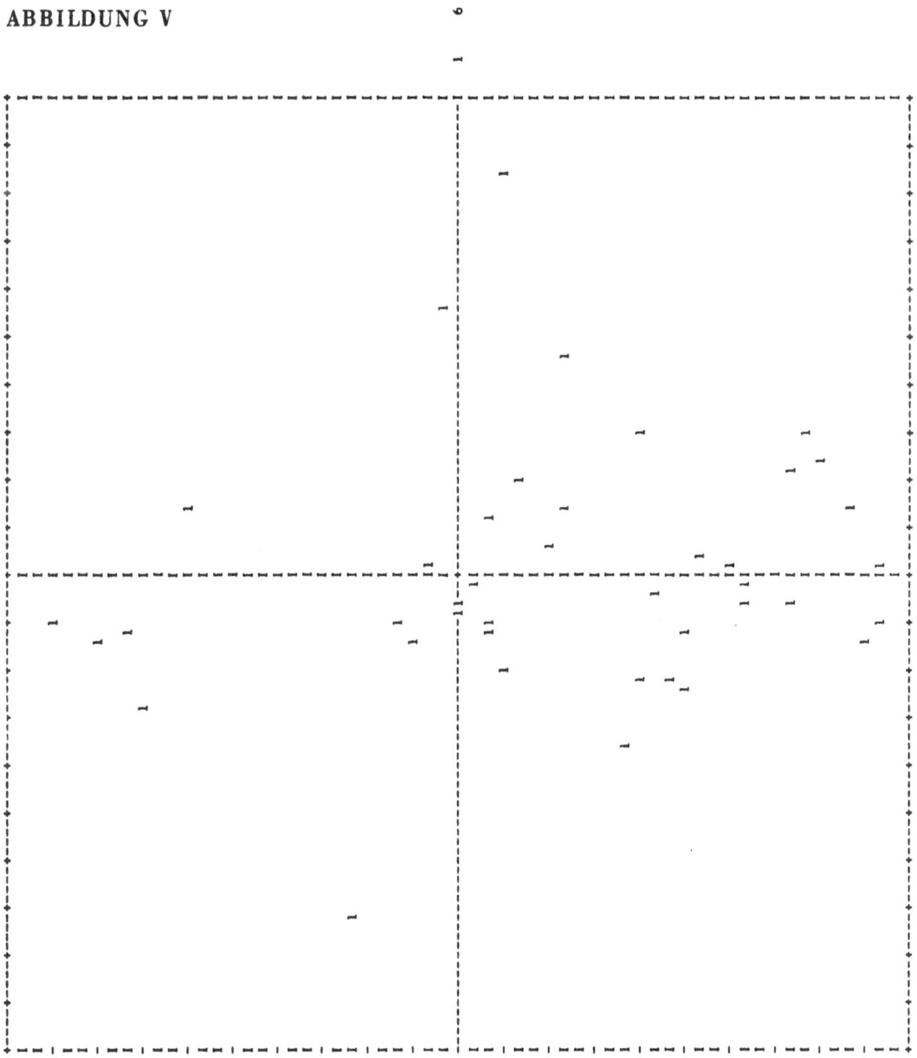

ABBILDUNG VI

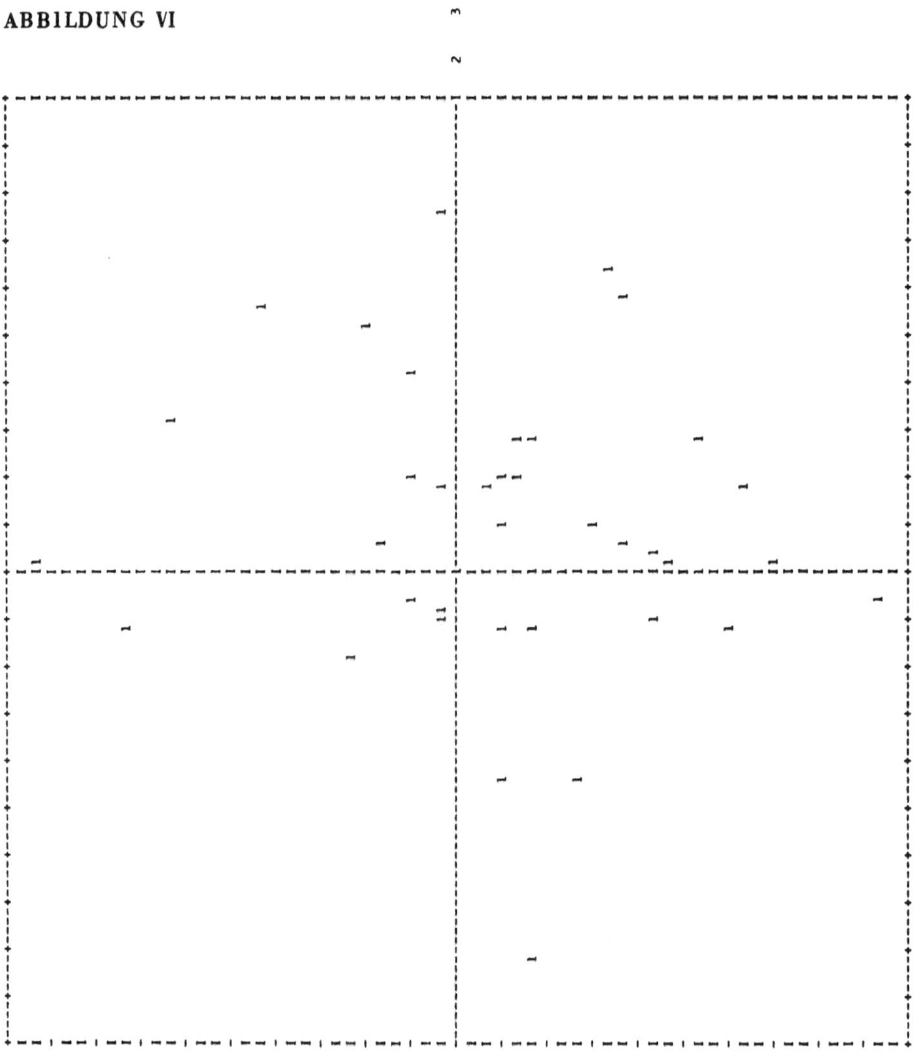

ABBILDUNG VII

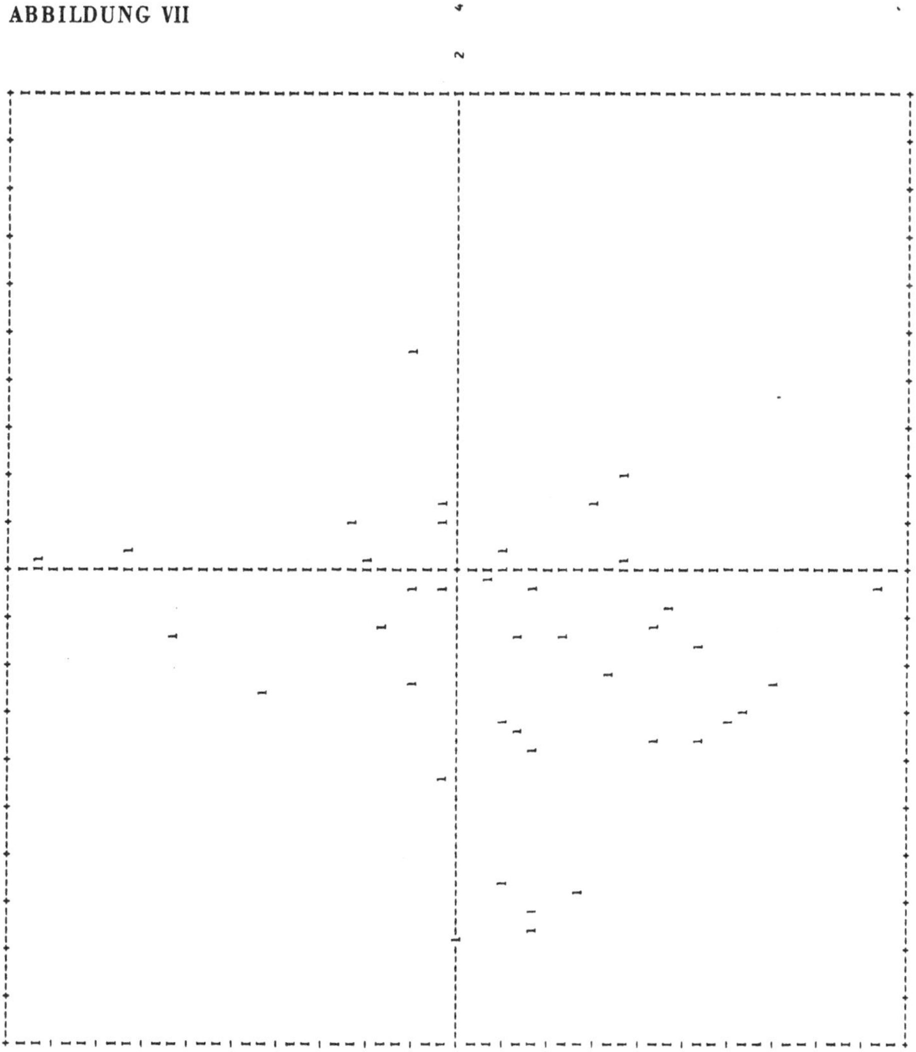

ABBILDUNG VIII

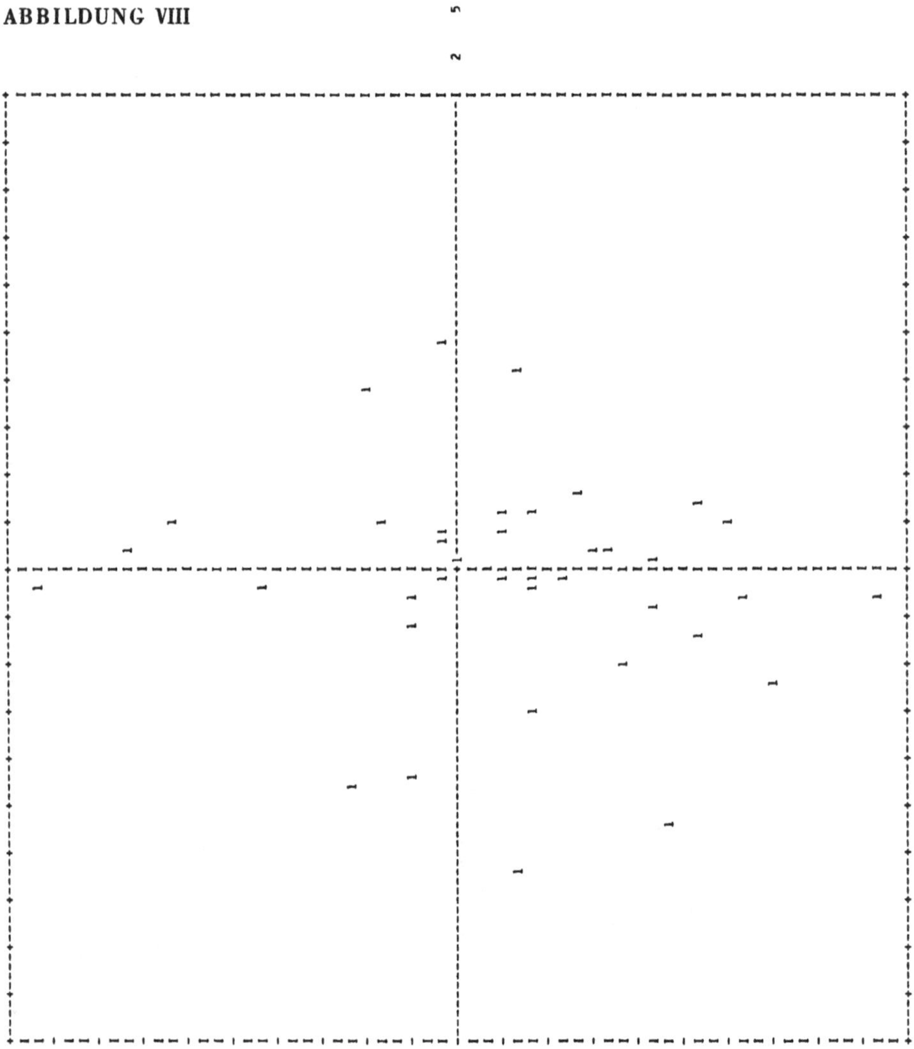

ABBILDUNG IX

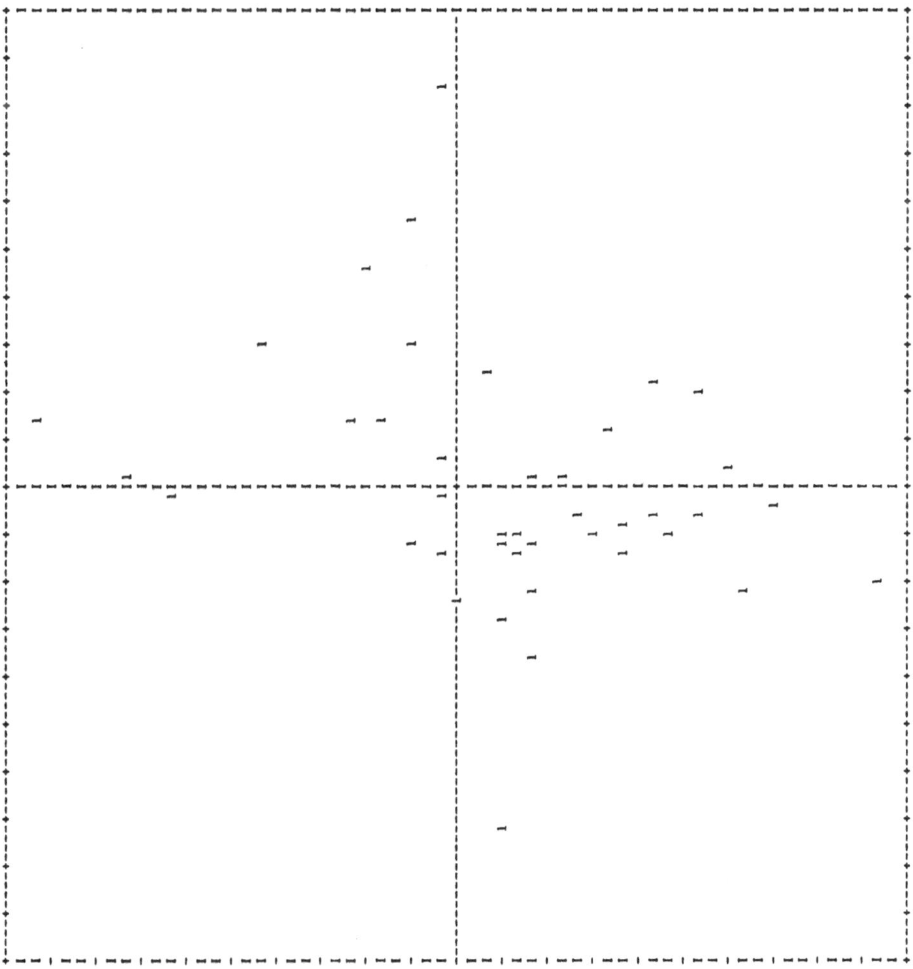

ABBILDUNG X

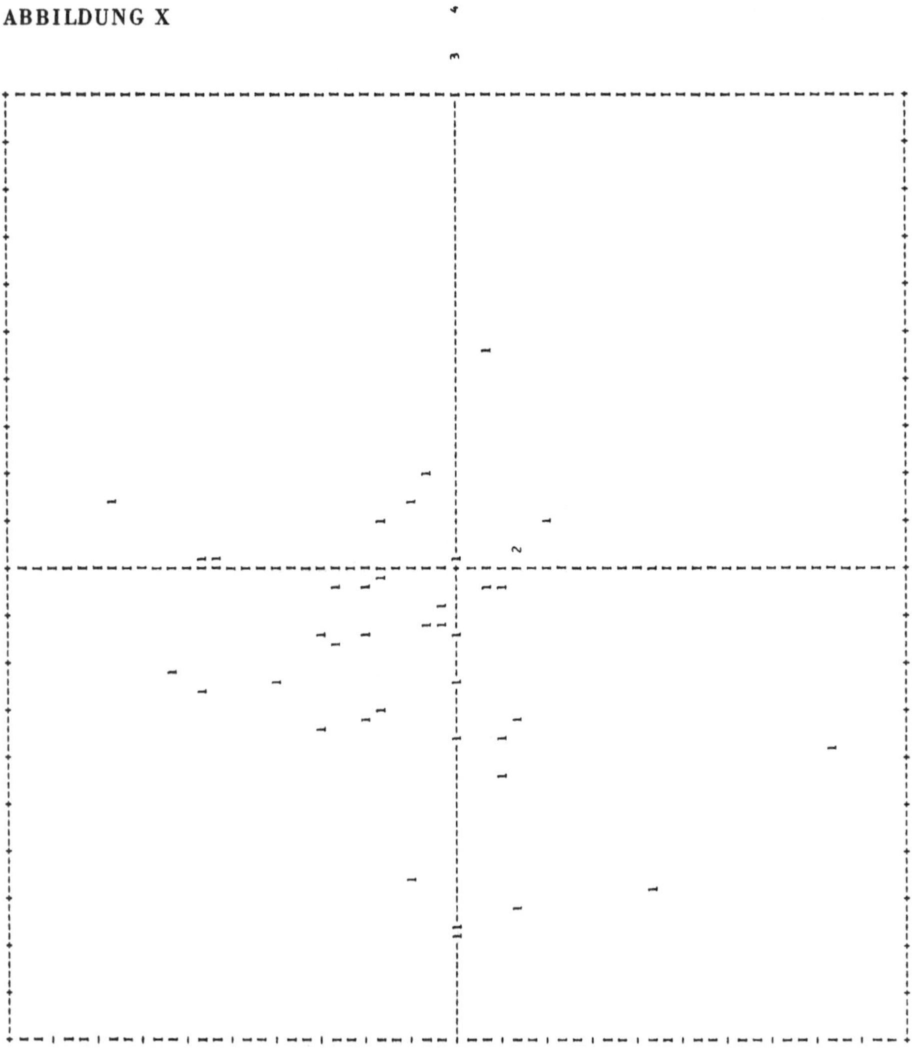

ABBILDUNG XI

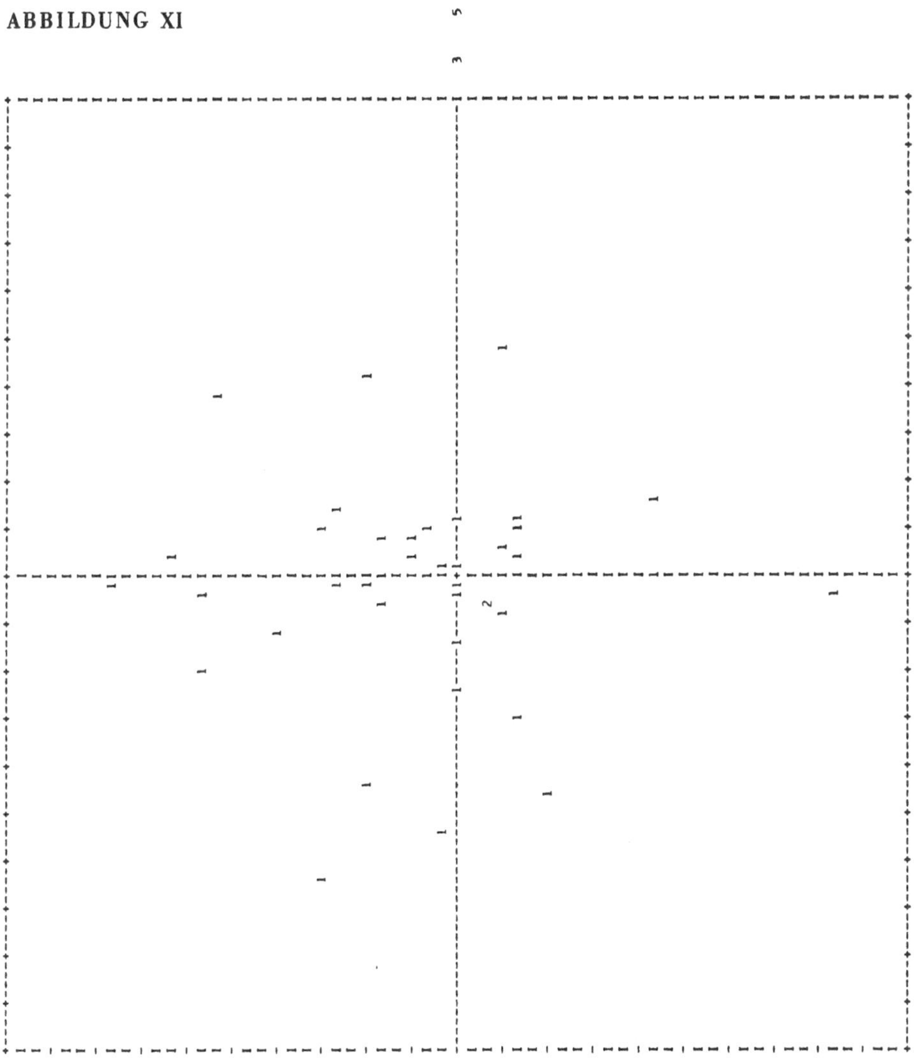

ABBILDUNG XII

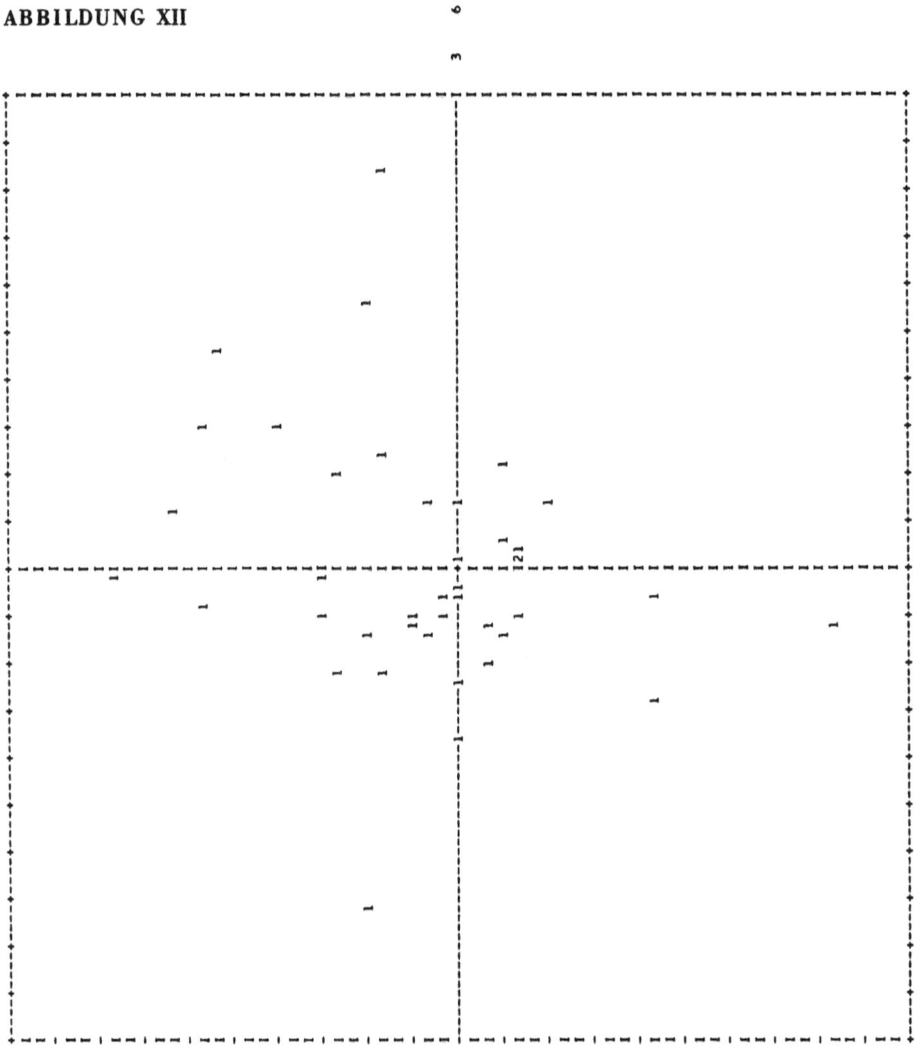

ABBILDUNG XIII

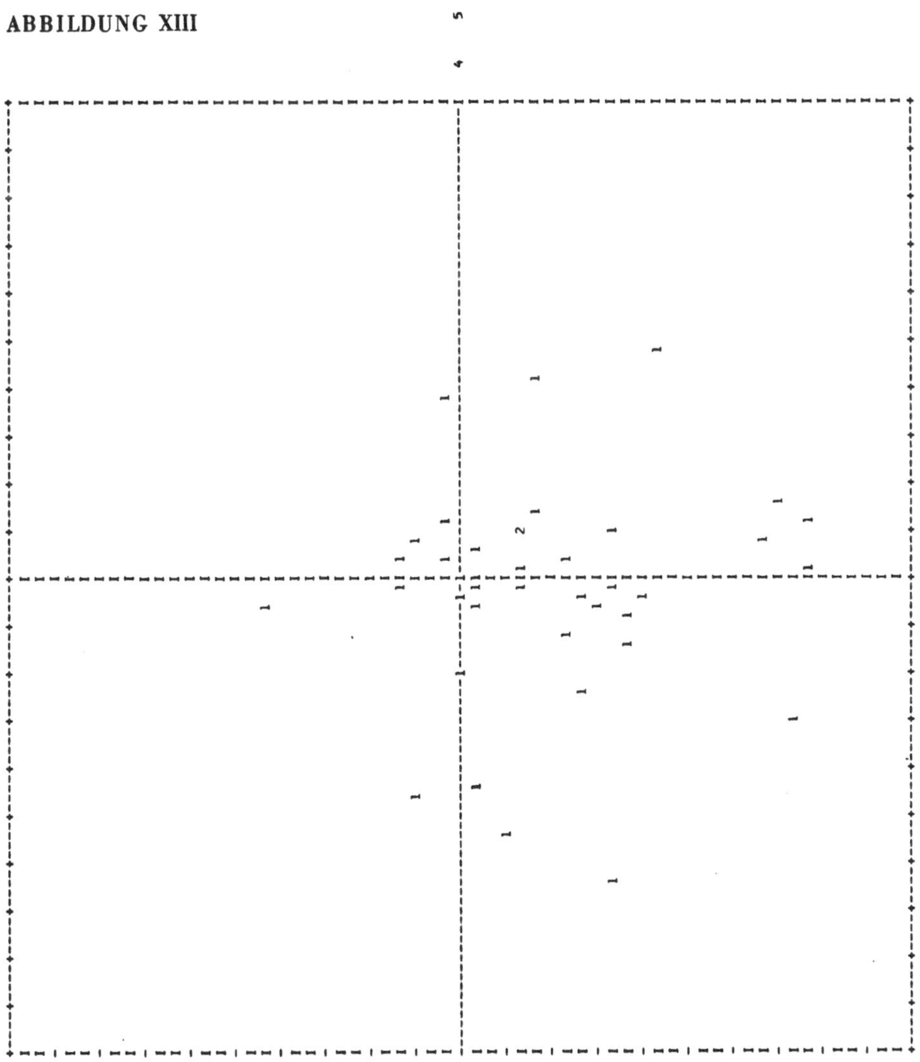

ABBILDUNG XIV

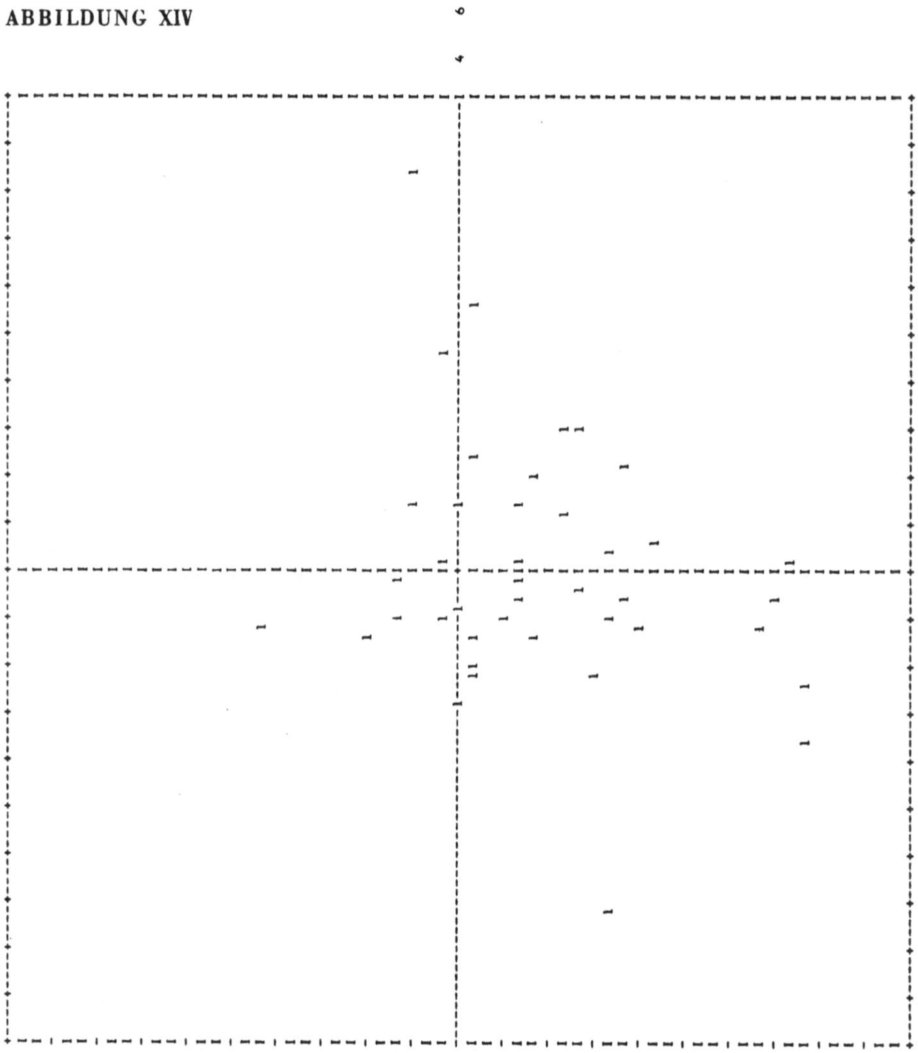

ABBILDUNG XV

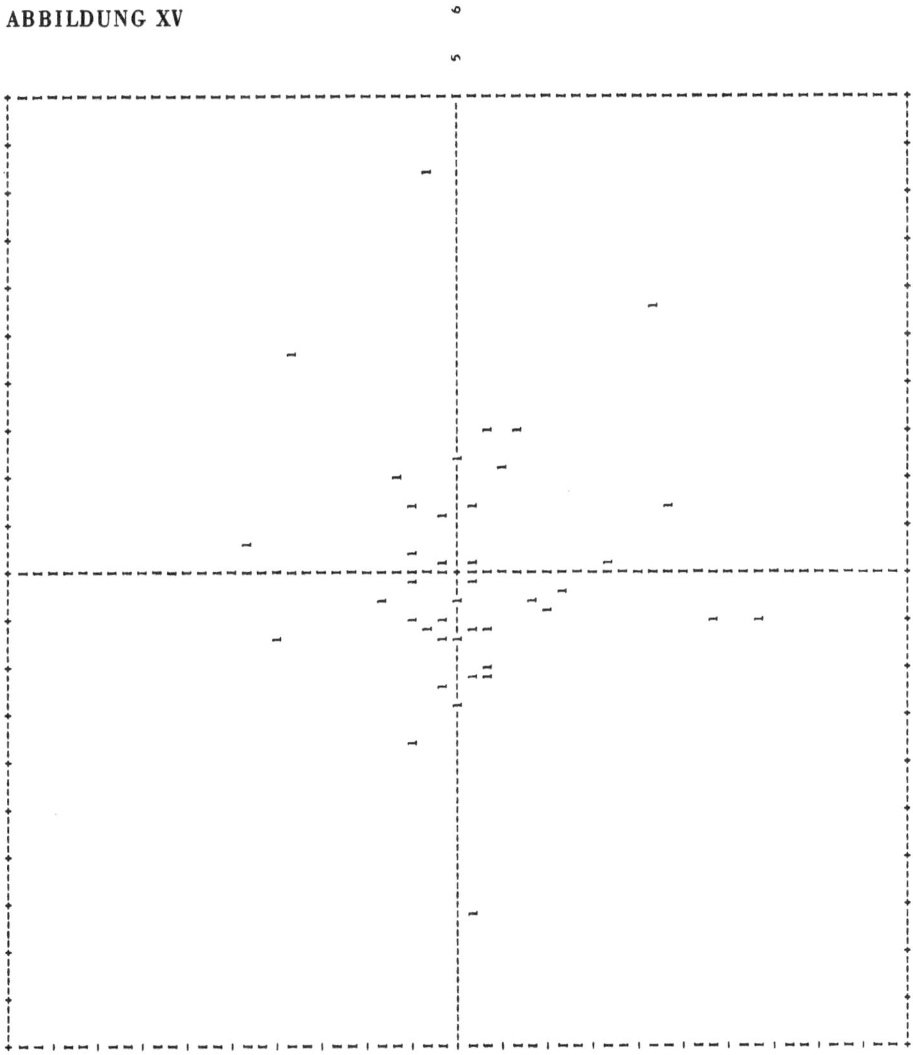

ABBILDUNG XVI

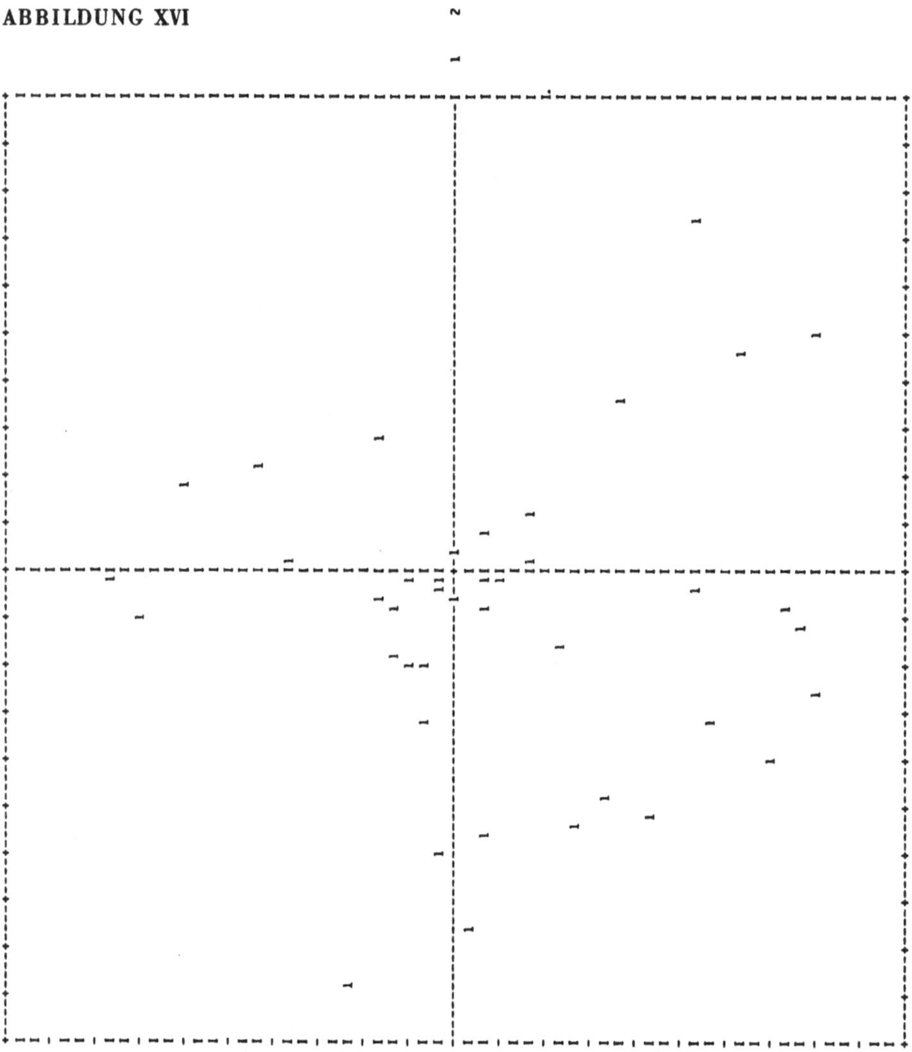

ABBILDUNG XVII

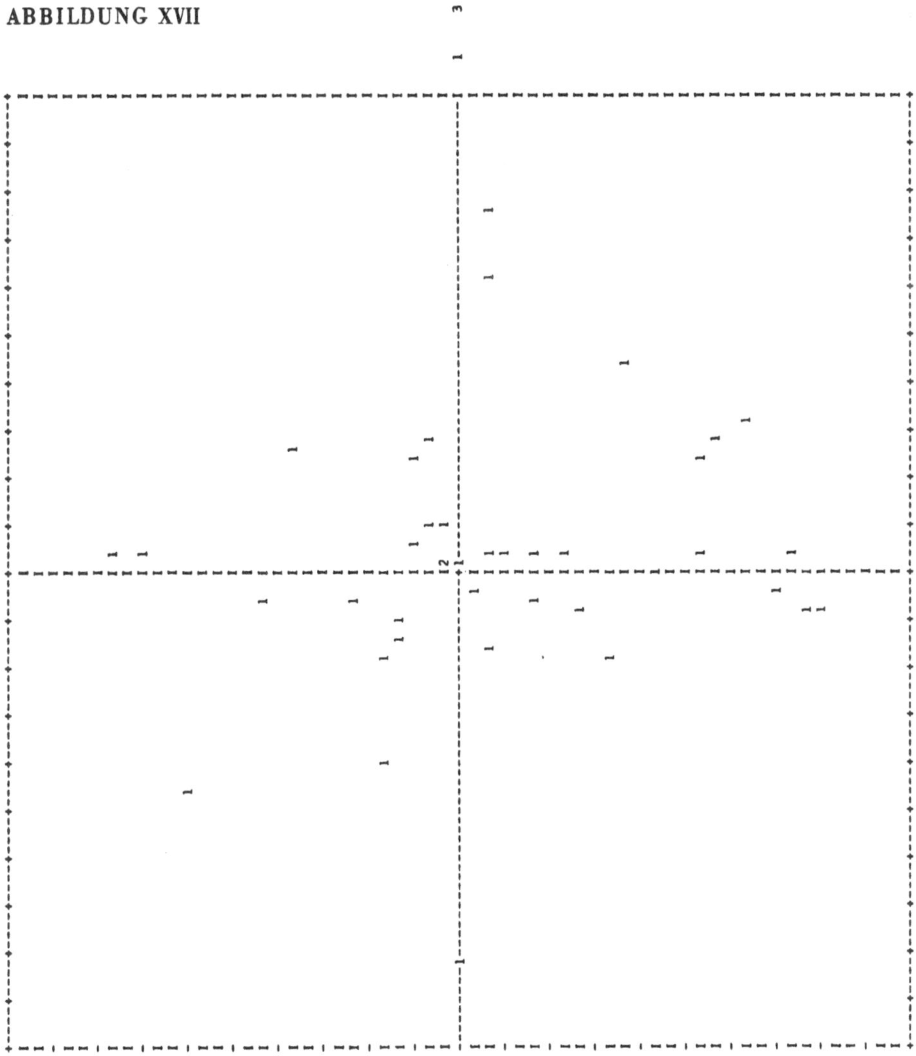

ABBILDUNG XVIII

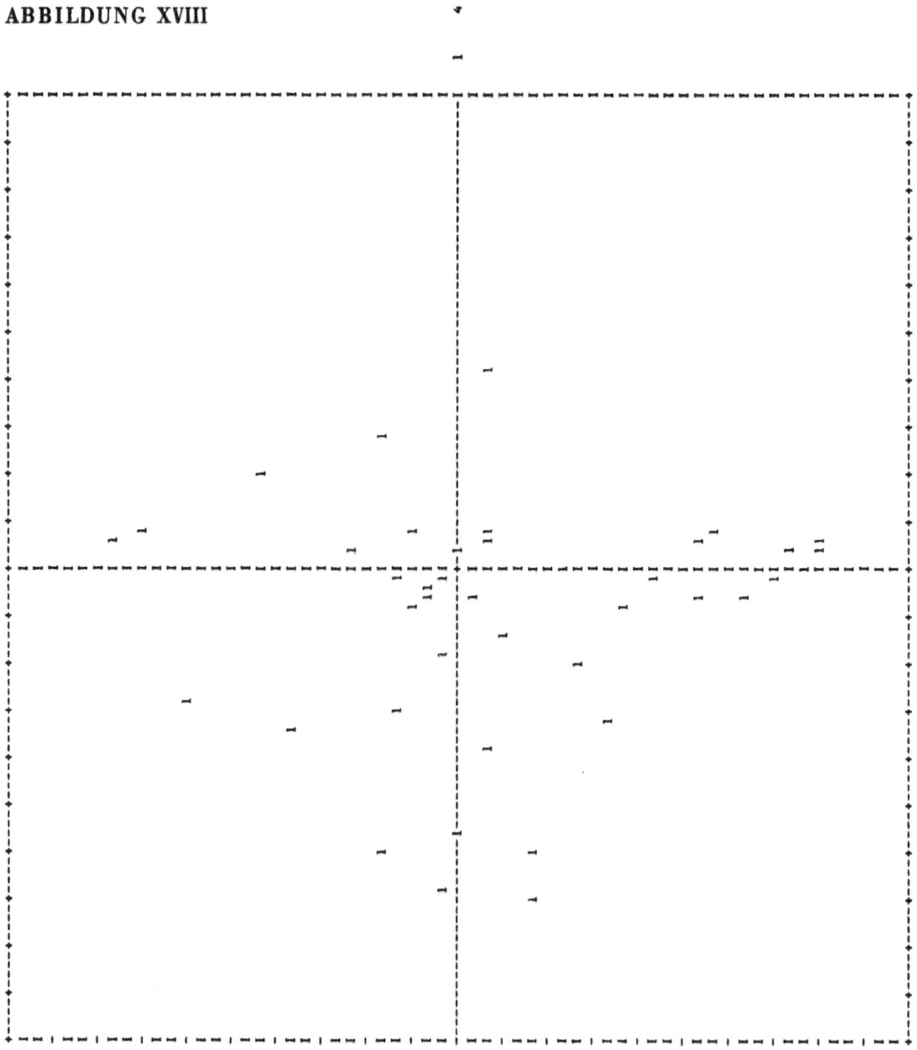

ABBILDUNG XIX

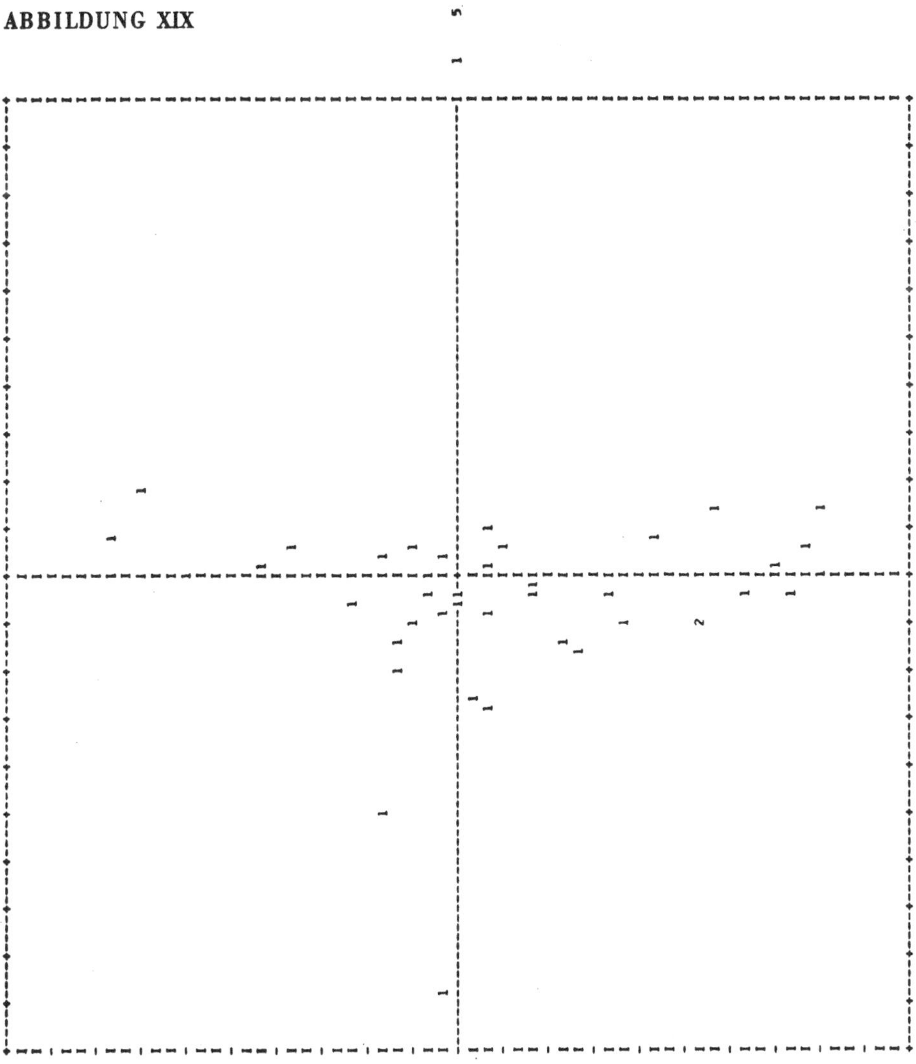

ABBILDUNG XX

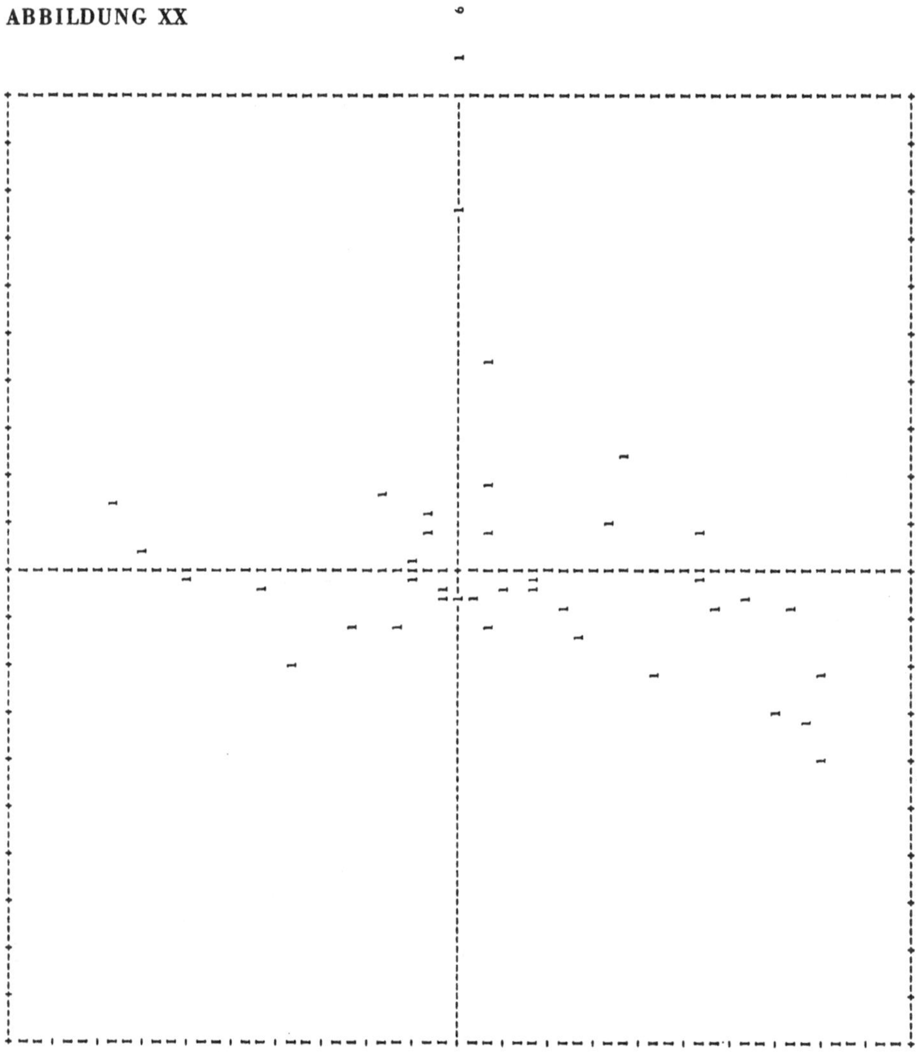

ABBILDUNG XXI

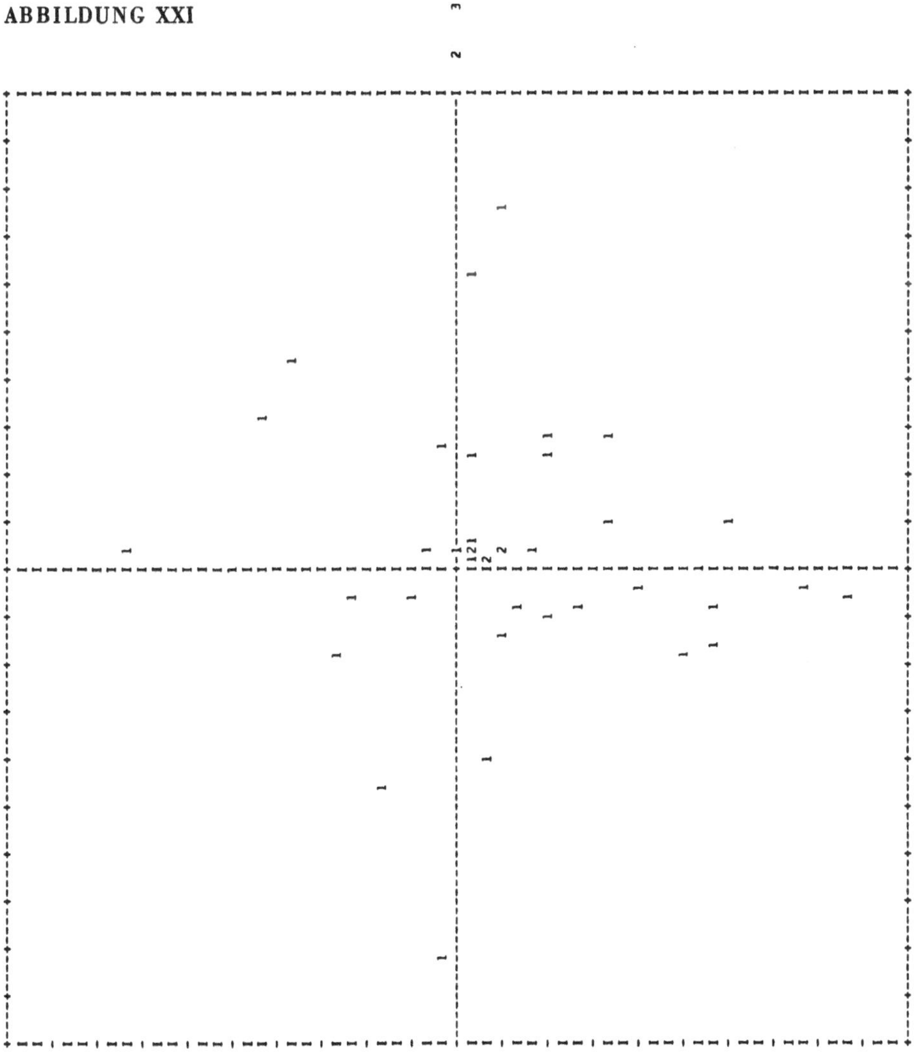

ABBILDUNG XXII

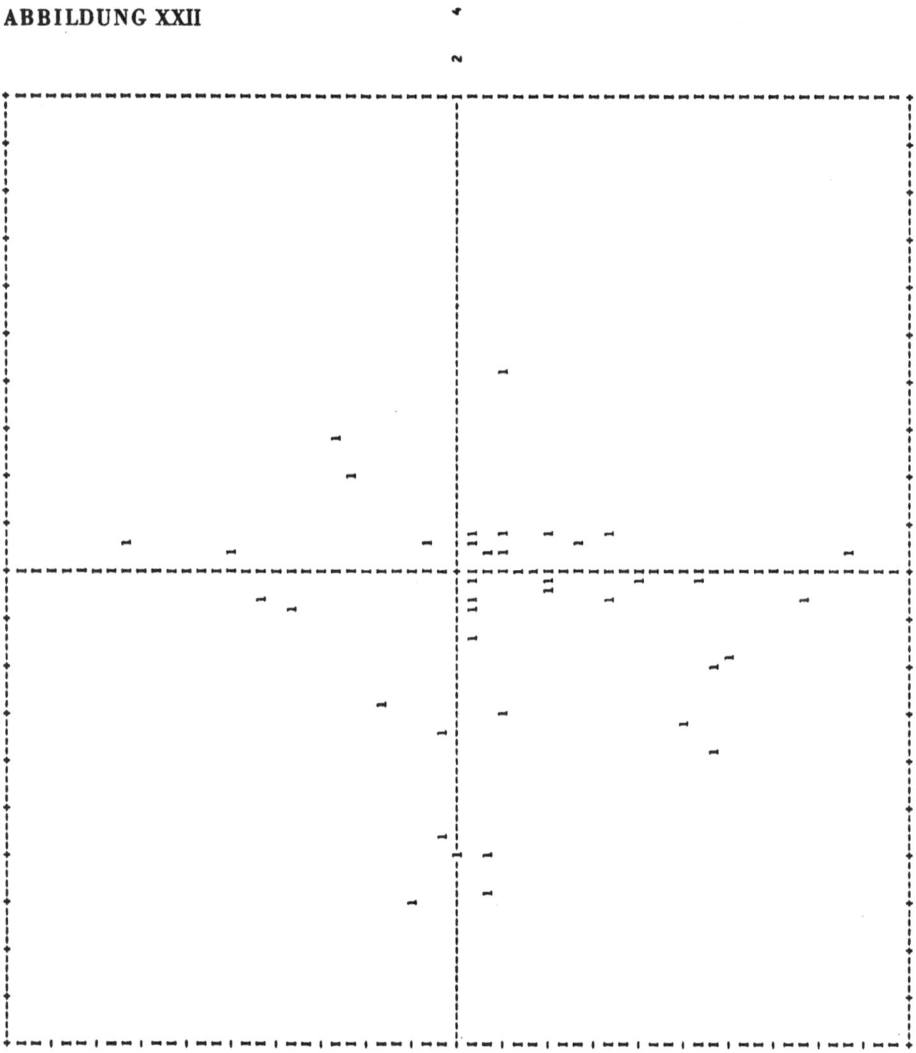

ABBILDUNG XXIII

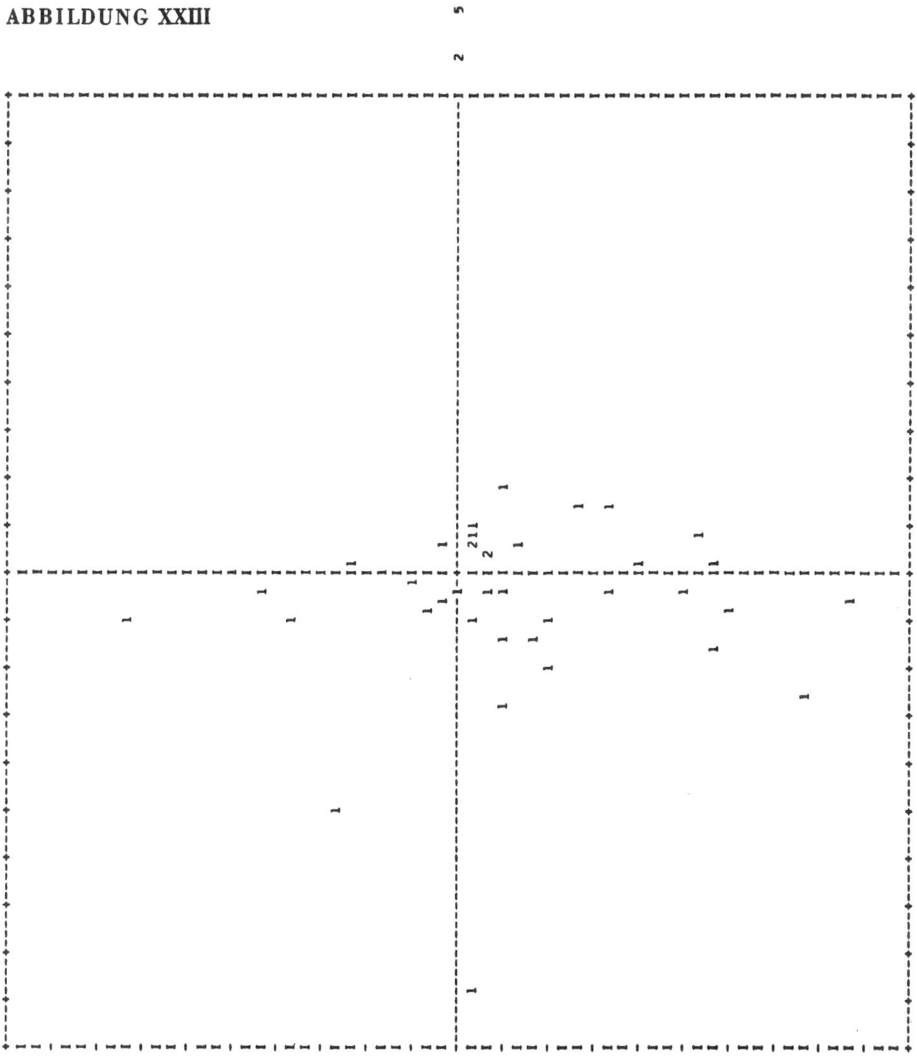

ABBILDUNG XXIV

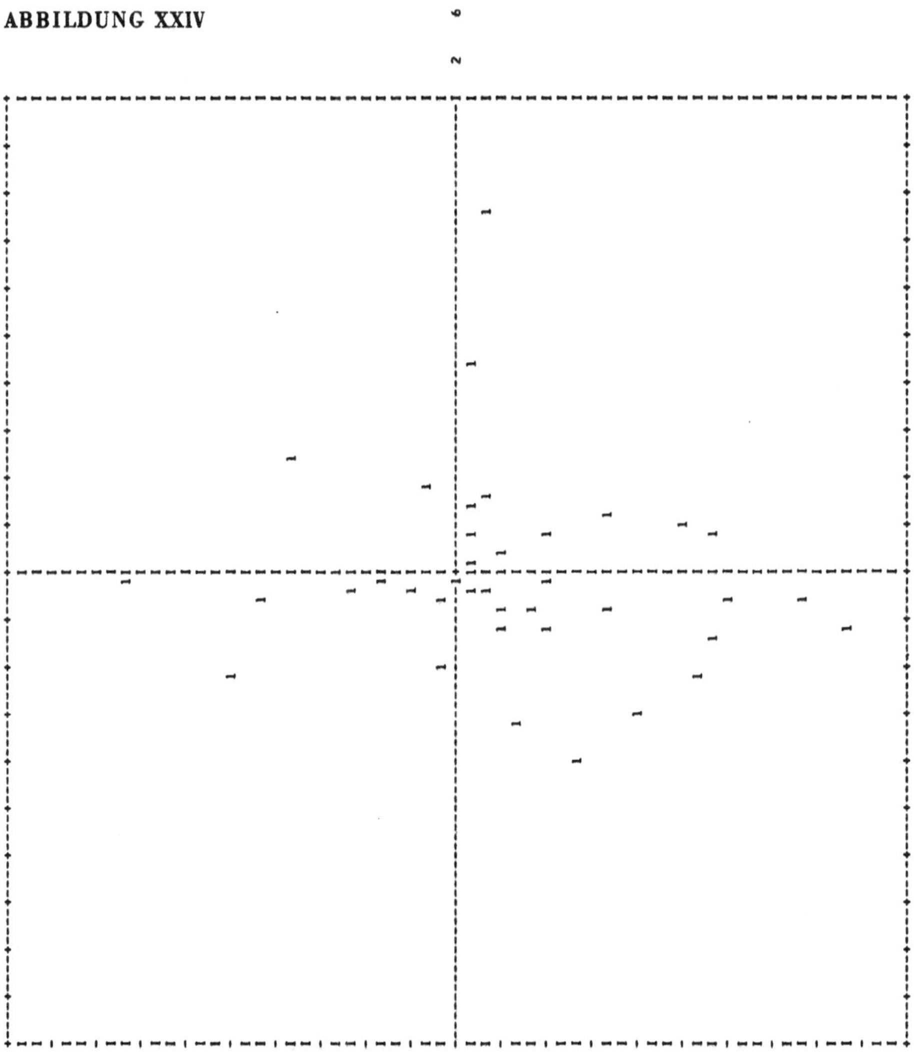

ABBILDUNG XXV

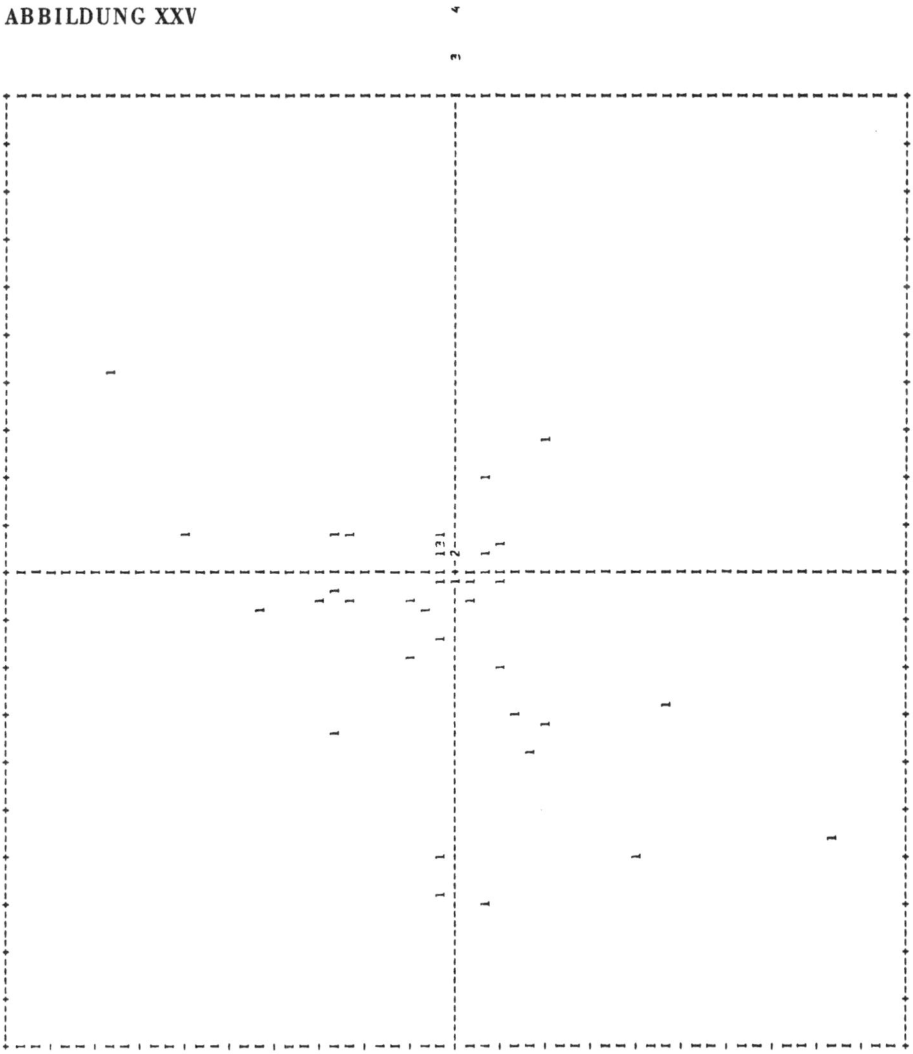

ABBILDUNG XXVI

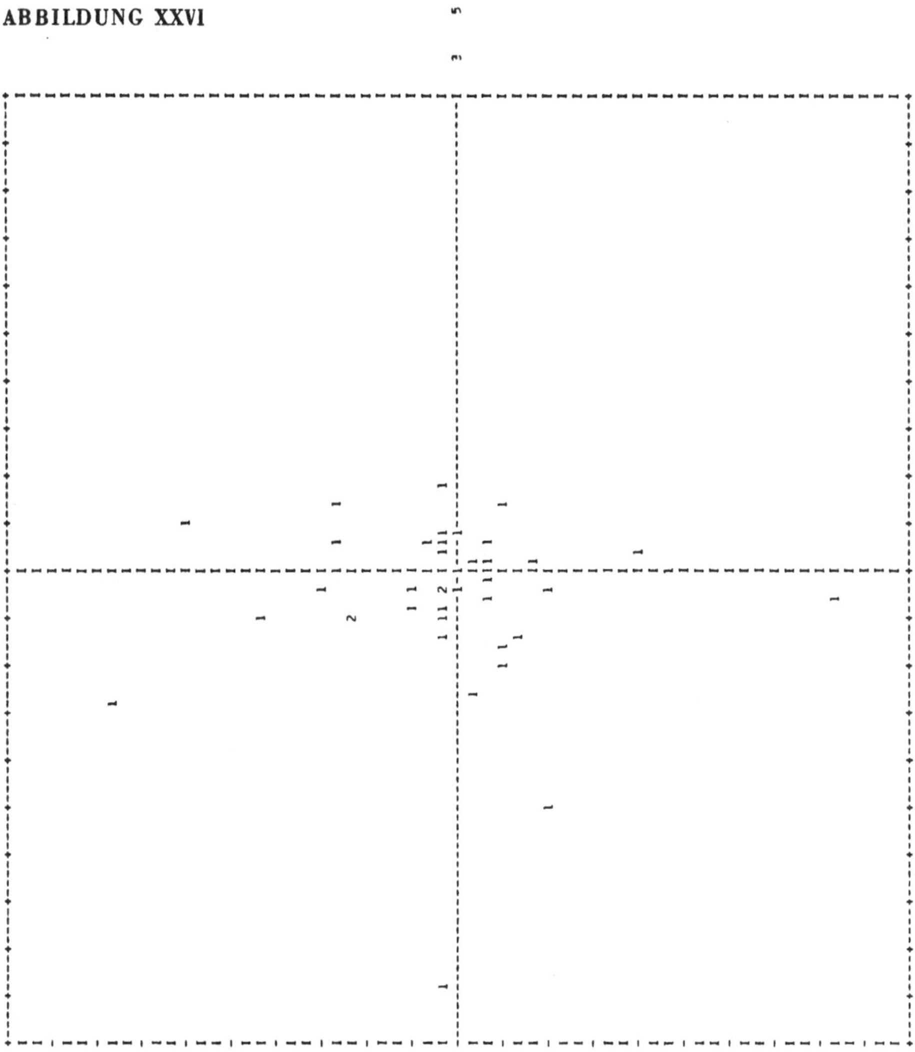

ABBILDUNG XXVII

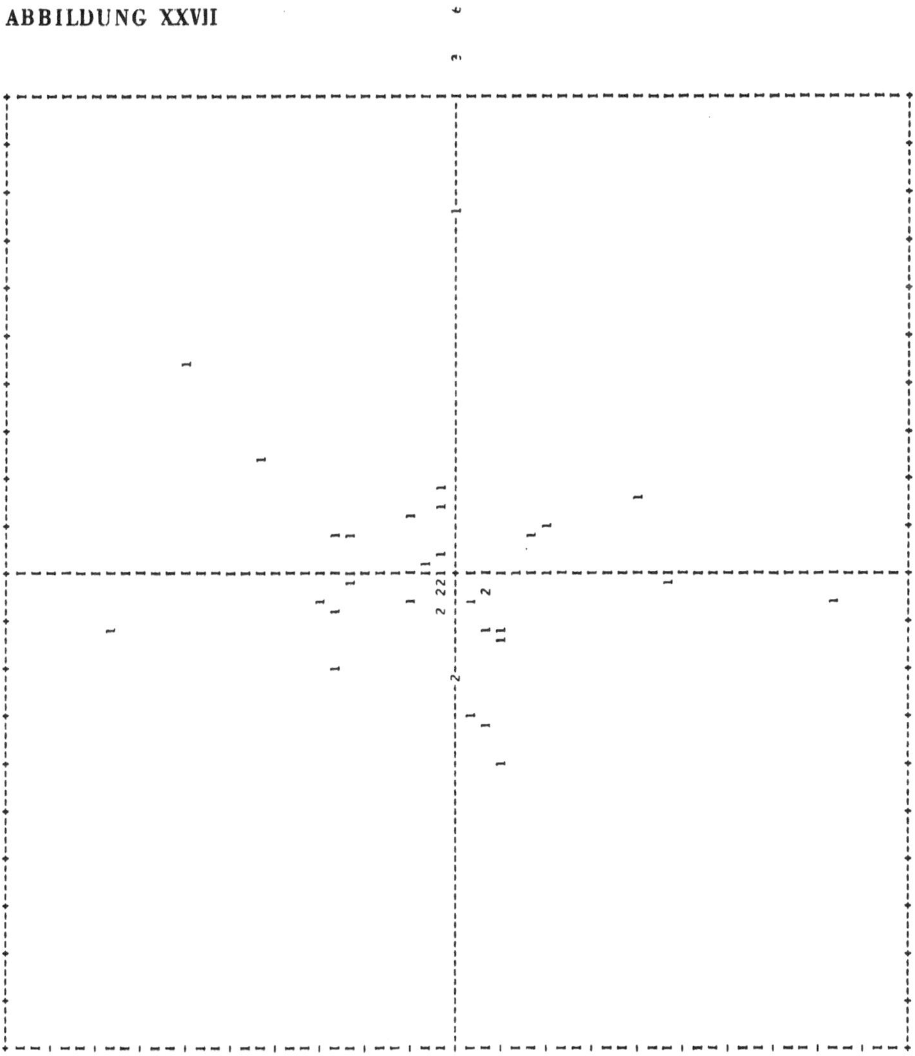

ABBILDUNG XXVIII

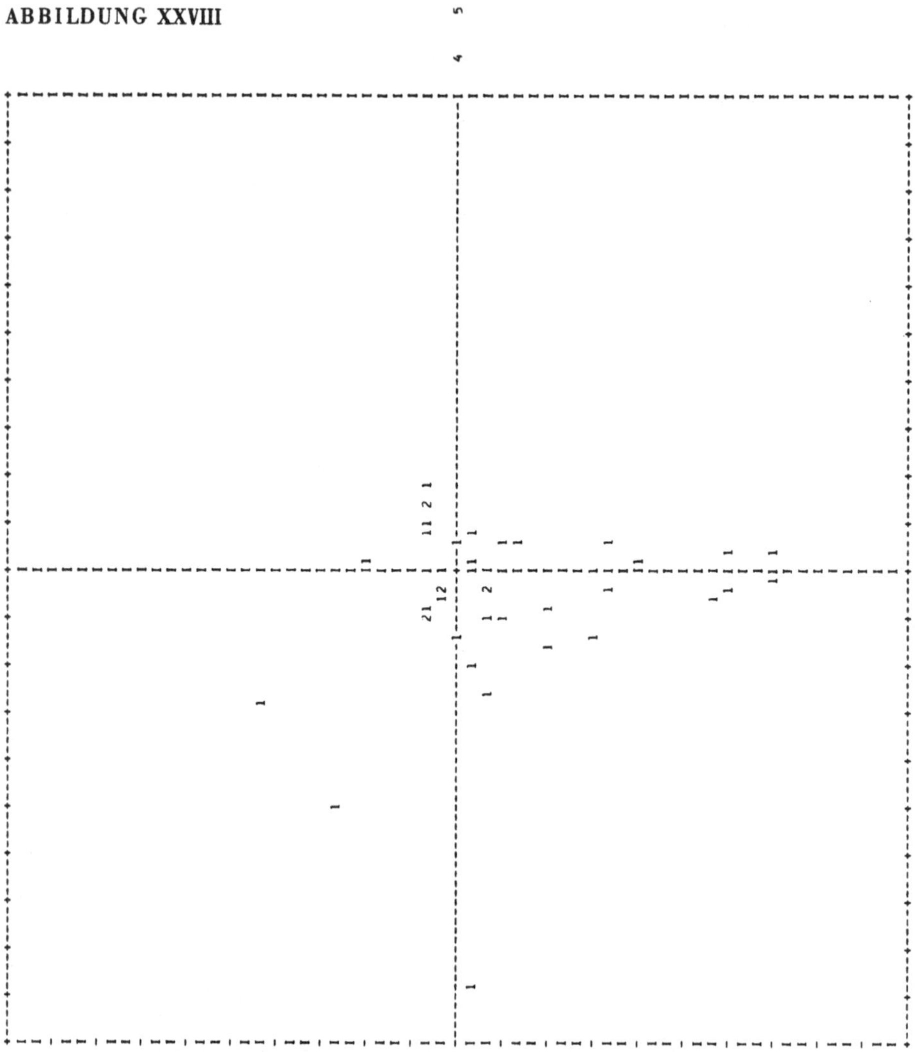

ABBILDUNG XXIX

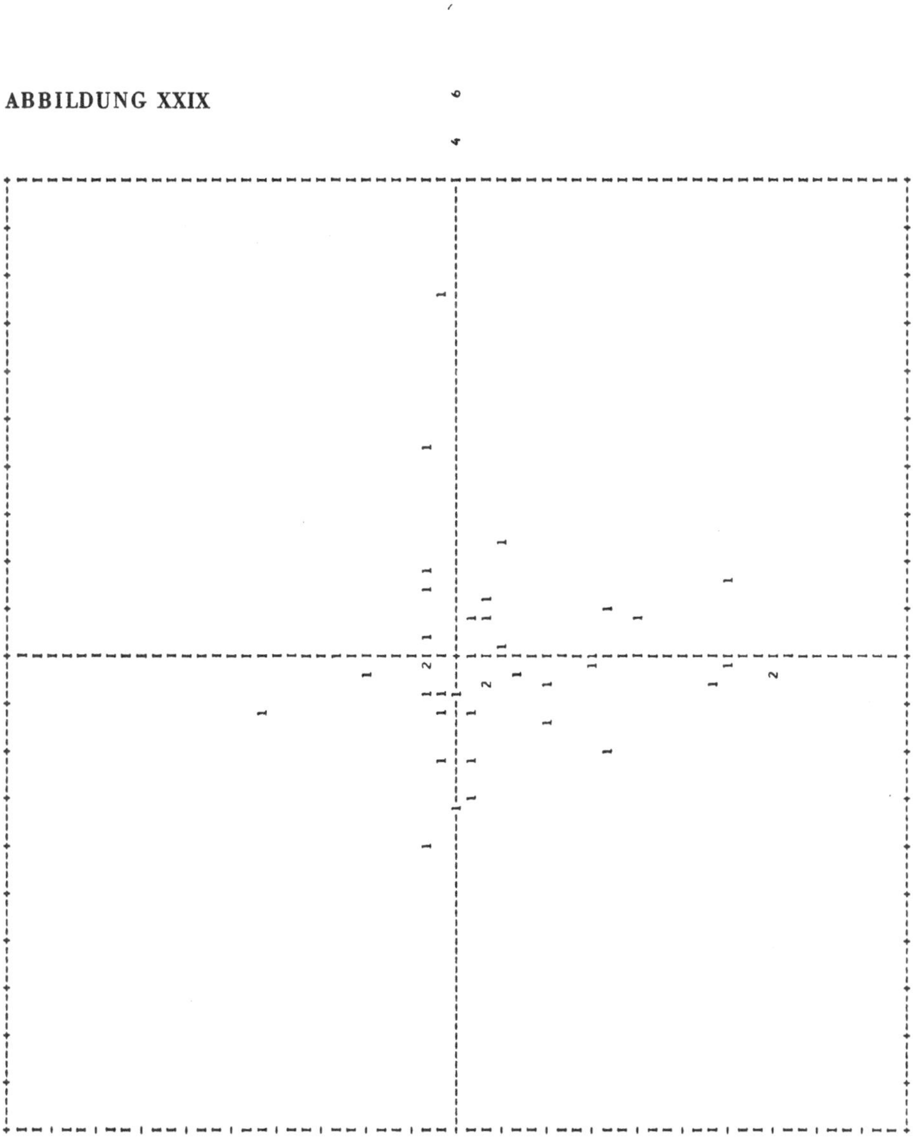

ABBILDUNG XXX

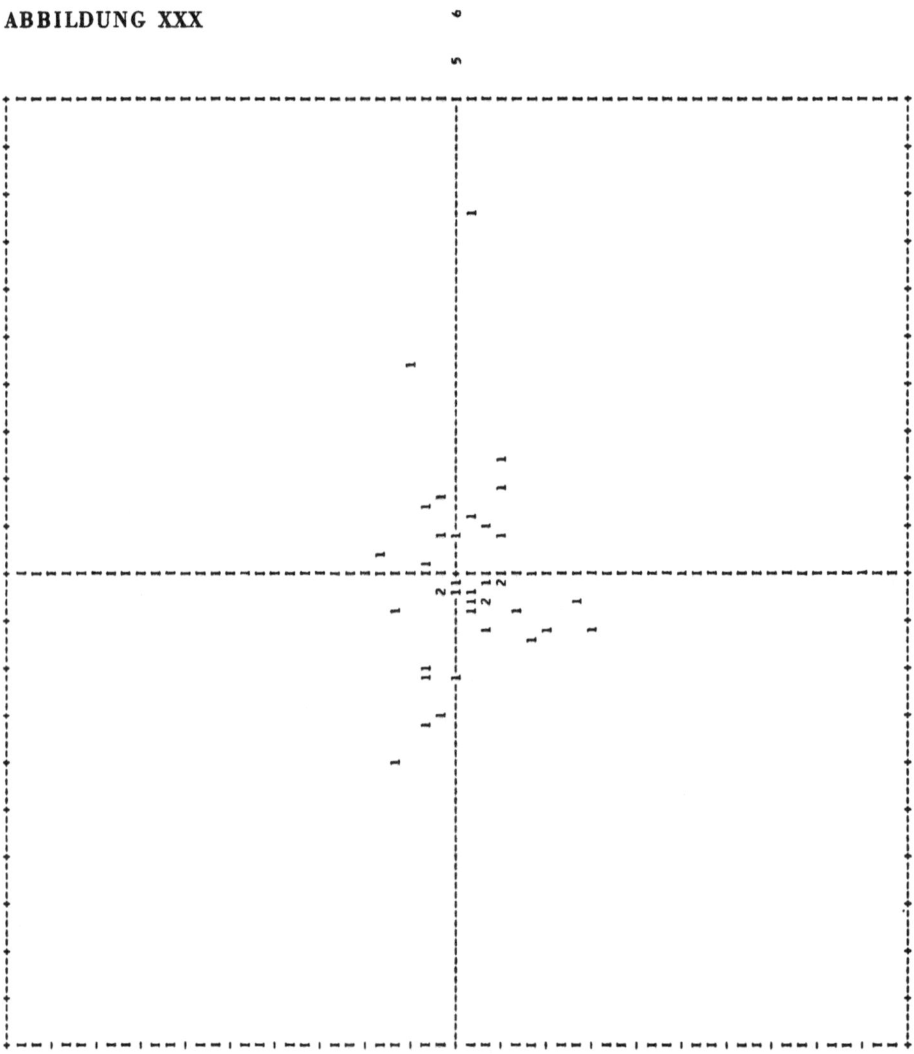

TABELLE I

Datensatz 195o

Rangfolge der Kreise: FAKTOR III

1.	+	6356	Leverkusen
2.	+	2527	Iserlohn-Stadt
3.	+	2o49	Viersen
4.	+	1421	Rheydt
5.	+	1372	Mönchen-Gladbach
6.	+	1251	Aachen-Stadt
7.	+	1224	Ahaus
8.	+	1o97	Bocholt
9.	+	1o53	Lüdenscheid
1o.	+	1o17	Steinfurt
11.	+	89o	Kempen-Krefeld
12.	+	818	Solingen
13.	+	817	Krefeld
14.	+	746	Wuppertal
15.	+	727	Bielefeld-Stadt
16.	+	712	Warendorf
17.	+	678	Rhein-Wupper-Kreis
18.	+	572	Erkelenz
19.	+	553	Neuss
2o.	+	5o7	Grevenbroich
21.	+	5o2	Beckum
22.	+	43o	Köln-Stadt
23.	+	419	Arnsberg
24.	+	418	Herford-Stadt
25.	+	396	Siegen
26.	+	37o	Borken
27.	+	359	Düren
28.	+	359	Wiedenbrück
29.	+	314	Düsseldorf
3o.	+	313	Minden
31.	+	258	Altena
32.	+	231	Ennepe-Ruhr-Kreis
33.	+	133	Remscheid
34.	+	118	Moers
35.	+	116	Meschede
36.	+	8o	Hamm
37.	+	5o	Bonn - Stadt
38.	+	46	Oberberg.-Kreis
39.	+	42	Coesfeld
4o.	+	29	Herford - Land
41.	+	18	Münster-Land
42.	+	8	Euskirchen
43.	+	7	Dinslaken
44.	+	3	Düsseld.-Mettmann
45.	-	11	Soest
46.	-	3o	Recklinghausen-Land
47.	-	59	Monschau
48.	-	67	Kleve
49.	-	91	Iserlohn-Land
5o.	-	111	Lippstadt
51.	-	127	Lemgo
52.	-	129	Rees
53.	-	167	Duisburg
54.	-	183	Detmold
55.	-	256	Bielefeld-Land
56.	-	259	Essen
57.	-	27o	Schleiden
58.	-	38o	Unna
59.	-	395	Münster-Stadt
6o.	-	4o9	Herne
61.	-	415	Höxter
62.	-	422	Oberhausen
63.	-	455	Olpe
64.	-	496	Bonn-Land
65.	-	5o9	Brilon
66.	-	534	Hagen
67.	-	542	Paderborn
68.	-	583	Aachen-Land
69.	-	6o3	Lübbecke
7o.	-	6o7	Halle
71.	-	615	Gelsenkirchen
72.	-	64o	Mülheim

73. - 688 Tecklenburg
74. - 699 Rhein.-Berg.-Kreis
75. - 699 Sieg-Kreis
76. - 712 Dortmund
77. - 725 Warburg
78. - 757 Lünen
79. - 839 Geldern
8o. - 862 Bochum
81. - 91o Köln-Land
82. - 946 Bergheim
83. - 967 Selfkant-Kreis
84. - 1oo3 Recklinghausen-Stadt
85. - 1o26 Castrop-Rauxel
86. - 1o3o Wanne-Eickel
87. - 1o95 Wattenscheid
88. - 11oo Jülich
89. - 1116 Lüdinghausen
9o. - 1131 Witten
91. - 1157 Wittgenstein
92. - 132o Bottrop
93. - 14o7 Gladbeck
94. - 1452 Büren

ABBILDUNG XXXI

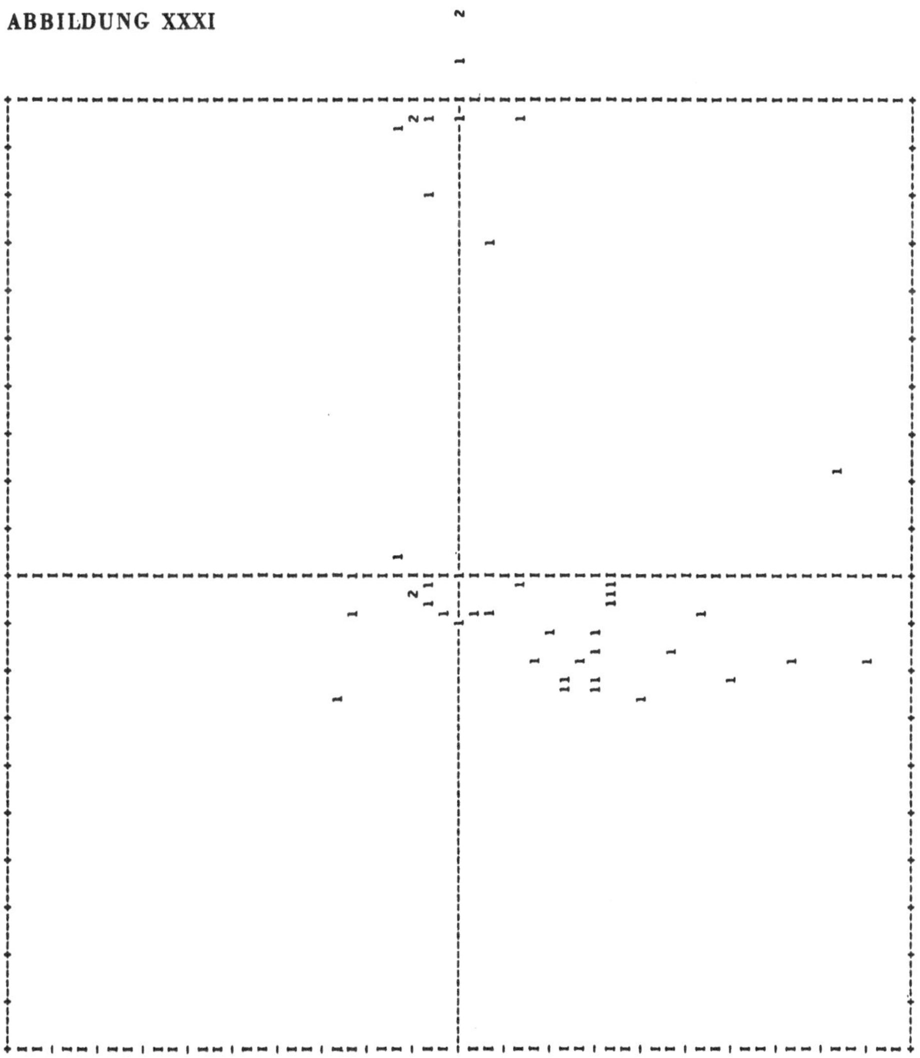

ABBILDUNG XXXII

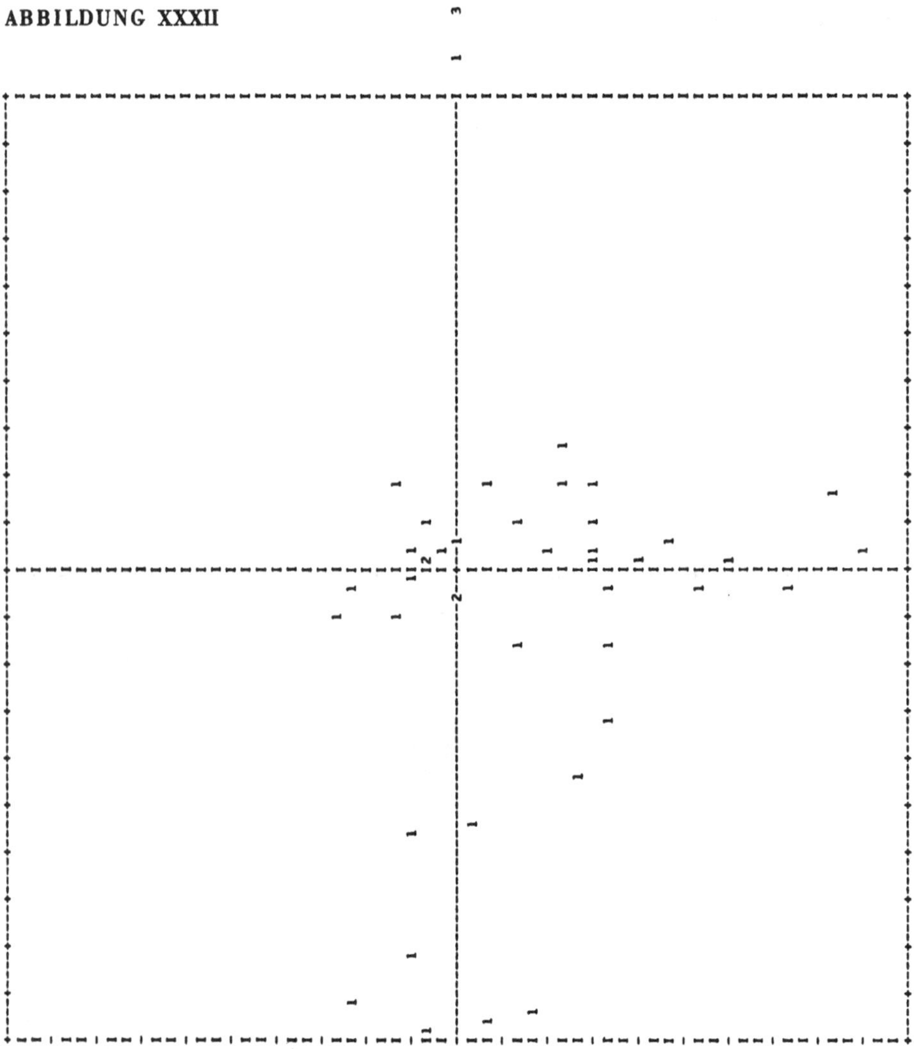

ABBILDUNG XXXIII

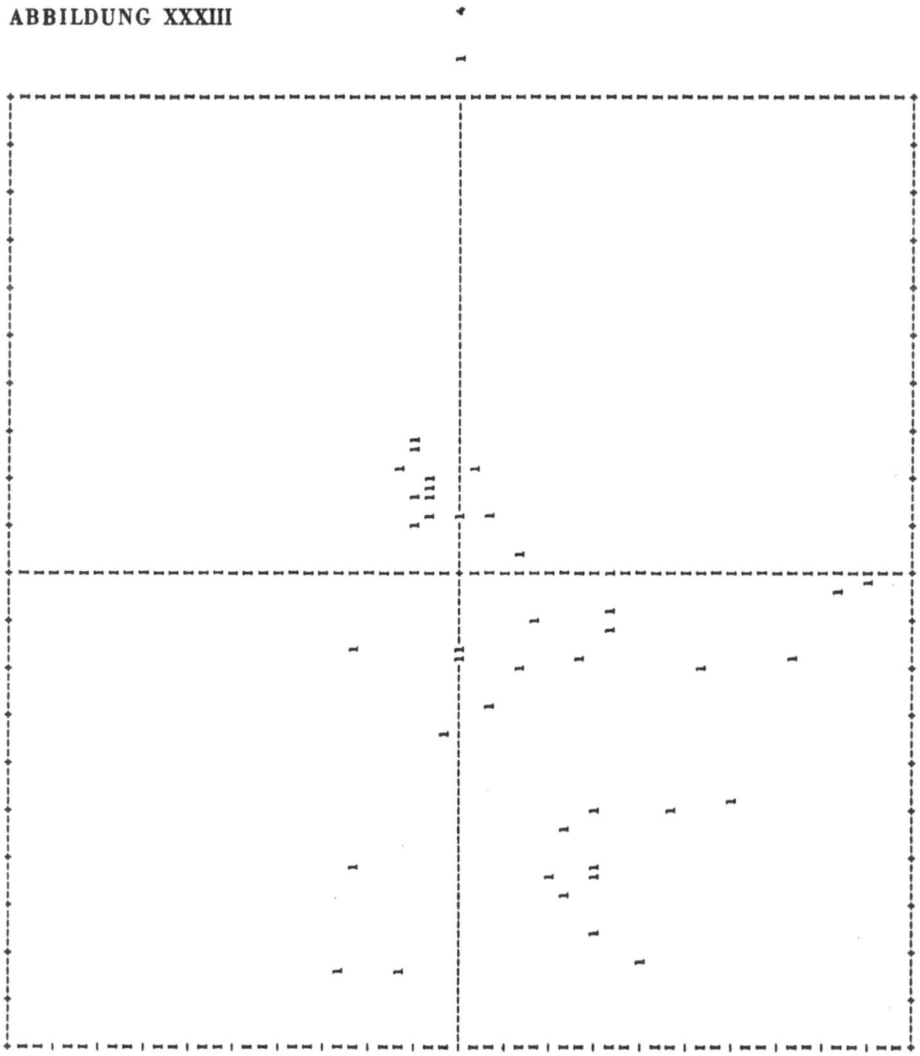

ABBILDUNG XXXIV

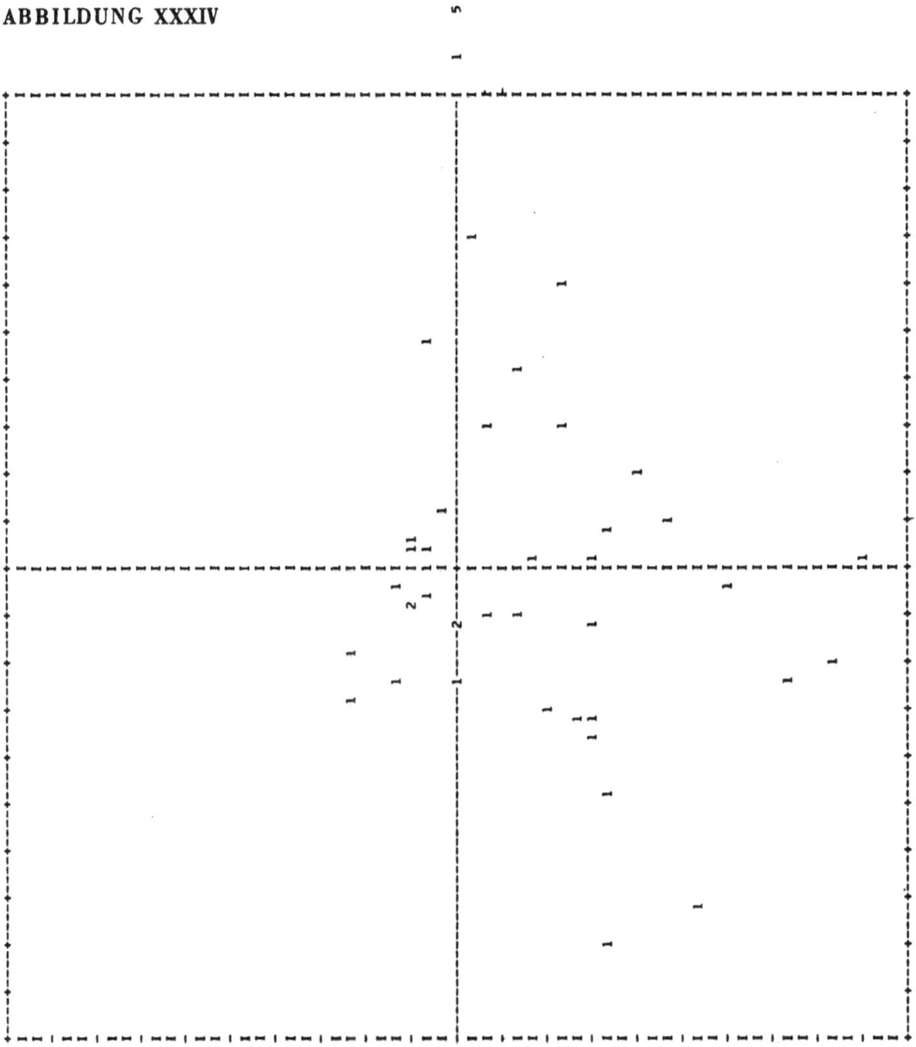

ABBILDUNG XXXV

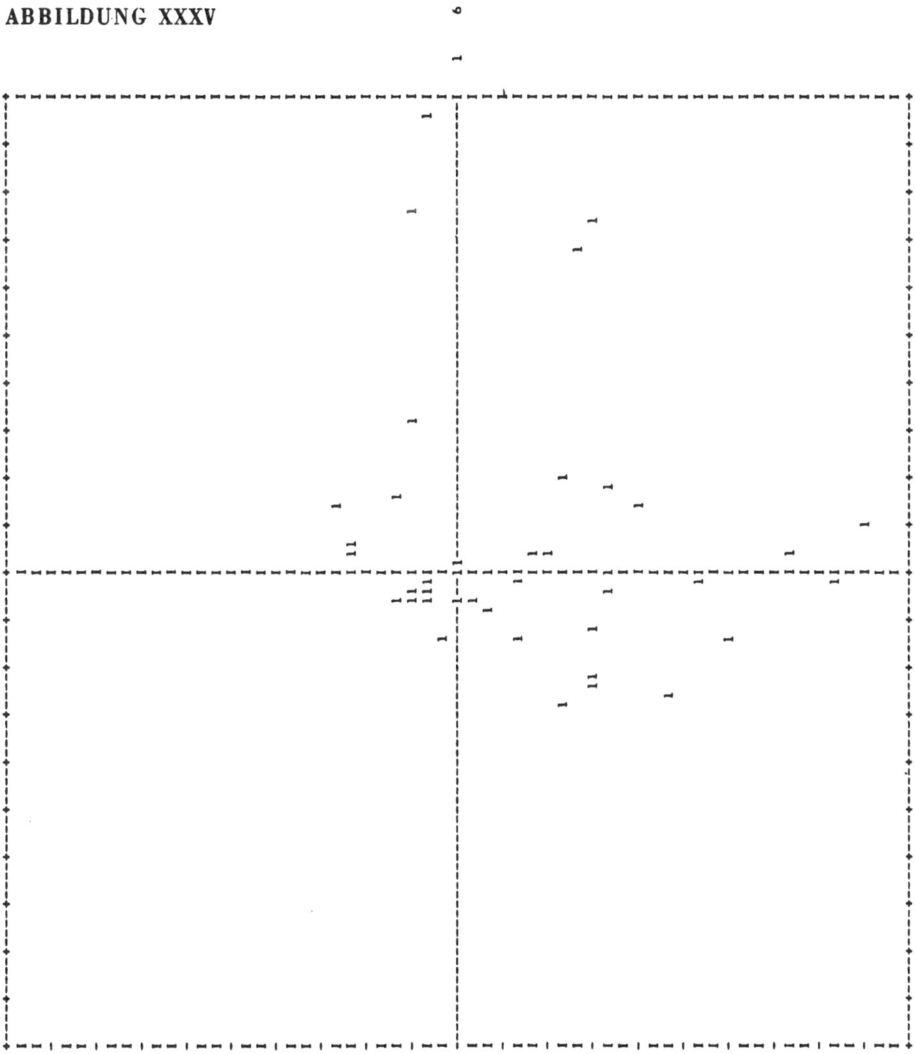

ABBILDUNG XXXVI

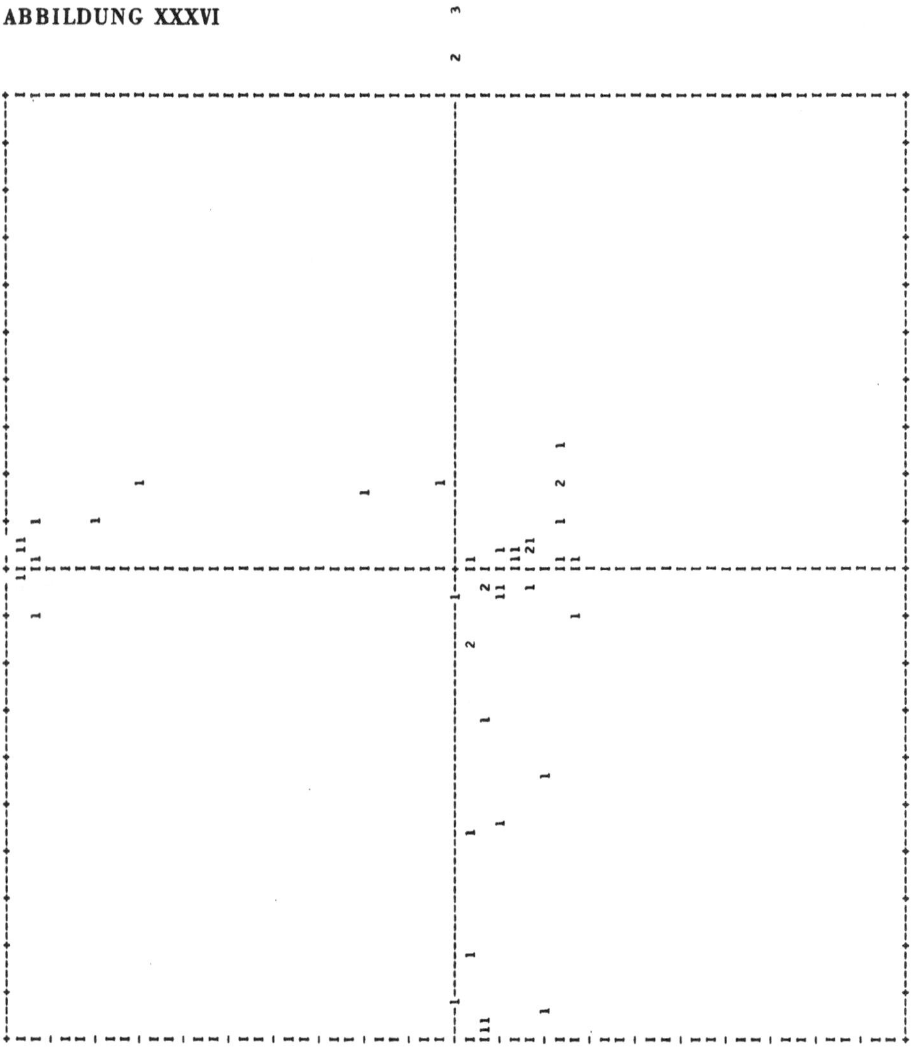

ABBILDUNG XXXVII

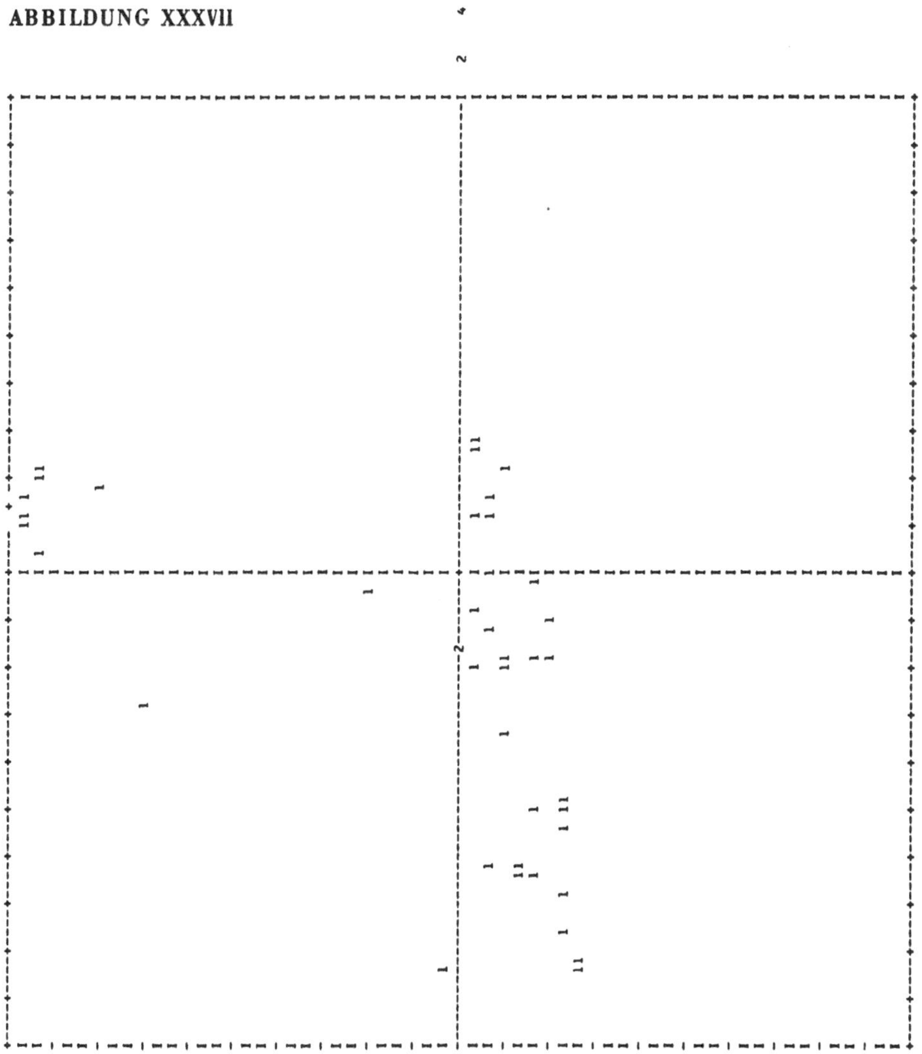

ABBILDUNG XXXVIII

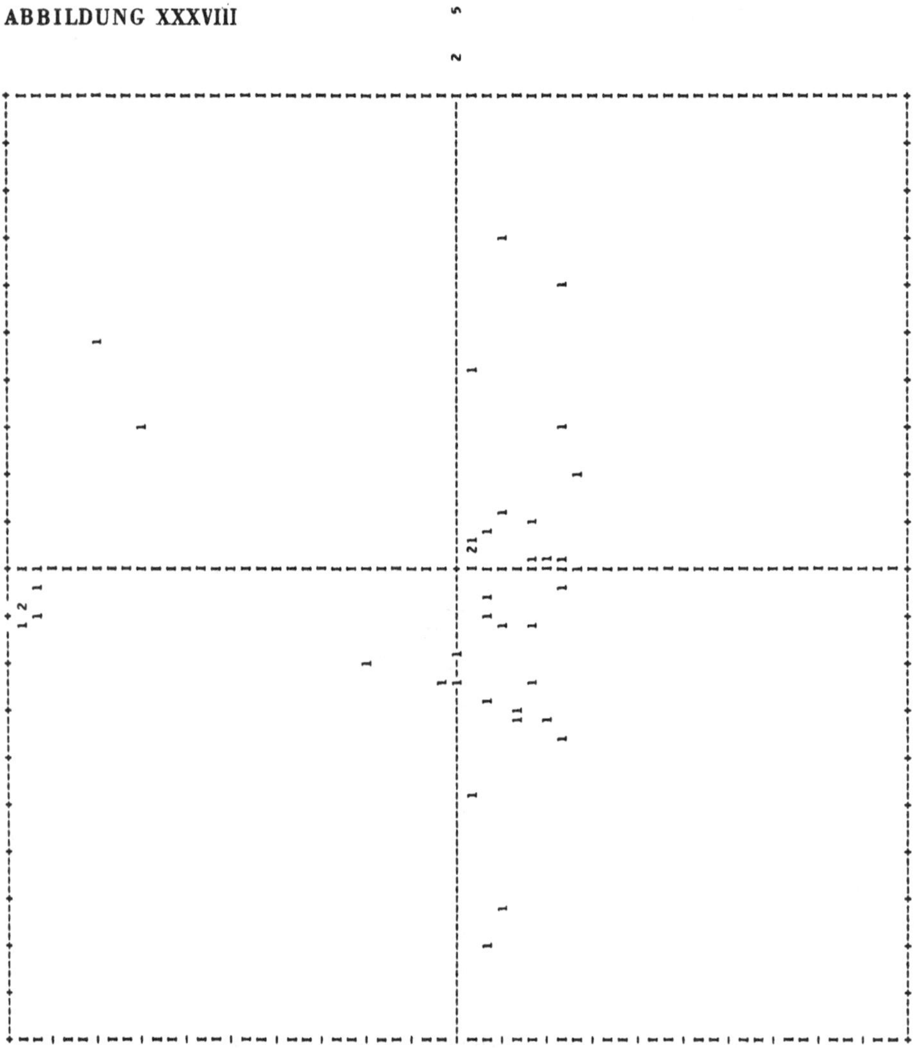

ABBILDUNG XXXIX

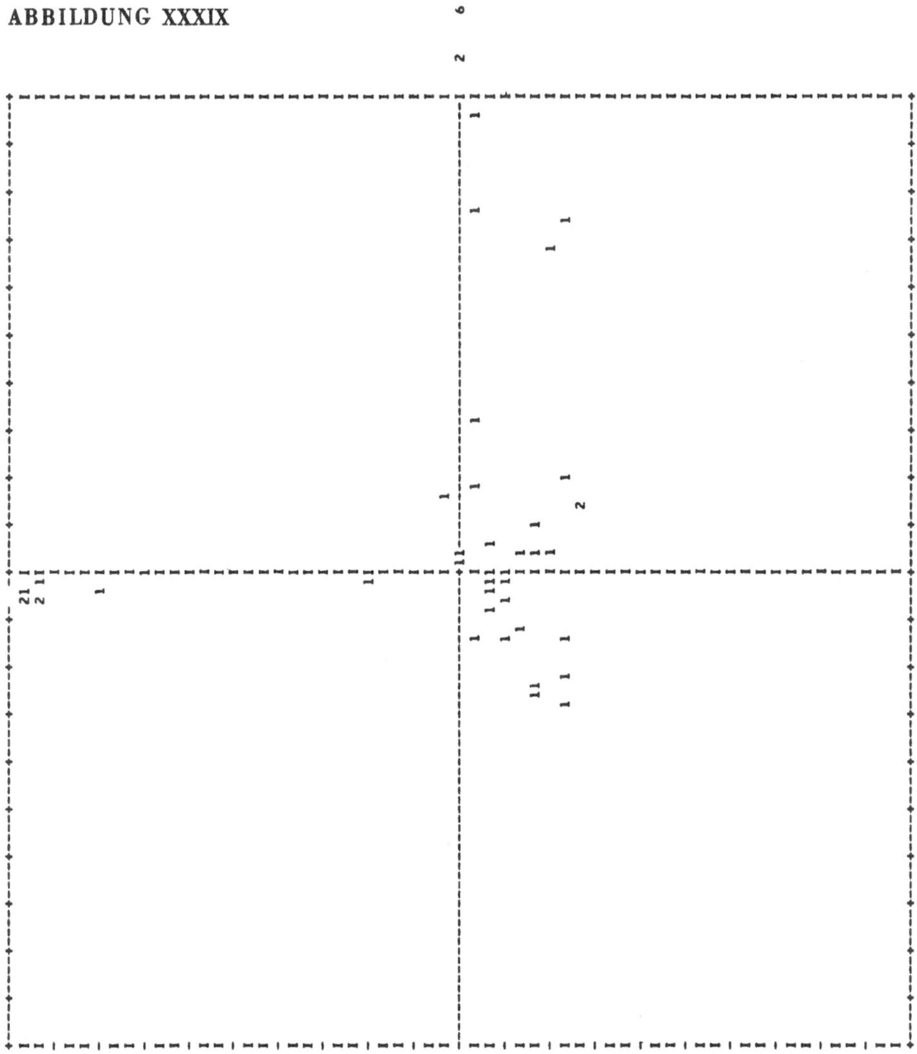

ABBILDUNG XL

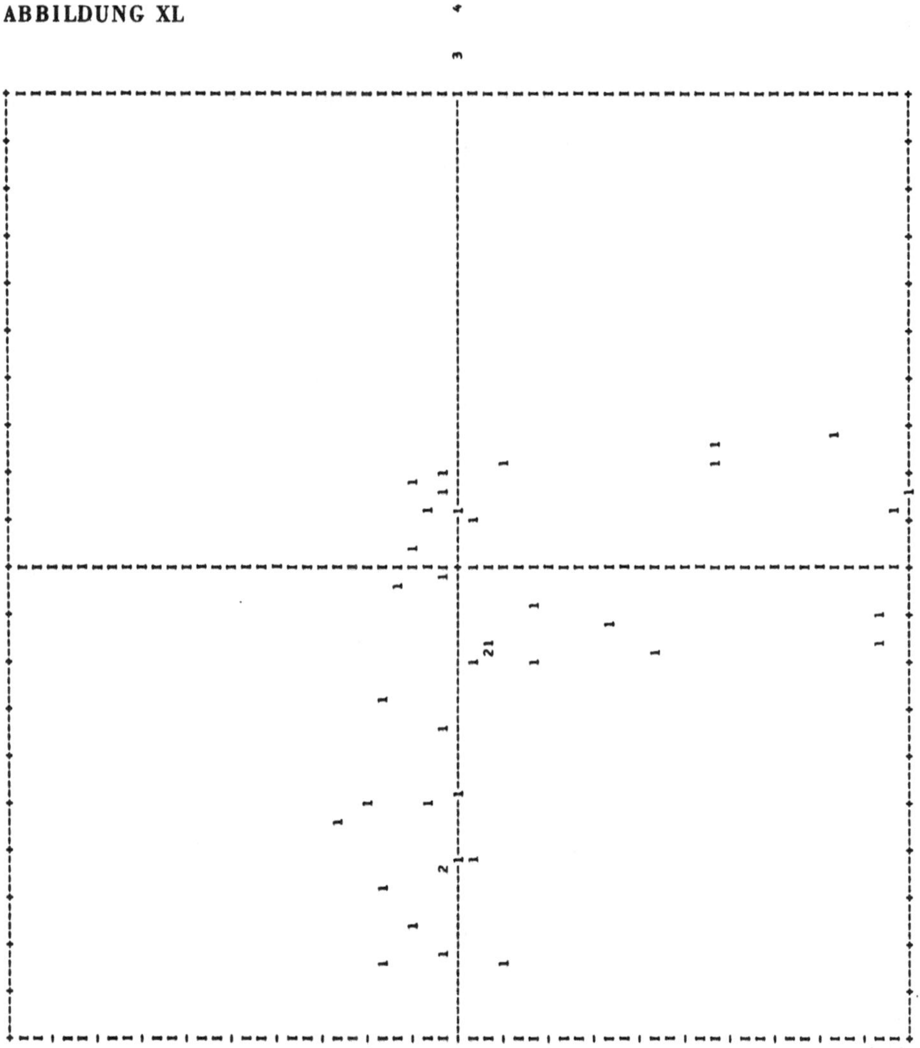

ABBILDUNG XLI

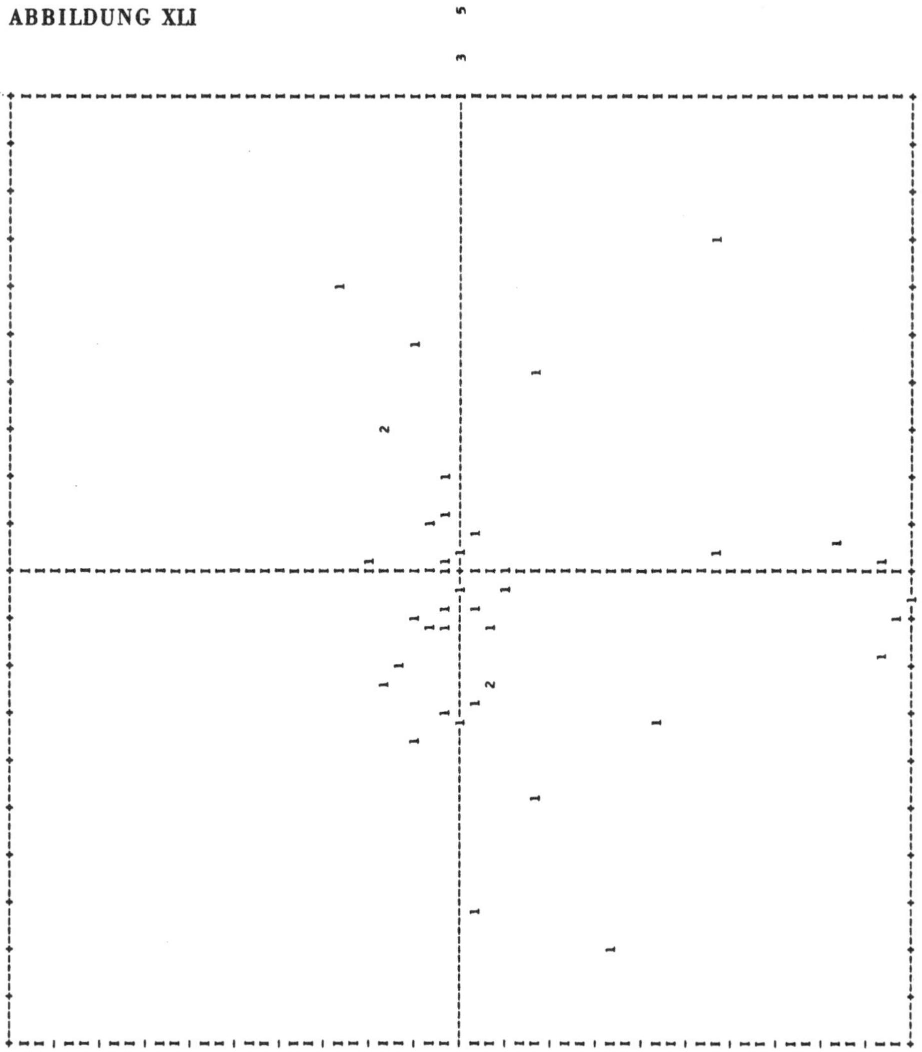

ABBILDUNG XLII

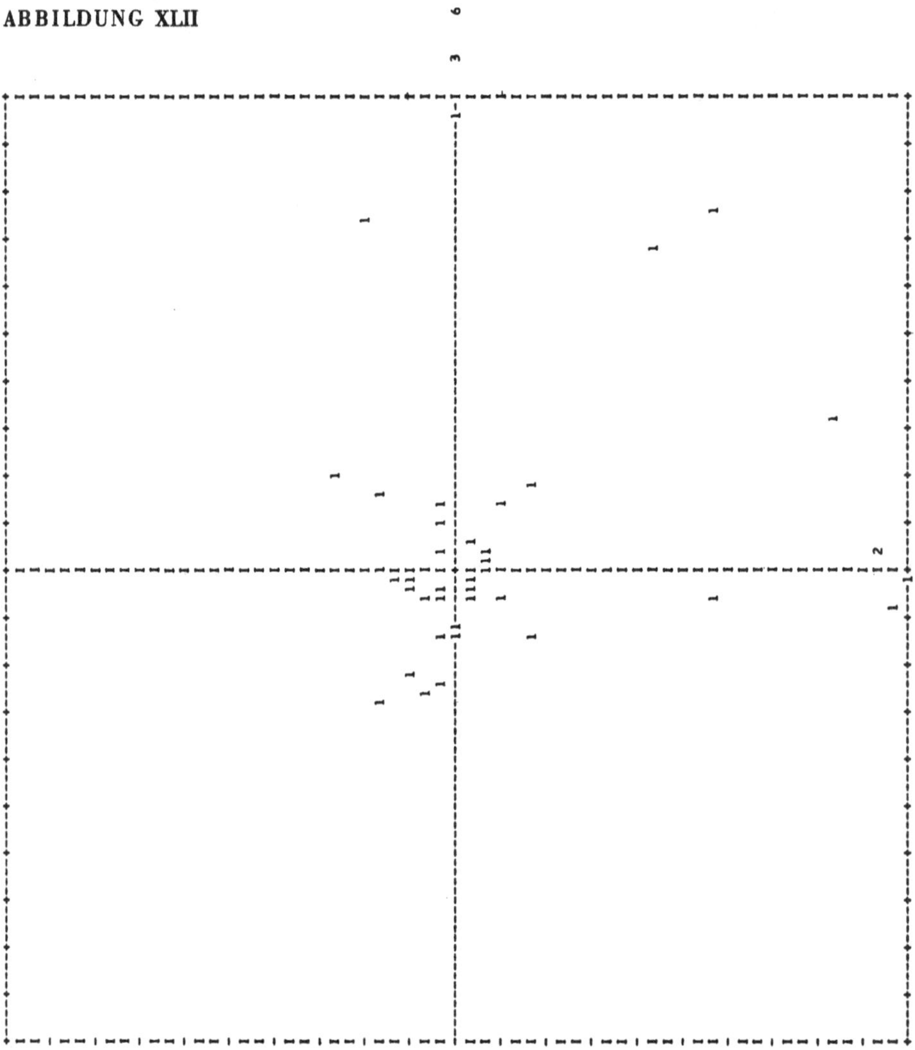

ABBILDUNG XLIII

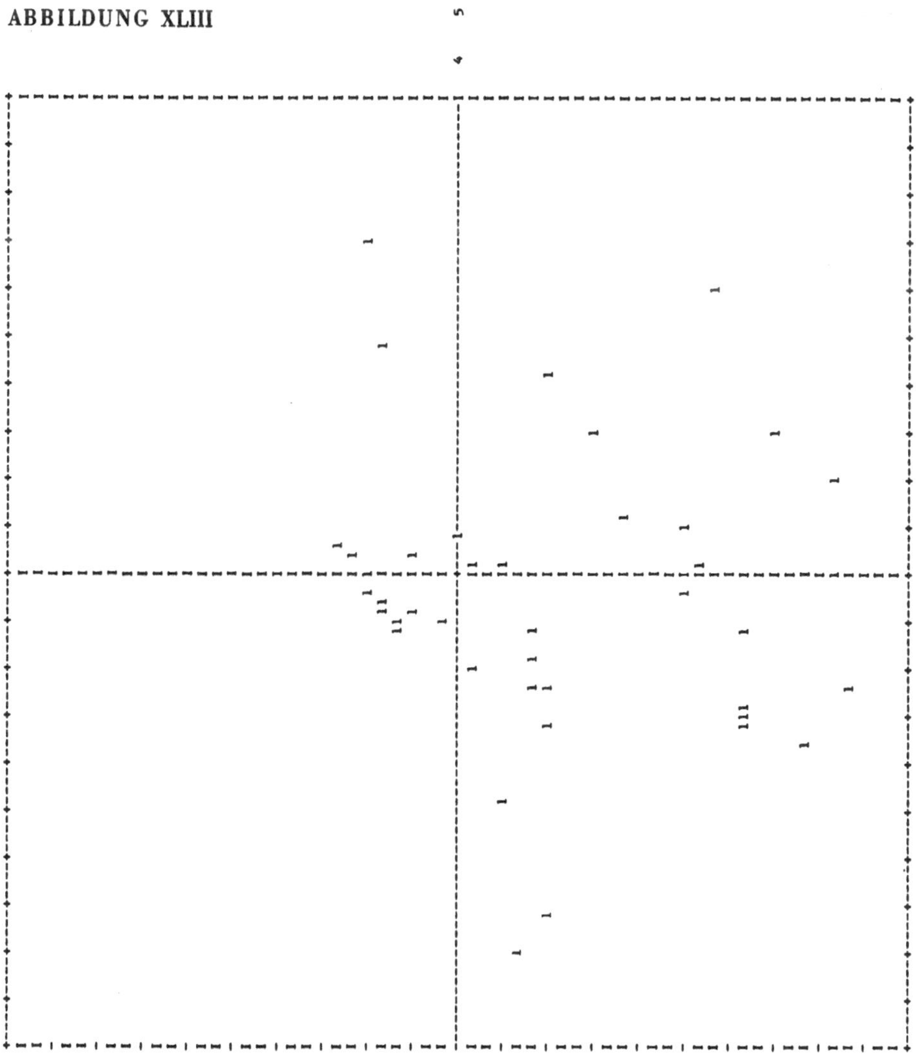

ABBILDUNG XLIV

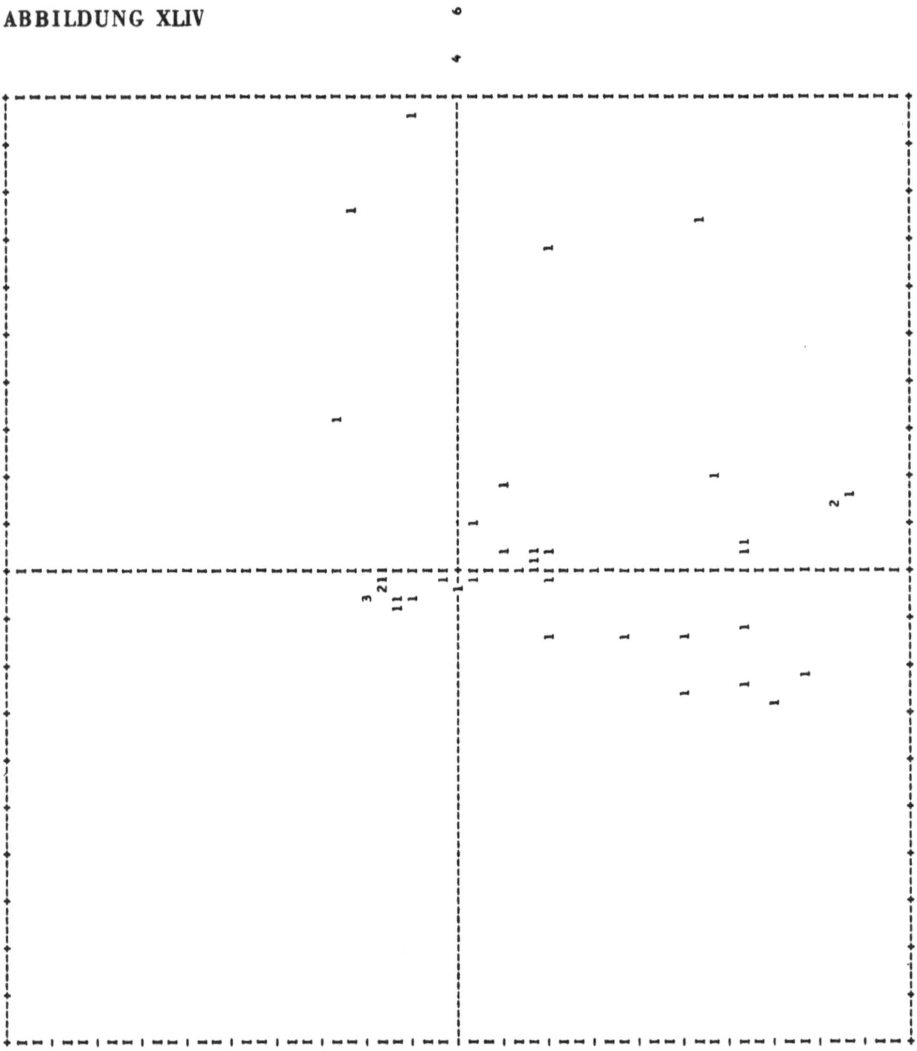

ABBILDUNG XLV

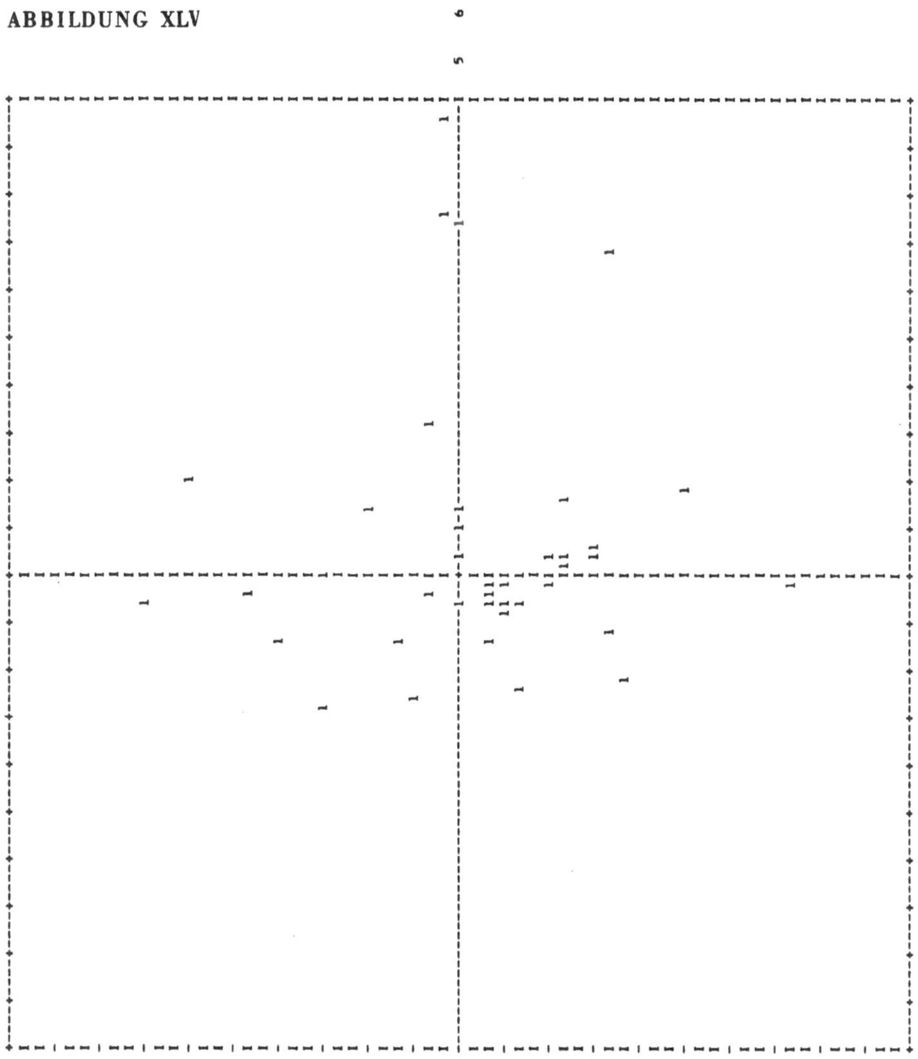

ABBILDUNG XLVI

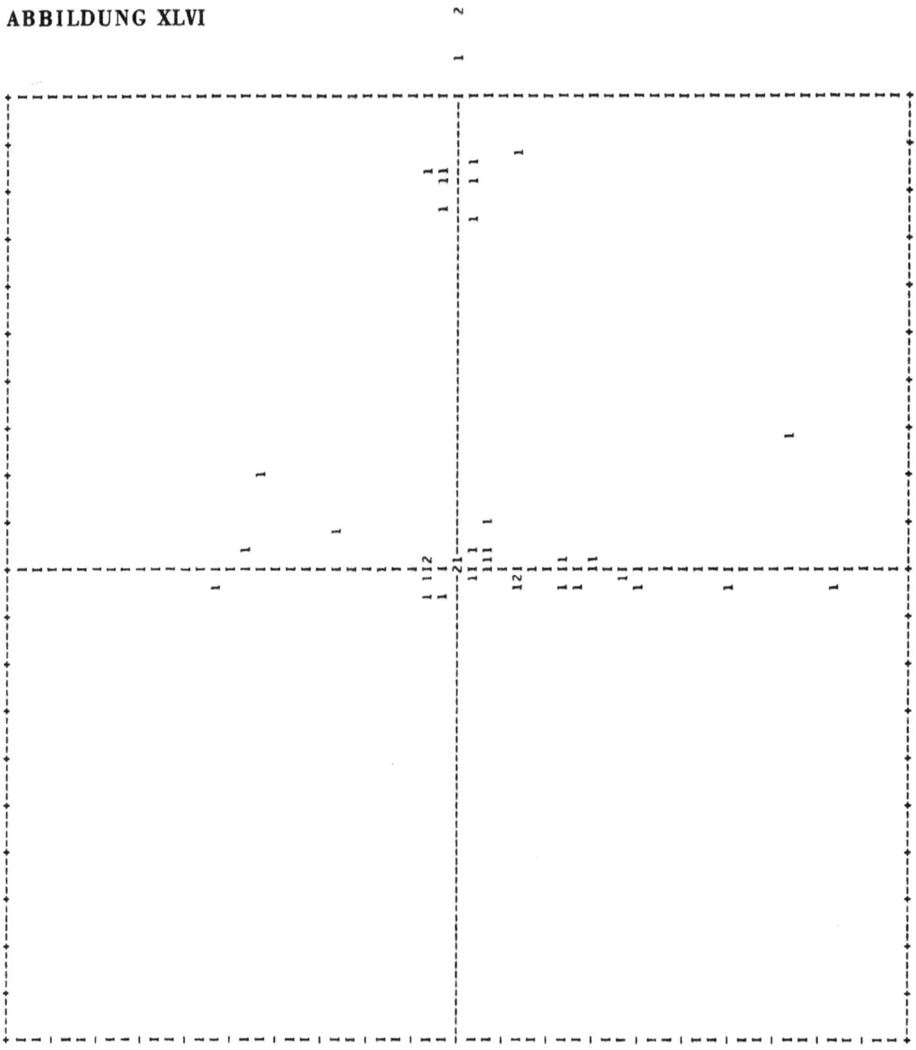

ABBILDUNG XLVII

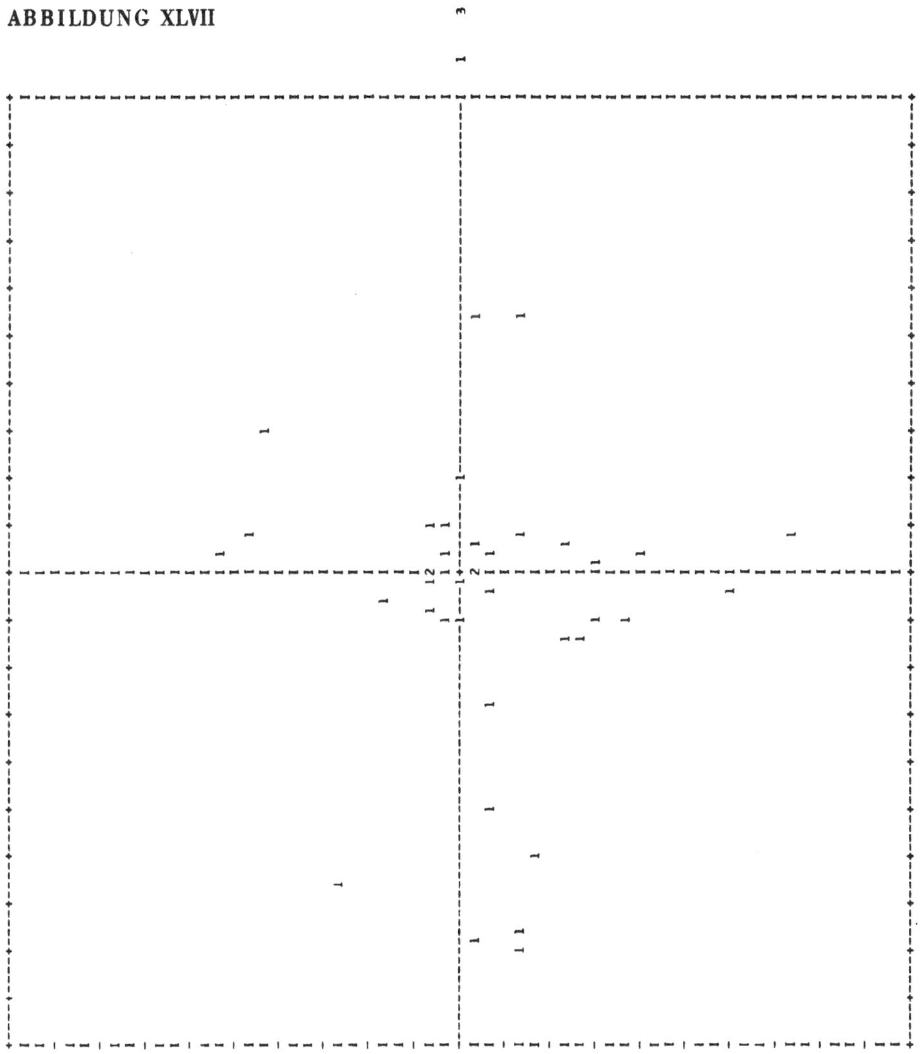

ABBILDUNG XLVIII

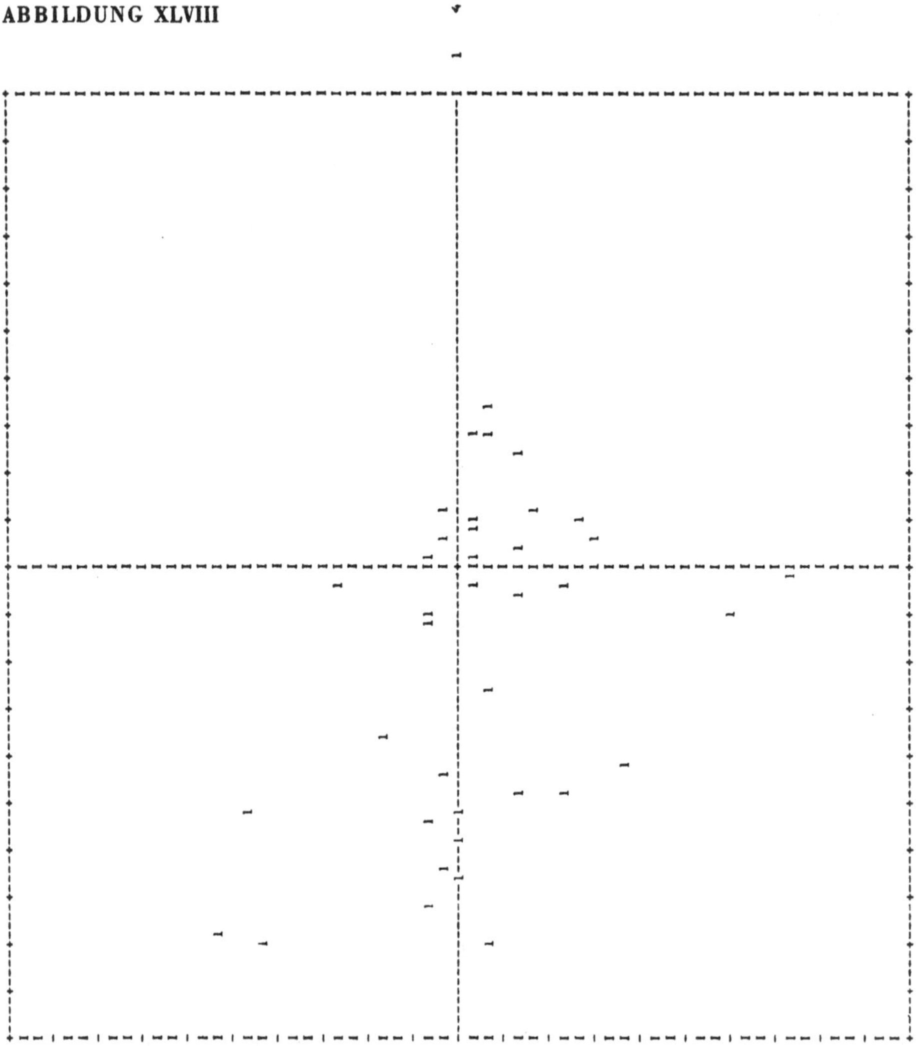

ABBILDUNG IL

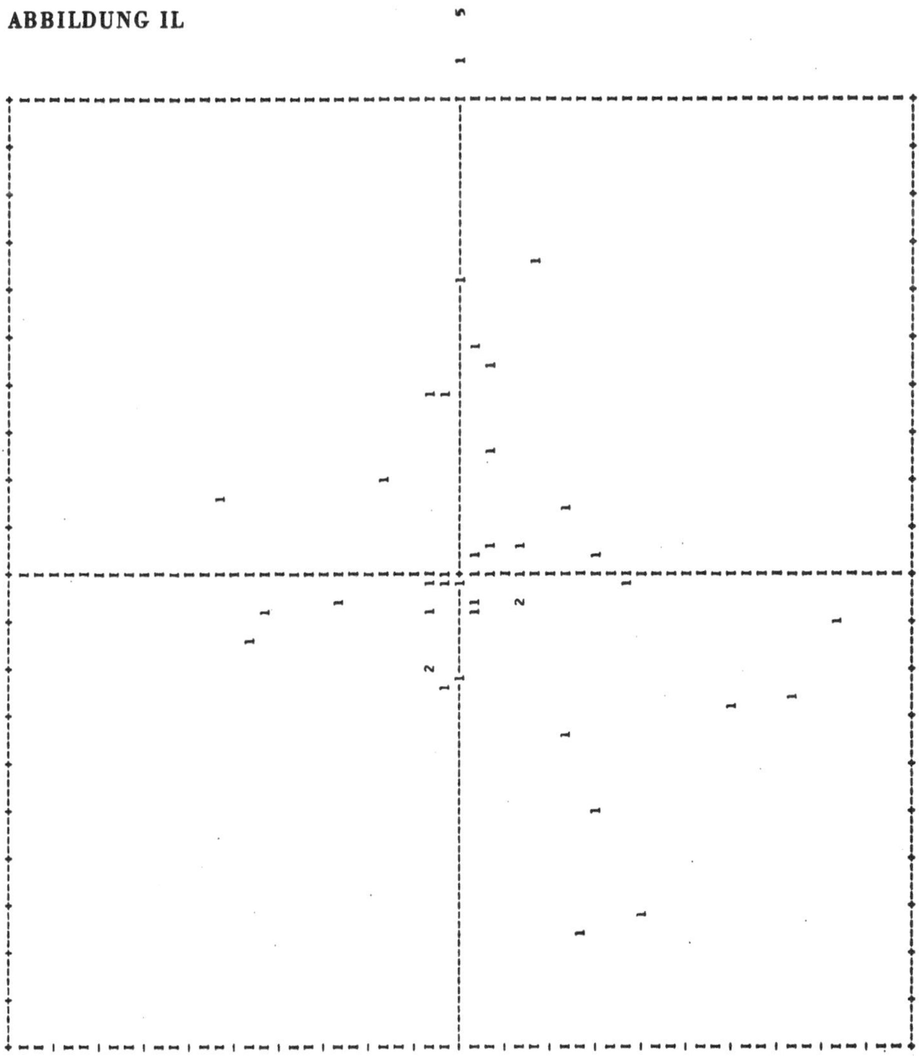

ABBILDUNG L

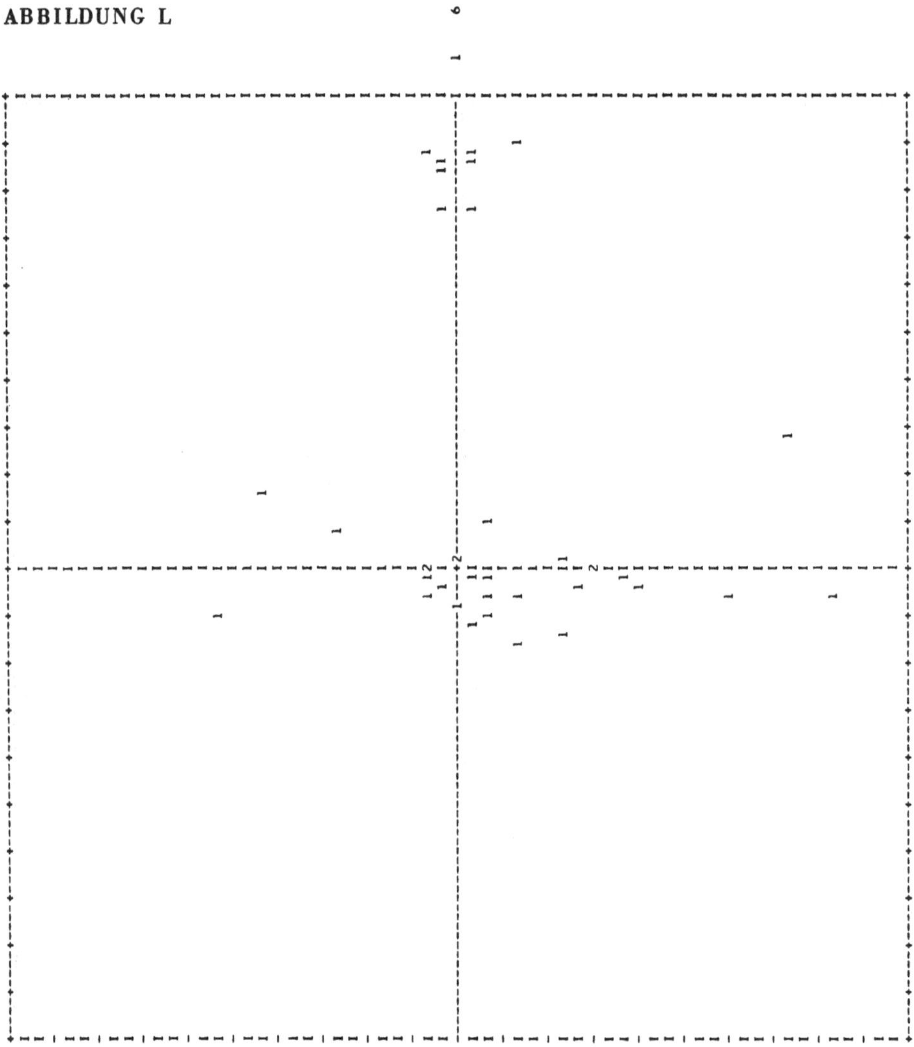

ABBILDUNG LI

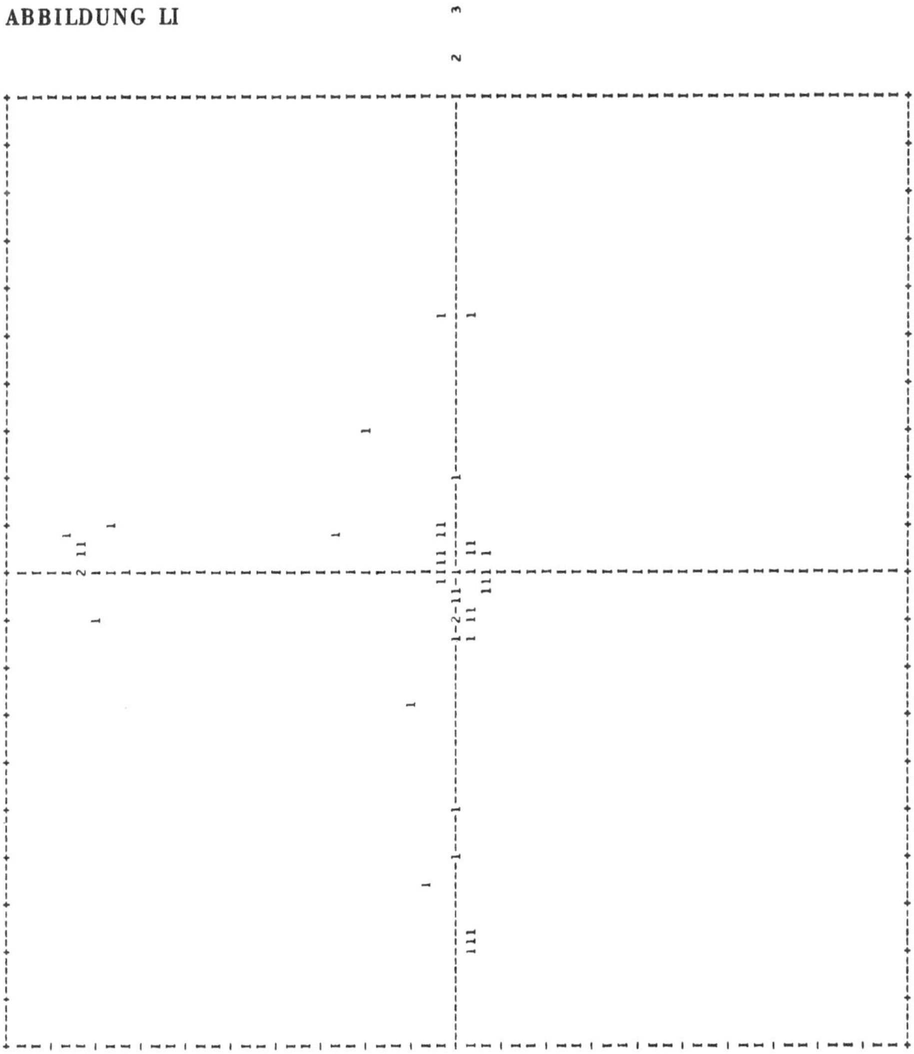

ABBILDUNG LII

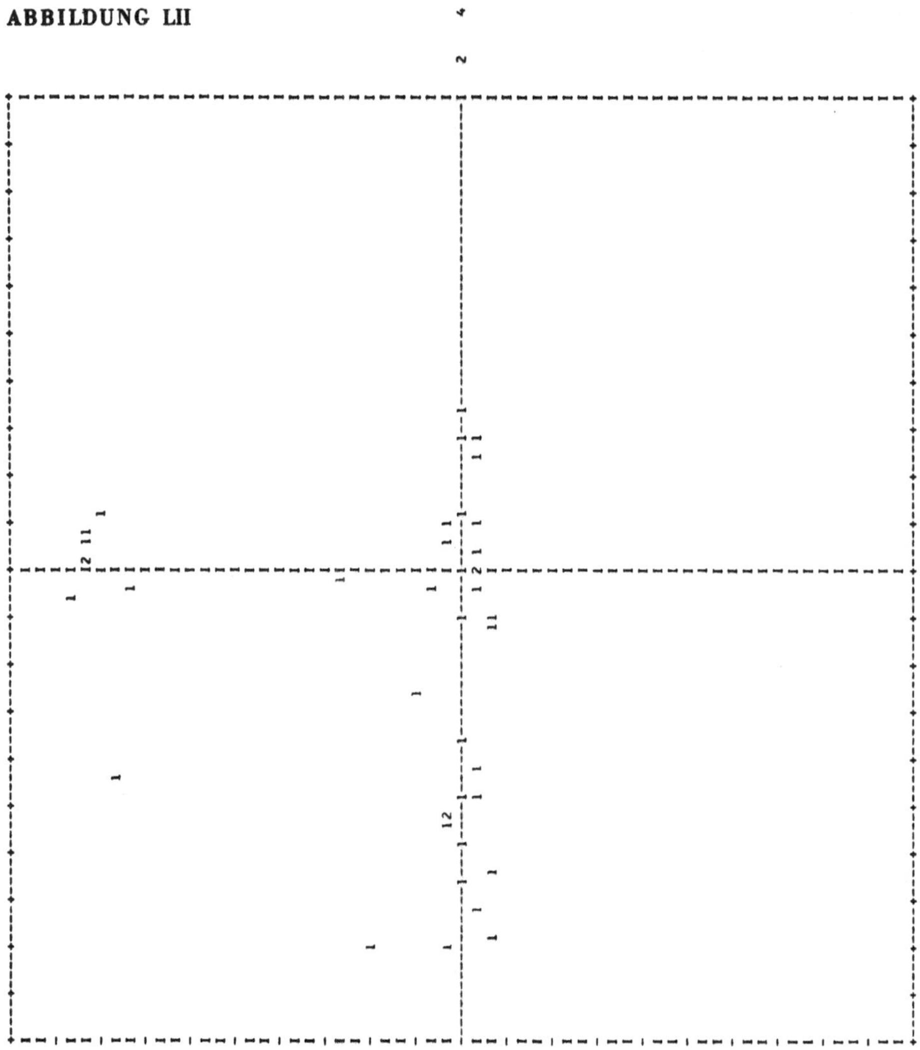

ABBILDUNG LIII

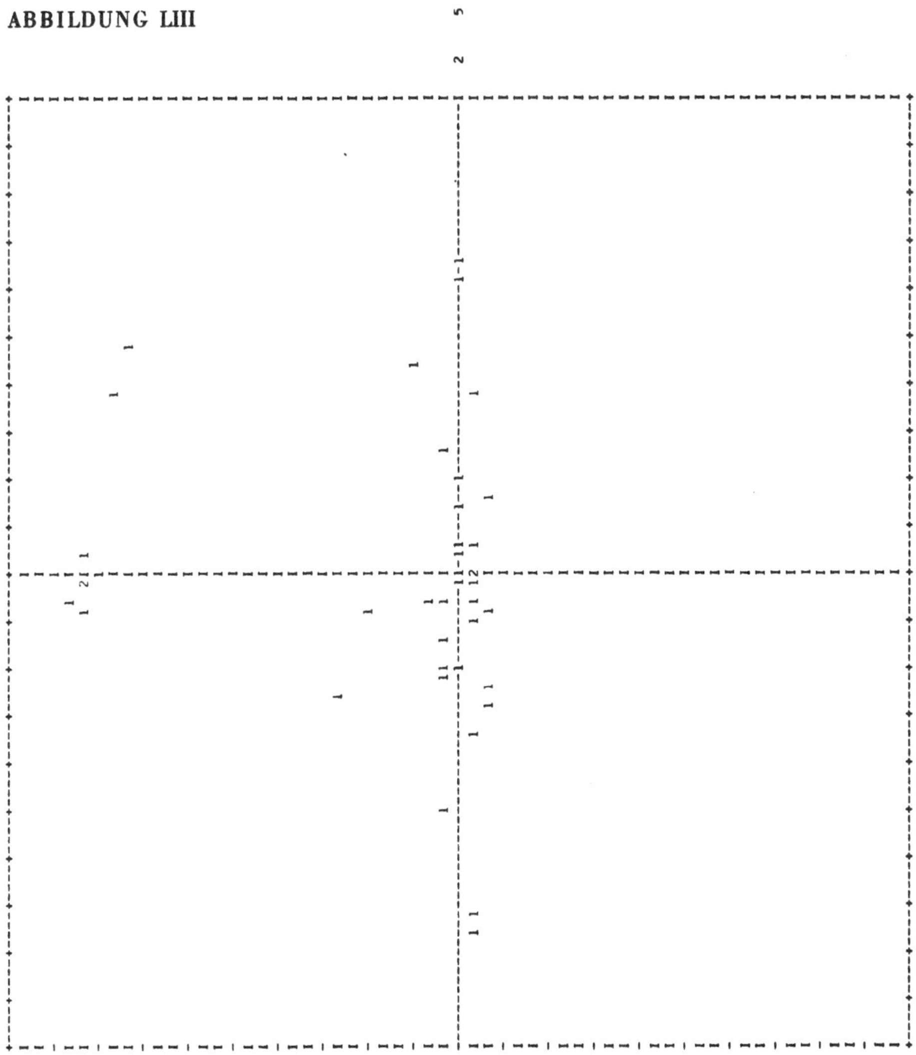

ABBILDUNG LIV

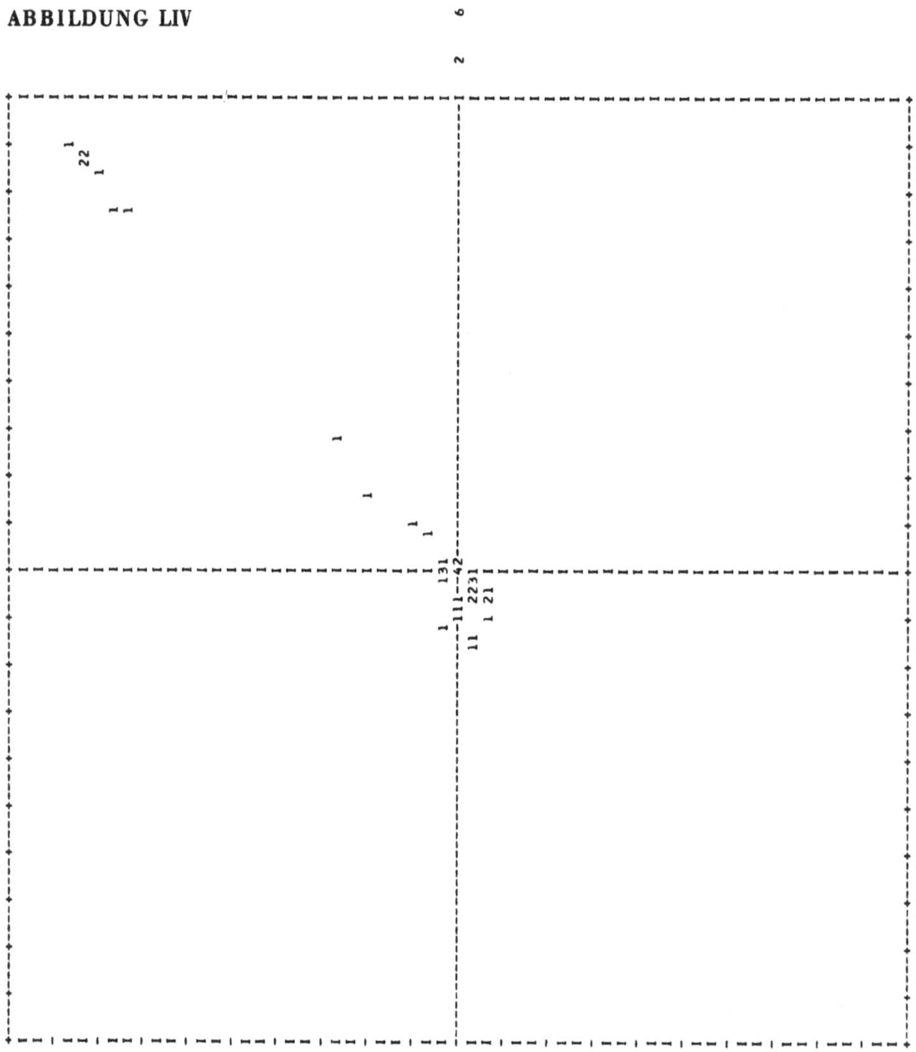

ABBILDUNG LV

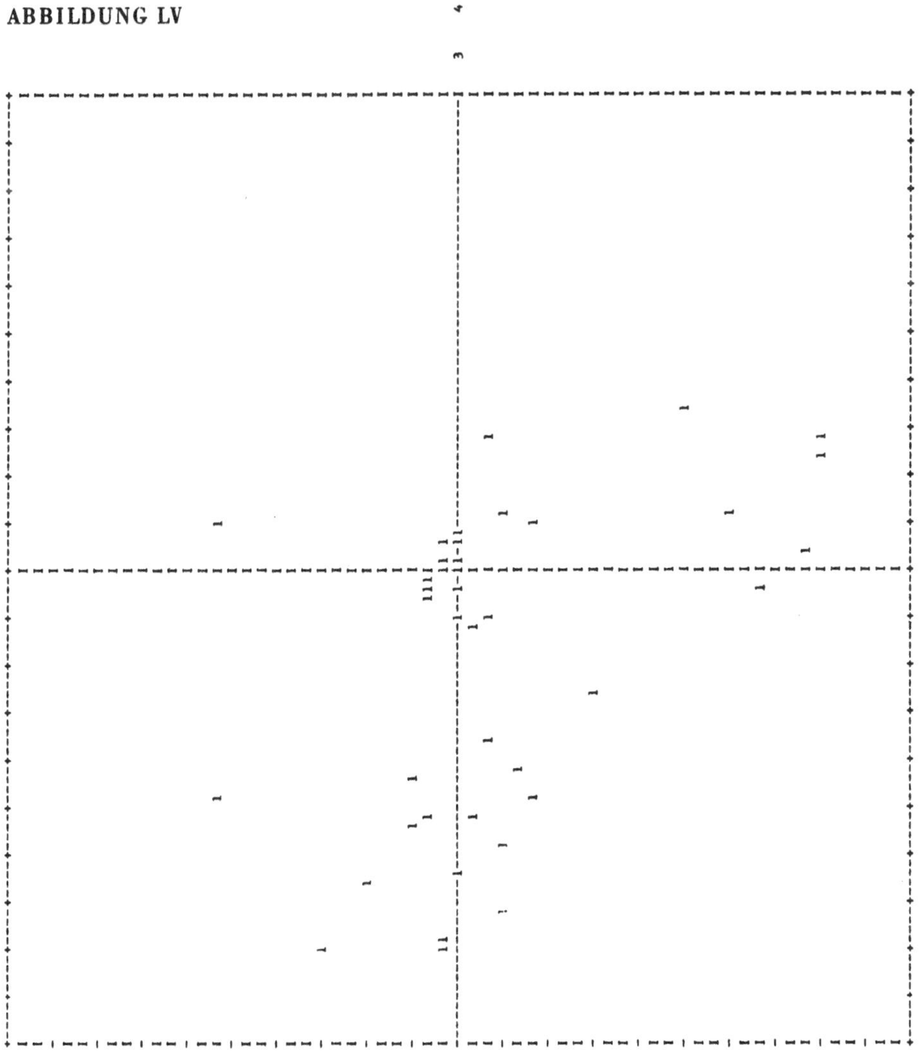

ABBILDUNG LVI

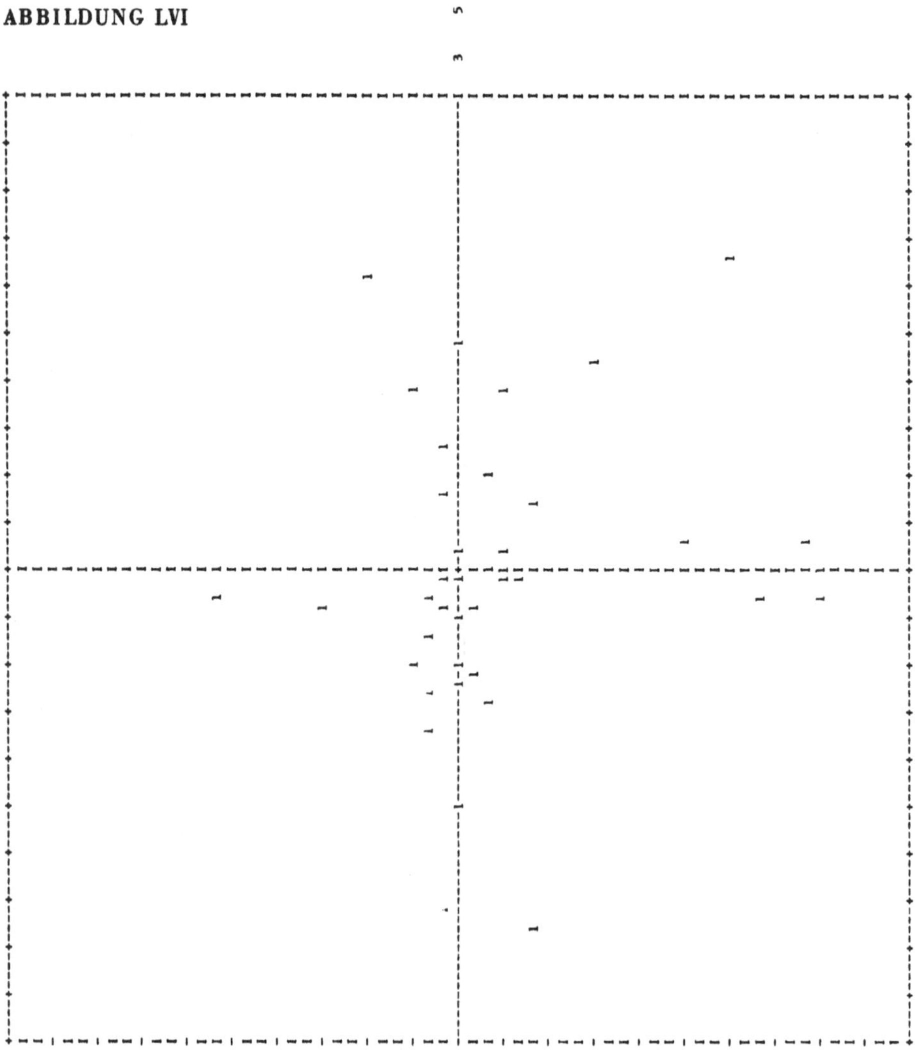

ABBILDUNG LVII

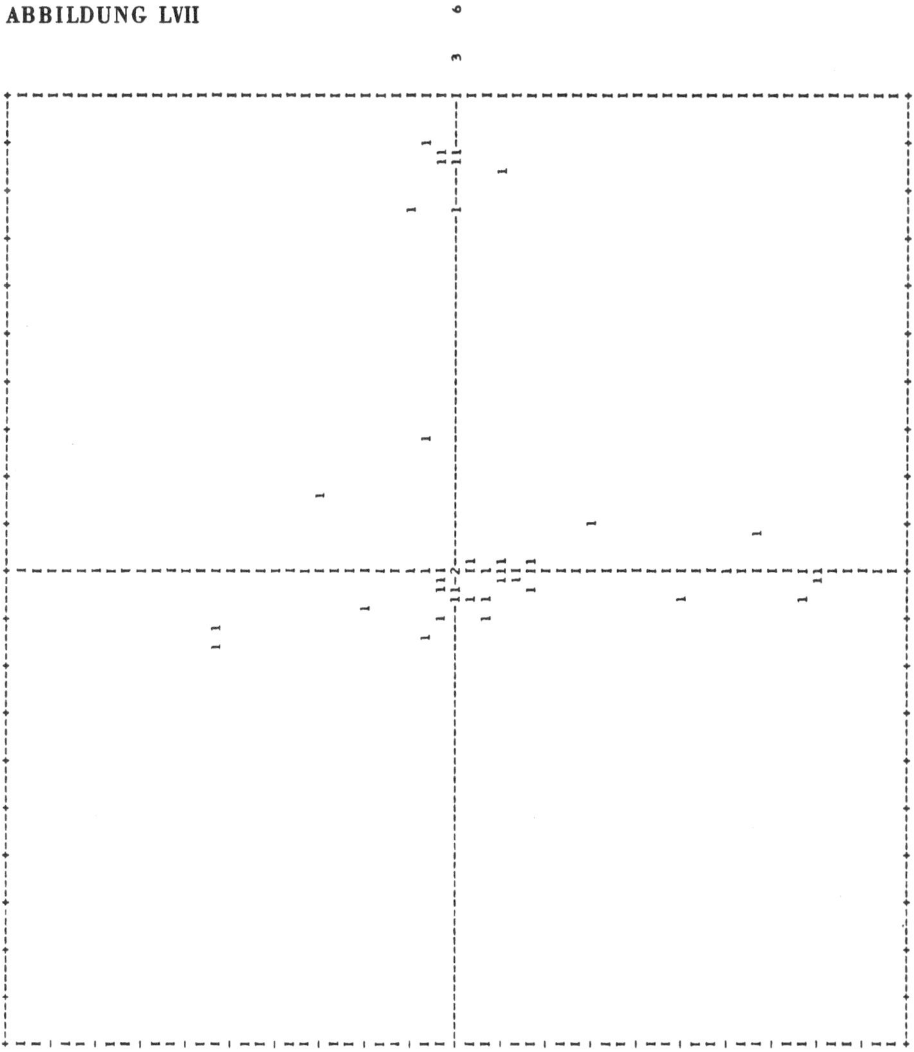

ABBILDUNG LVIII

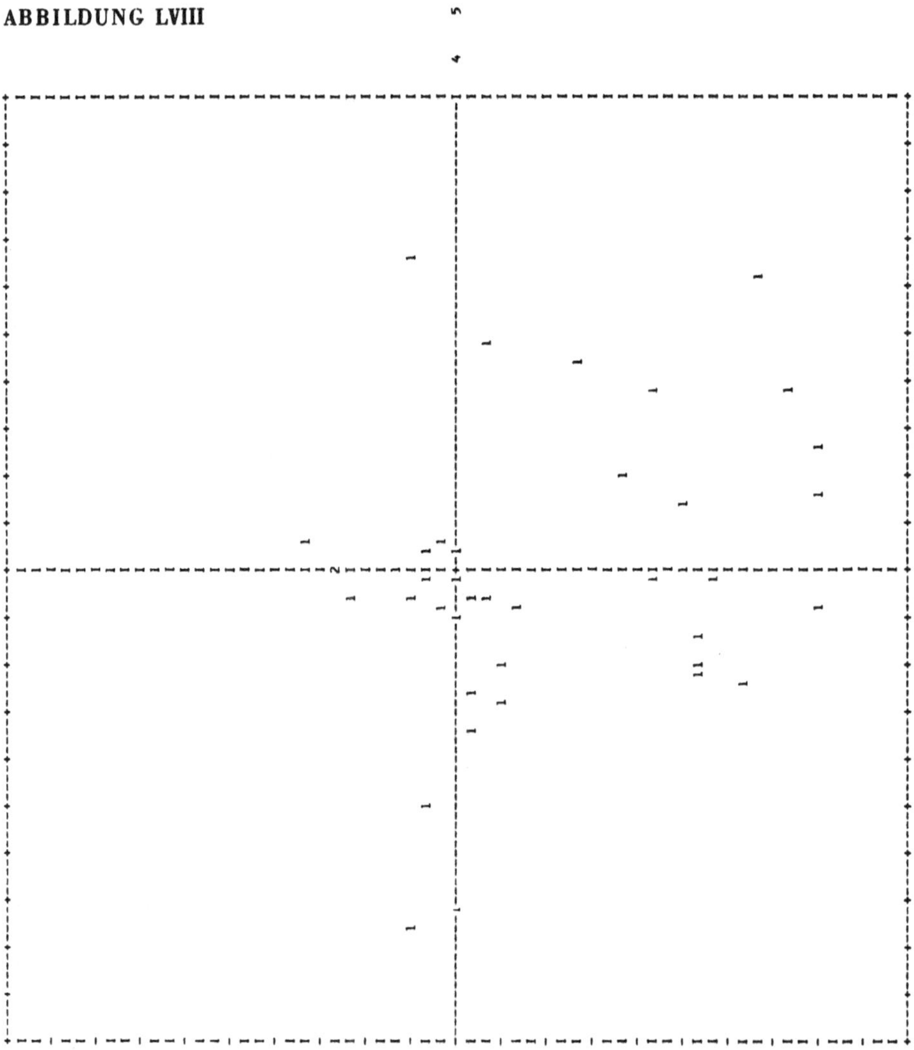

ABBILDUNG LIX

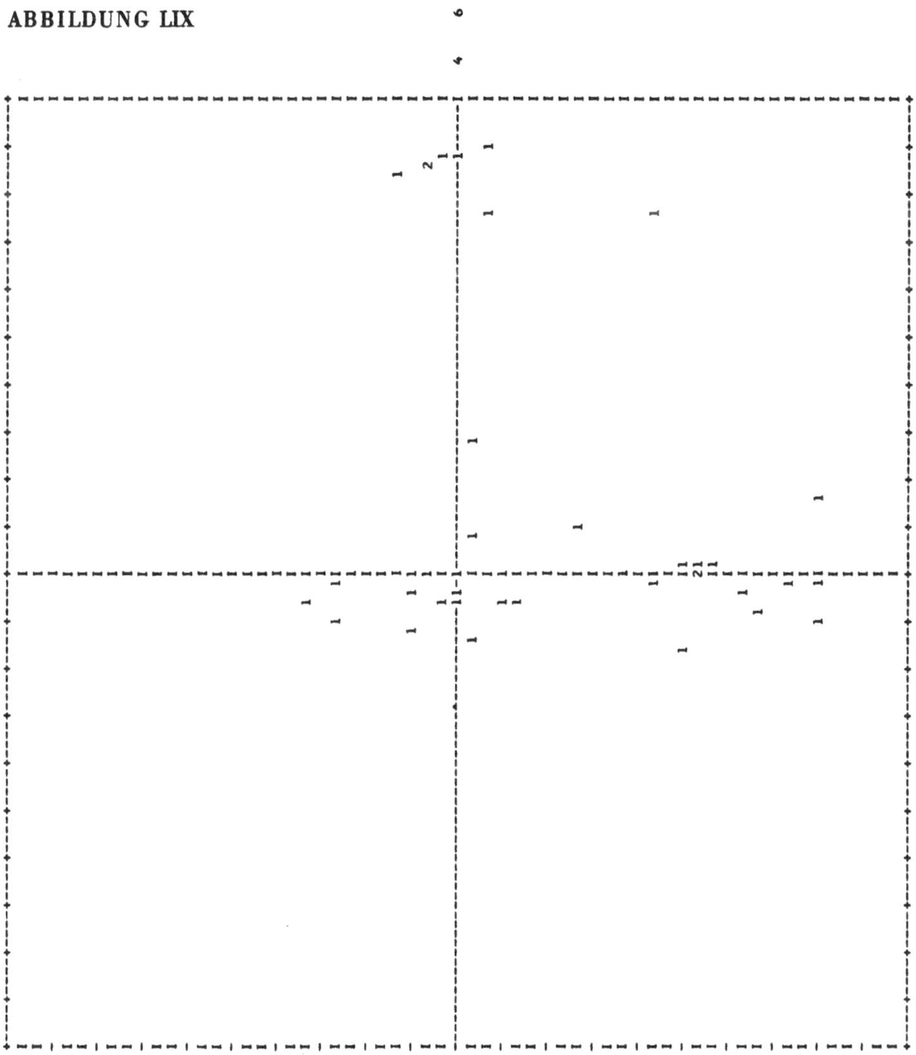

ABBILDUNG LX

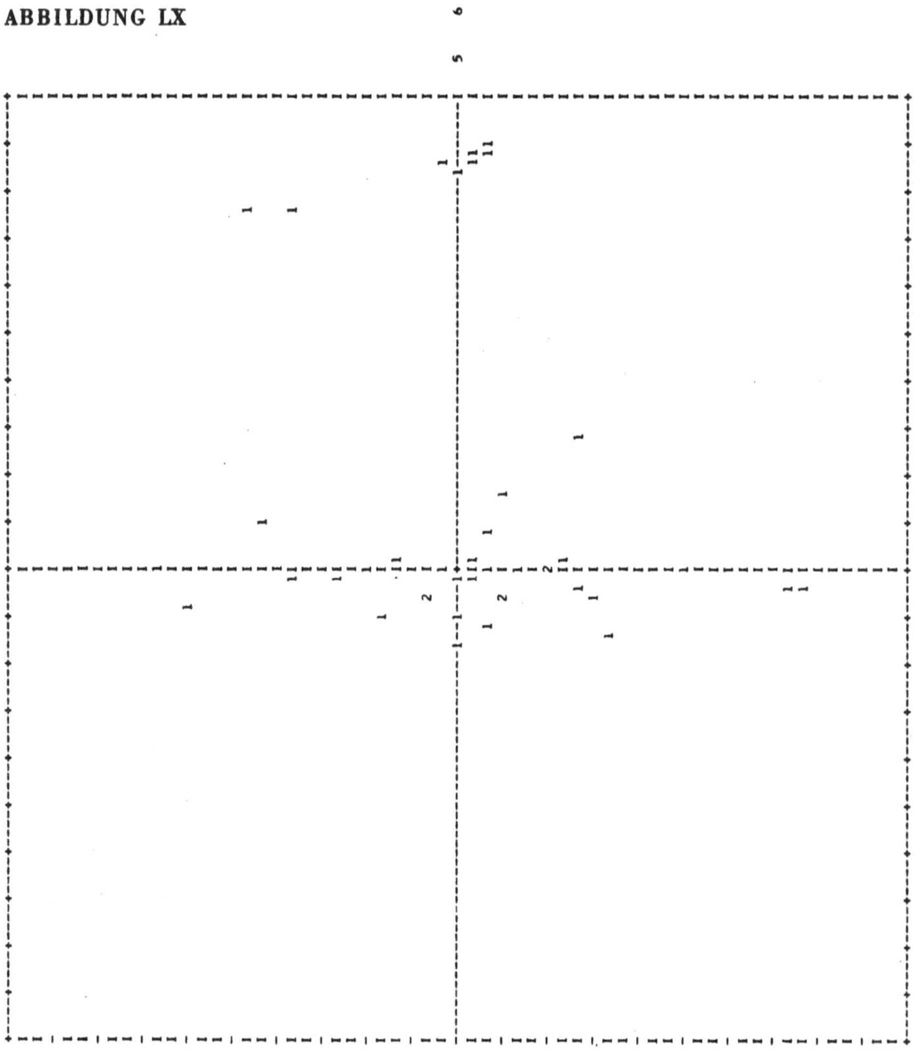

TABELLE II

Datensatz 197o

Rangfolge der Kreise: FAKTOR III

1. -	8452	Siegen	36. -	16	Detmold
2. -	7o5	Leverkusen	37. +	4	Rhein-Wupper-Kreis
3. -	748	Düsseldorf	38. +	4	Wiedenbrück
4. -	589	Solingen	39. +	5	Ennepe-Ruhr-Kreis
5. -	586	Remscheid	4o. +	7	Minden
6. -	581	Bielefeld	41. +	27	Steinfurt
7. -	546	Krefeld	42. +	36	Wanne-Eikel
8. -	495	Wuppertal	43. +	37	Altena
9. -	45o	Köln-Stadt	44. +	54	Lemgo
1o.-	429	Neuss	45. +	54	Lübbecke
11.-	427	Lüdenscheid	46. +	58	Düren
12.-	4oo	Rees	47. +	63	Gladbeck
13.-	373	Herford-Stadt	48. +	67	Grevenbroich
14.-	365	Rheydt	49. +	1o3	Ahaus
15.-	32o	Bocholt	5o. +	1o7	Hamm
16.-	291	Bochum	51. +	128	Viersen
17.-	244	Aachen-Stadt	52. +	133	Bergheim
18.-	231	Hagen	53. +	138	Bielefeld-Land
19.-	231	Witten	54. +	138	Castrop-Rauxel
2o.-	2o9	Köln-Land	55. +	153	Rhein.-Berg.-Kreis
21.-	2oo	Düsseldorf-Mettmann	56. +	156	Paderborn
22.-	189	Herford-Land	57. +	16o	Moers
23.-	184	Mönchen-Gladbach	58. +	16o	Sieg-Kreis
24.-	182	Oberberg.-Kreis	59. +	164	Aachen-Land
25.-	176	Mülheim	6o. +	182	Euskirchen
26.-	172	Wattenscheid	61. +	186	Dinslaken
27.-	147	Gelsenkirchen	62. +	189	Geldern
28.-	12o	Essen	63. +	2o5	Jülich
29.-	11o	Iserlohn-Stadt	64. +	214	Bonn-Stadt
3o.-	73	Dortmund	65. +	218	Borken
31.-	73	Duisburg	66. +	243	Selfkant-Kreis
32.-	44	Kempen-Krefeld	67. +	249	Beckum
33.-	26	Oberhausen	68. +	254	Halle
34.-	25	Herne	69. +	256	Warendorf
35.-	23	Iserlohn-Land	7o. +	257	Lippstadt

71. + 272 Kleve
72. + 277 Höxter
73. + 279 Recklinghausen-Land
74. + 284 Warburg
75. + 285 Brilon
76. + 288 Bottrop
77. + 295 Schleiden
78. + 306 Meschede
79. + 312 Erkelenz
80. + 331 Büren
81. + 337 Lünen
82. + 337 Coesfeld
83. + 344 Arnsberg
84. + 345 Münster-Land
85. + 354 Münster-Stadt
86. + 380 Tecklenburg
87. + 422 Recklinghausen-Stadt
88. + 461 Bonn-Land
89. + 470 Monschau
90. + 527 Lüdinghausen
91. + 890 Olpe
92. + 1724 Soest
93. + 2204 Unna
94. + 2204 Wittgenstein

Literaturverzeichnis

Albers, W.: Der Einfluß des Finanzausgleichs auf regionale Wettbewerbsbedingungen und Produktionsstandorte, in Jahrbuch für Sozialwissenschaft, Band 14, Heft 3, 1963, S. 462 ff.

Altevogt, R.: Zur Berücksichtigung regionalpolitischer Forderungen bei der Gestaltung des kommunalen Einnahmesystems, Dissertation, Münster 1971

Bargmann, R.: Signifikanzuntersuchungen der einfachen Struktur in der Faktorenanalyse, in Mitteilungen der mathematischen Statistik, Nr. 7, 1955, S. 1 ff.

Behring, K. und *Lutz*, B.: Betriebsstruktur als Bestimmungsgröße der Nachfrage auf regionalen Arbeitsmärkten, in Beiträge zur Arbeitsmarktforschung, Diskussionsunterlagen aus dem Arbeitskreis „Arbeitswirtschaftliche Strukturprobleme" des Rationalisierungskuratoriums der Deutschen Wirtschaft (RKW) e.V. und der Bundesanstalt für Arbeit, o. J., S. 30 ff.

Bergschmidt, H.: Zur Messung und Erklärung von regionalen Wachstumsunterschieden in der BRD, in Jahrbücher für Nationalökonomie und Statistik, Band 174, 1962, S. 513 ff.

Biermann, H.: Einführung in die Faktorenanalyse, Institut für Siedlungs- und Wohnungswesen der Westfälischen Wilhelms-Universität, Münster, Vorträge und Aufsätze, Heft 22, Münster 1969

Blesl, W. und *Krupp*, H. J.: Sozioökonomische Struktur, Einkommenshöhe und Vermögensbildung der privaten Haushalte in der BRD 1962. Faktoranalytische Untersuchung der Einkommens- und Verbrauchsstichprobe 1962/63, in Jahrbücher für Nationalökonomie und Statistik, Band 185, Heft 3, S. 235 - 261

Boesler, F.: Infrastruktur, in Handwörterbuch der Raumforschung und Raumordnung, Hannover 1966, Spalte 767 ff.

Brede, H. und *Osorio*, C.: Begriff und Abgrenzung der Region unter besonderer Berücksichtigung der Agglomerationsräume, Ifo-Institut, München 1967

Boustedt, O. und *Ranz*, H.: Regionale Struktur- und Wirtschaftsforschung, Aufgaben und Methoden, Bremen, Hamburg 1957

Buhr, W.: Toward the design of intraregional infrastructure policy, discussion paper No. 7, Institut für Regionalforschung der Universität Kiel, Kiel 1972

Bundesminister für Wirtschaft: Intensivierung und Koordinierung der regionalen Strukturpolitik, BMWI-Texte, Bonn 1968

Bundesminister für Wirtschaft und Finanzen: Rahmenplan der Gemeinschaftsaufgabe „Verbesserung der regionalen Wirtschaftsstruktur für den Zeitraum 1972 - 1975, Drucksache VI/2415, Bonn, den 14. Juli 1971

Bundesrat: Entwurf einer zweiten Novelle zum Stabilitätsgesetz, in Frankfurter Allgemeine Zeitung vom 9. 5. 1973

Bundesverband der Deutschen Industrie: Informationen über Industriestandorte, Köln 1971

Burt, C.: Test of significance in factor analysis, British Journal of psychology, Statistical Section, 5, 1952, S. 131/132

Buttler, G.: Regionale Arbeitsmarktforschung zur Erfassung arbeitsmarktpolitischer Aktionsräume, Beiträge des Deutschen Industrie-Instituts, Heft 5, Köln 1971

Catell, R. B.: The scree test for the number of factors in Multiv. behav. Res. No. 1, 1966, S. 245 ff.

— und *Forster*, M. J.: The ROTOPLOT-program for multiple single plane, visually guided rotation in Behav. Science No. 8, 1963, S. 156 ff.

— und Muerle, J. L.: The MAXPLANE-program for factor rotation to oblique simple structure, in Educ. psychol. Meas. No. 20, 1960, S. 569 ff.

Cooley, W. W. und *Lohnes*, P. R.: Multivariate procedures for the behavioral sciences, New York 1965.

DIW-Wochenbericht: Waren- und Dienstleistungsausfuhr der BRD, Nr. 14, Berlin, den 5. April 1973, S. 114 ff.

Denison, E. F.: The Sources of Economic Growth in the United States and the alternatives before us, CED, New York 1963

Eichhorn, P. und *Friedrich*, P.: Untersuchung über den Nutzen kommunaler Wirtschaftsförderungsmaßnahmen, Berlin 1970

Esenwein-Rothe, I.: Über die Möglichkeiten einer Quantifizierung von Standortqualitäten, in Jahrbuch für Sozialwissenschaft, Band 14, Heft 3, 1963, S. 492 ff.

Ewringmann, D.: Zur Voraussage kommunaler Investitionsbedarfe, Opladen 1971

Fickel, F. W.: Kaufkraft, in Handwörterbuch der Raumforschung und Raumordnung, Hannover 1966, Spalte 849 ff.

Fischer, A.: Die Struktur von Wirtschaftsräumen. Ein Beitrag zur Anwendung statistischer Methoden in der Regionalforschung, Statistische Studien, Wirtschafts- und Sozialwissenschaftliche Arbeiten aus dem Institut für Statistik der Universität Erlangen—Nürnberg, Band 4, Wiesbaden 1969

Fischer, G. H.: Zum Problem der Interpretation faktoranalytischer Ergebnisse, in Psychologische Beiträge, Nr. 10, 1967, S. 122 ff.

Flockenhaus, K. F.: Faktoranalyse und ihre Anwendungsmöglichkeiten, in KLEINER ALMANACH der Marktforschung, Emnid-Institute (Hrsg.) Bielefeld 1967, S. 41 ff.

Frerich, J.: Ursachen und Wirkungen der regionalen Differenzierung der privaten Spartätigkeit in Industrieländern, Schriften des Instituts für das Spar-, Giro- und Kreditwesen, Band 45, Berlin 1969

Fruchter, B.: Introduction to factor analysis, Princeton (New Jersey) 1954

Funck, R.: Instrumente der Regionalpolitik, in Schriften des Vereins für Socialpolitik, N.F., Band 41, 1968, S. 111 ff.

Geisenberger, S., *Mälich*, W., *Müller*, J. H. und *Strassert*, G.: Zur Bestimmung wirtschaftlichen Notstands und wirtschaftlicher Entwicklungsfähigkeit von Regionen, Hannover 1970

Gerfin, H.: Gesamtwirtschaftliches Wachstum und regionale Entwicklung, in Kyklos, Vol. XVII, 1964, S. 565 ff.

Giel, W.: Regionale Wirtschaftspolitik in der BRD, in Handwörterbuch der Raumforschung und Raumordnung, Hannover 1966, Spalte 2307 ff.

Giersch, H.: Das ökonomische Grundproblem der Regionalpolitik, in Jahrbuch für Sozialwissenschaft, Band 14, Heft 3, 1963, S. 386 ff.

Golz-Lange: Strukturverbesserung in NRW, Essen 1969

Hansmeyer, K. H.: Ziele und Träger regionaler Wirtschaftspolitik, in Schriften des Vereins für Socialpolitik, N.F. Band 41, Berlin 1968, S. 36 ff.

Harmann, H. H.: Modern factor analysis, 2. Auflage, Chicago—London 1967

Hellberg, H.: Zentrale Orte als Entwicklungsschwerpunkte in ländlichen Gebieten, Kriterien zur Beobachtung ihrer Förderungswürdigkeit, Beiträge zur Stadt- und Regionalforschung, Heft 4, Göttingen 1972

Henrichsmeyer, W.: Sektorale und regionale Strukturwandlungen in einer wachsenden Volkswirtschaft, in Schriften der Gesellschaft für Wirtschafts- und Sozialwissenschaften des Landbaus e.V., Band 9, 1972, S. 491 ff.

Hildebrandt, F.: Studie zur Methodik der Faktorenanalyse, Dissertation, Aachen 1966

Hofstätter, P. R.: Faktorenanalyse, in Handbuch der Empirischen Sozialforschung, Band I, 2. Auflage, Stuttgart 1967, S. 385 ff.

Hollmann, H.: Statistische Grundlagen der Regionalplanung, Hannover 1968

Horst, P.: Factor Analysis of data matrices, New York—London 1965

Isard, W.: Methods of regional analysis, an introduction to regional science, Cambridge (Mass.) 1960

Isenberg, G. und *Krafft*, D.: Tragfähigkeit, in Handwörterbuch der Raumforschung und Raumordnung, Hannover 1966, Spalte 2102 ff.

Jahn, W. und *Vahle*, H.: Die Faktorenanalyse und ihre Anwendung, Berlin 1970

Jansen, P. G.: Infrastrukturinvestitionen als Mittel der Regionalpolitik, Gütersloh 1968

Jochimsen, R.: Theorie der Infrastruktur, Tübingen 1966

— und *Willer*, H.: Institutionelle Voraussetzungen für die Planung in der mittel- und langfristigen sektoralen und regionalen Strukturpolitik, in Schriften der Gesellschaft für Wirtschafts- und Sozialwissenschaften des Landbaus e.V., Band 9, München 1972, S. 491 ff.

Jürgensen, H.: Lohnwert - Wohnwert - Freizeitwert. Optimierungsparameter einer produktivitätsorientierten Regionalpolitik, Schriftenreihe der GEWOS, Hamburg 1966

— Die Struktur industrieller Problemgebiete, in Informationsbriefe für Raumordnung (hrsg. vom Bundesminister des Inneren), Bonn 1968

— Antinomien in der Regionalpolitik, in Jahrbuch für Sozialwissenschaft, Band 14, Heft 3, 1963, S. 401 ff.

— und *Voigt*, H. G.: Produktivitätsorientierte Regionalpolitik als Wachstumsstrategie Hamburgs, Weltwirtschaftliche Studien aus dem Institut für Europäische Wirtschaftspolitik der Universität Hamburg, Göttingen 1965

Kaiser, H. F. und *Dickmann*, K.: Analytic determination of common factors, in Am. Psychol. No. 14, 1959, S. 425 ff.

Kaiser, H. F.: Computer program for VARIMAX rotation in factor analysis, in Educ. and psychol. Meas. VOL IXX, 1959, S. 413 ff.

Kendall, M. G.: A course in multivariate analysis, London 1957.

— A course in the geometry of n dimensions, London 1961

Klaassen, L. H.: Social amenities in area economic growth, Paris 1968

Klatt, S.: Zur Theorie der Industrialisierung. Hypothesen über die Bedingungen, Wirkungen und Grenzen eines vorwiegend durch technischen Fortschritt bestimmten, wirtschaftlichen Wachstums, in: Die industrielle Entwicklung, hrsg. von Fritz Voigt, Abt. A, Untersuchungen zur Volkswirtschaftspolitik, Band 1, Köln—Opladen 1959

Klemmer, P. und *Schäfer*, H.: Frühindikatoren für die Konjunkturpolitik, Seminar für die Wirtschafts- und Finanzpolitik der Ruhr-Universität, Bochum 1973

Kistner, K.: Faktorenanalyse zur Bestimmung einer Wohnwertfunktion, Dissertation, Bonn 1969

Klemmer, P.: Die Faktorenanalyse im Rahmen der Regionalforschung, Möglichkeiten und Grenzen ihrer Anwendung, in Raumforschung und Raumordnung, 29. Jahrgang, 1971, S. 6 ff.

Kloten, N.: Alternative Konzeptionen der Regionalpolitik, in Schriften des Vereins für Sozialpolitik, N.F., Band 41, 1968, S. 18 ff.

Köhle, D.: Die Hauptachsenmethode der Faktorenanalyse, Dissertation, Regensburg 1970

Köster, K. H.: Die Spartätigkeit bei den Sparkassen seit der Währungsreform. Ergebnisse einer regionalstatistischen Auswertung, in Mitteilungen aus dem Institut für Raumforschung, Bonn, Heft 19, Bad Godesberg 1953, als Manuskript vervielfältigt

— Die Spartätigkeit bei den Sparkassen im Jahre 1952, Ergebnisse einer regionalstatistischen Auswertung, in Mitteilungen aus dem Institut für Raumforschung, Bonn, Heft 24, Bad Godesberg 1954, als Manuskript vervielfältigt

Kraft, J.: Der Agglomerationsprozeß als Problem der Wirtschafts- und Raumordnungspolitik, IFO-Istitut München 1967

Lauschmann, E.: Möglichkeit und Notwendigkeit autonomer Raumordnungspolitik im Rahmen der EWG, in Jahrbuch für Sozialwissenschaft, Band 14, Heft 3, 1963, S. 426 ff.

Lewis, W. A.: Die Theorie des wirtschaftlichen Wachstums, Tübingen—Zürich 1956

Lienert, G. A.: Prinzip und Methode der multiplen Faktorenanalyse, demonstriert an einem Beispiel, in Biometrische Zeitschrift, Nr. 1, 1958, S. 88 ff.

Ludewig, F. R. und *Müller*, J. H.: Kritische Bestandsaufnahme der in der BRD betriebenen regionalen Strukturpolitik, vervielfältigtes Manuskript, Freiburg 1971

Marx, D.: Regionale Produktivitätsmessung als Ansatzpunkt überregionaler Raumordnung, in Jahrbuch für Sozialwissenschaft, Band 14, Heft 3, 1963, S. 414 ff.

— Wachstumsorientierte Regionalpolitik, wirtschaftspolitische Studien aus dem Institut für Europäische Wirtschaftspolitik der Universität Hamburg, Heft 3, hrsg. von H. Jürgensen, Göttingen 1966

Mälich, W.: Einige Schwierigkeiten bei der Anwendung der Faktorenanalyse, dargestellt am Beispiel einer Untersuchung des Entwicklungsstandes der Stadt- und Landkreise Baden-Württembergs in Schriftenreihe des Deutschen Rechenzentrums H., Datenverarbeitung in der Stadt- und Regionalplanung, Darmstadt 1969, S. 10 ff.

Minister für Landesplanung: Landesentwicklungsprogramm vom 7. 8. 1964, in Ministerialblatt für das Land NRW, 17. Jahrgang, Ausgabe A, vom 31. 8. 1964

— Landesentwicklungsplan I, vom 28. 11. 1966, Erläuterungsbericht, in Ministerialblatt für das Land NRW, 19. Jahrgang, Ausgabe A, vom 27. 12. 1966

Morrison, D. F.: Multivariate statistical methods, 3. Auflage, New York—London 1967

Müller, G.: Industriebesatz — ein Maßstab der regionalen Wirtschaftskraft, Mainz und Köln 1965

Müller, J. H.: Neuere Methoden der Regionalanalyse und ihre Anwendbarkeit auf kleinere Räume, in Schriften des Vereins für Socialpolitik, N.F. Band 41, 1968, S. 86 ff.

— und *Rittenbruch*, K.: Die Methoden der Regionalanalyse unter besonderer Berücksichtigung ihrer Verwendbarkeit für verschiedene Projekte, vervielfältigtes Manuskript, Freiburg 1968

Nerb, G.: Deutsche und französische Verbraucher beurteilen Wirtschaftslage günstiger, in Ifo-Schnelldienst, Nr. 20, vom 16. 5. 1973, S. 3 ff.

Niesing, H.: Industrial Estates as a Means of Regional Industrialization Policy, discussion paper No. 3, Seminar für Wirtschaftspolitik und Strukturforschung der Universität Kiel, Kiel 1970

Pawlik, K.: Dimensionen des Verhaltens, Stuttgart, Bern 1968

Partzsch, D.: Wohlstands- und Notstandsmerkmale, in Handwörterbuch der Raumforschung und Raumordnung, Hannover 1966, Spalte 2307 ff.

Pütz, H. und *Simmert*, D. B.: Ein Gesamtindikator zur Konjunkturdiagnose, der WSI-Konjunkturindikator, in WSI-Mitteilungen, Heft 1, Düsseldorf 1972, S. 17 ff.

Raumordnungsbericht 1970, Bundestagsdrucksache, VI/1340, Bonn, den 4. 11. 1970

Raumordnungsbericht 1972, Bundestagsdrucksache, VI/3793, Bonn, den 19. 9. 1972

Raumordnungsgesetz vom 8. 4. 1965, Bundesgesetzblatt I, S. 306 ff.

Rath, K. W.: Steuerkraftzahlen, in Handwörterbuch der Raumforschung und Raumordnung, Hannover 1966, Spalte 2015 ff.

Reiche, J. M.: Faktorenanalyse und ihre Anwendung auf regional-statistisches Datenmaterial, Institut für Regionalforschung der Universität Kiel, Kiel 1971

Richter, P.: Anwendungen der Faktorenanalyse auf ökonomische Daten, in Allgemeines Statistisches Archiv, Band 2, 1968, S. 125 ff.

— Ökonometrische Untersuchung zum Inflationsproblem, Stuttgart 1967

Röper, B.: Regionalpolitik für EWG-Binnengrenzgebiete, insbesondere für das Aachener Grenzgebiet, in Schriften der Vereins für Socialpolitik, N.F., Band 41, 1968, S. 148 ff.

Sachverständigenrat zur Begutachtung der gesamtwirtschaftlichen Entwicklung: Jahresgutachten 1970, Drucksache VI/1470, Bonn, den 30. 11. 1970

Seidenfus, H. St.: Koordinationsprobleme und aktuelle Hemmnisse der Regionalpolitik, in Schriften des Vereins für Socialpolitik, N.F., Band 41, 1968, S. 126 ff.

Schäffer, K. A.: Faktorenanalyse und ihre Anwendungsmöglichkeiten, in Allgemeines Statistisches Archiv, Band 53, 1969, S. 51 ff.

Scheuch, E. K.: Skalierungsverfahren in der Sozialforschung, Skalogrammanalyse, in Handbuch der empirischen Sozialforschung, Band 1, Stuttgart 1967, S. 360 ff.

Schneider, H. K.: Modelle für die Regionalpolitik, in Schriften des Vereins für Socialpolitik, N.F., Band 41, 1968, S. 63 ff.

— Über die Notwendigkeit regionaler Wirtschaftspolitik, S. 3 ff.

Schröder, D.: Strukturwandel, Standortwahl und regionales Wachstum, Bestimmungsgründe der regionalen Wachstumsunterschiede, der Beschäftigung und der Bevölkerung in der BRD 1950 bis 1980, PROGNOS-Studie Nr. 3, Stuttgart 1968

Siebert, H.: Zur Theorie des regionalen Wirtschaftswachstums, Schriften zur angewandten Wirtschaftsforschung, hrsg. von Walter G. Hoffmann, Band 11, Tübingen 1967

Specht, K. G., *Lenort*, N. J. und *Otto*, K.: Das Verhältnis zwischen primären und sekundären Erwerbszweigen und seine Bedeutung für die Wirtschaftspolitik und Landesplanung, Forschungsberichte des Landes NRW, Nr. 1055, Köln - Opladen 1962

Statistische Landesämter: Sozialproduktsberechnungen der Länder, das BIP der kreisfreien Städte und Landkreise 1957, 1961, 1964, Gemeinschaftsveröffentlichung der Statistischen Landesämter, Wiesbaden 1966

Statistisches Landesamt NRW (Hrsg.): Industrieatlas NRW, Stand 1970, Düsseldorf 1972

Storbeck, D.: Zur Operationalisierung der Raumordnungsziele, in Kyklos, Vol. XXIII, 1970, S. 98 ff.

Sturm, M.: Ein Gesamtindikator zur Konjunkturdiagnose — Alternativvorschlag zum Sachverständigenindikator, Berichte des Deutschen Industrieinstituts zur Wirtschaftspolitik, Heft Nr. 9, 1971

Thelen, P. und *Lührs*, G.: Abgrenzung von Fördergebieten, die Messung der Wirtschaftskraft und der strukturellen Gefährdung von Regionen, Hannover 1971

Tholl, G.: Strukturpolitik und Wirtschaftsordnung, Köln 1972

Thoss, R.: Ein Vorschlag zur Koordinierung der Regionalpolitik in einer wachsenden Wirtschaft, in Jahrbücher für Nationalökonomie und Statistik, Band 182, 1969, S. 490 ff.

Thurstone, L. L.: Multiple factor analysis, a development and expansion of the vectors of mind, 7. Auflage, Chicago 1965

Töpfer, K.: Regionalpolitik und Standortentscheidung, Bielefeld 1969

Treuner, P.: Regional aspects of Sectoral change, Discussion paper No. 4, Seminar für Wirtschaftspolitik und Strukturforschung der Universität Kiel, Kiel 1970

Überla, K.: Faktorenanalyse, Berlin—Heidelberg 1968

Voigt, F.: Die volkswirtschaftliche Bedeutung des Verkehrssystems, Berlin 1960

— und *Frerich*, J., *Radel*, R. und *Unterburg*, G.: Wirtschaftliche Entleerungsgebiete in Industrieländern, Köln—Opladen 1969

Weinstock, U.: Regionale Wirtschaftspolitik in Frankreich, Hamburg 1968

Wulf, J.: Über einige Probleme arbeitsmarktbezogener Regionalprognosen, in Beiträge zur Arbeitsmarktforschung, Diskussionsunterlagen aus dem Arbeitskreis „Arbeitswirtschaftliche Strukturprobleme" des RKW und der Bundesanstalt für Arbeit, o. J., S. 6 ff.

Wulsten, A. R.: Komponentenanalyse, Diss. München 1960

Zimmermann, H.: Programmstudie, Regionalpolitik der Gesellschaft für regionale Strukturentwicklung, o. Erscheinungsort, 1969

Als statistische Quellen für das Datenmaterial wurden

1. die Veröffentlichungen des Statistischen Landesamtes NRW, 4 Düsseldorf, Ludwig-Beck-Str. 23

2. die Kreismappen des Instituts für Raumforschung, 532 Bad Godesberg, Michaelshof

3. die beiden o. a. Arbeiten von Köster, K. H. benutzt.

Verschiedene Kennziffern wurden in der verwendeten Art durch eigene Berechnungen gewonnen.

Personen- und Sachverzeichnis

Kolibri 360 GmbH
Ferdinand-Jühlke-Straße 7
99095 Erfurt, Deutschland
produktsicherheit@kolibri360.de

Druck:
CPI Druckdienstleistungen GmbH
im Auftrag der
Kolibri 360 GmbH
Ferdinand-Jühlke-Str. 7
99095 Erfurt